LabVIEW LEGO NXT 入門

이 영 돈 저

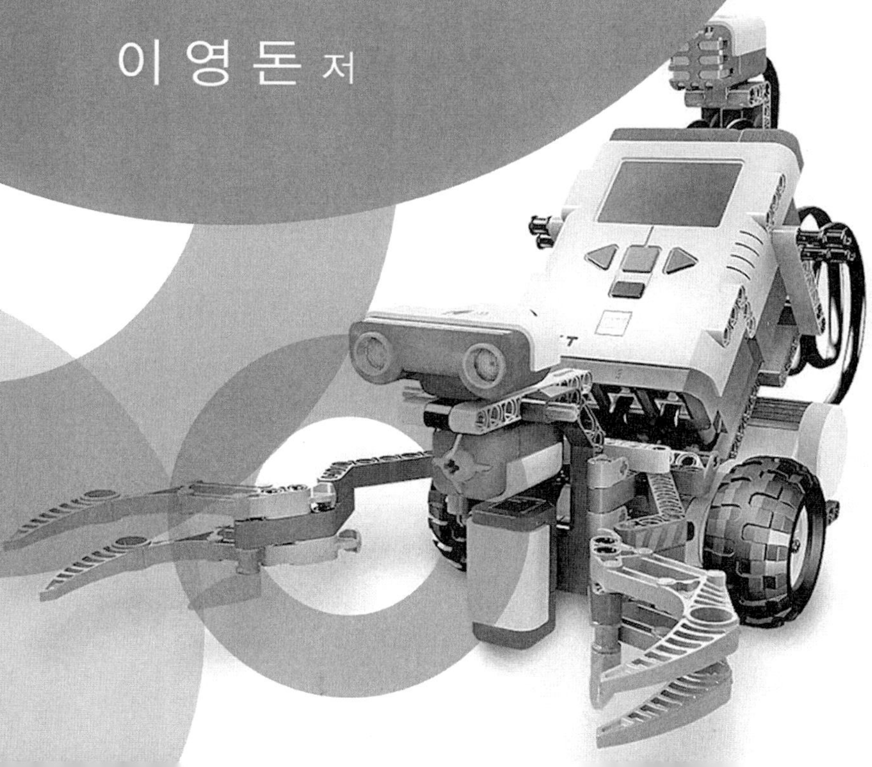

D.B.Info

머리말

LabVIEW는 Laboratory Virtual Instrument Engineering Workbench의 약자이며, 가상 계측을 PC에서 수행할 수 있게 하는 소프트웨어로서 미국 NI(National Instruments)라는 회사에서 개발된 프로그램입니다.

LabVIEW는 데이터 수집 및 계측기 제어 소프트웨어의 표준과 같은 산업체, 대학 및 연구소의 연구, 개발, 생산, 테스트분야의 엔지니어와 과학자를 통해 채택되어 테스팅과 측정, 산업 자동화 그리고 데이터 분석의 영역에서 널리 사용되어 자동화 비용을 절감하고 전 세계 공장의 제조력을 향상 시켰습니다.

이 책은 독자들이 내용을 순서대로 읽을 필요 없이 관심있는 주제를 연구할 수 있는 방식으로 쓰여 있습니다.

전문 지식을 다양한 수준으로 LabVIEW를 사용할 수 있으며, 프로그래밍 언어의 구조 및 코드를 생성하고 디버깅하는 데 필요한 도구를 쉽게 이해할 수 있습니다. 이는 프로그래밍 구조 및 주요 기능과, LabVIEW의 설명서를 보완하고, LabVIEW 언어의 새로운 프로그래머를 위한 좋은 정보를 제공하기 위한 것입니다.

목차는 다음과 같이 구성되어 있습니다.

- ch-01 LabVIEW 개요
- ch-02 구조문
- ch-03 배열(Dimension)
- ch-04 클러스터(Cluster)
- ch-05 챠트와 그래프(Chart & Graph)
- ch-06 문자열과 경로
- ch-07 File 입출력
- ch-08 NXT 프로그램
- ch-09 터치센서(Touch Sensor)
- ch-10 빛 센서(Light Sensor)
- ch-11 사운드 센서(Sound Sensor)
- ch-12 초음파센서(Ultra Sensor)

끝으로 제품 개발주기 시간단축과 제품의 질 향상에 도움이 되길 바라며, LabVIEW와의 주요 주제에 적법한 범위와 소프트웨어 개발, 예외 처리에 대한 접근 방법으로 컴퓨터 과학에 공식배경 없는 사용자에게 조금이나마 도움이 되길 바랍니다.

- 저자 씀 -

Contents

1

LabVIEW -개요

1.1 LabVIEW 개요

LabVIEW는 **Lab**oratory **V**irtual Instrument **E**ngineering **W**orkbench 의 약자로 가상 계측을 PC에서 할 수 있게 하는 해석 소프트웨어로써, 미국 NI(National Instruments)라는 회사에서 개발된 프로그램 이다.

LabVIEW 는 C, C++, 또는 Java 같은 전통적인 텍스트(Text) 기반 언어와는 다르게, G언어(Graphical Programming)를 사용하는 환경으로 함수 및 연산 등을 아이콘(Icon)으로 표시하고, 각 아이콘을 와이어(Wire)로 연결하여 프로그램을 구현한다. LabVIEW 역시 프로그래밍에 대한 기본 지식이 선행되어져야 한다.

LabVIEW는 데이터 수집 및 계측기 제어 소프트웨어의 표준과 같은 산업체, 대학 및 연구소의 연구, 개발, 생산, 테스트분야의 엔지니어와 과학자를 통해 채택되어 테스팅과 측정, 산업 자동화 그리고 데이터 분석의 영역에서 널리 사용되어온 그래픽 프로그래밍 언어이다.

LabVIEW는 MS Windows, MAC OS, Linux 환경에서 실행할 수 있다.

LabVIEW의 최신 평가판은 "http://www.ni.com/ko/"에서 손쉽게 구할 수 있다.

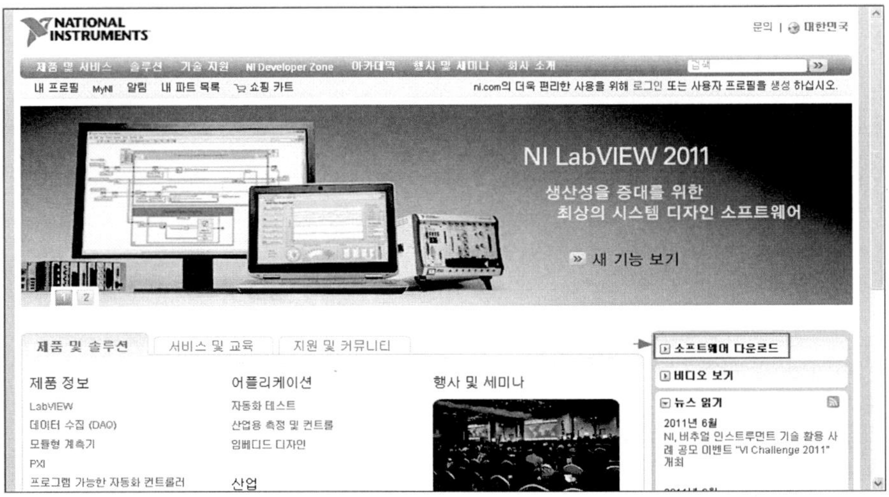

1.2 LabVIEW 시작하기

① 초기 화면

LabVIEW 프로그램을 실행하면 다음 화면이 생성된다.

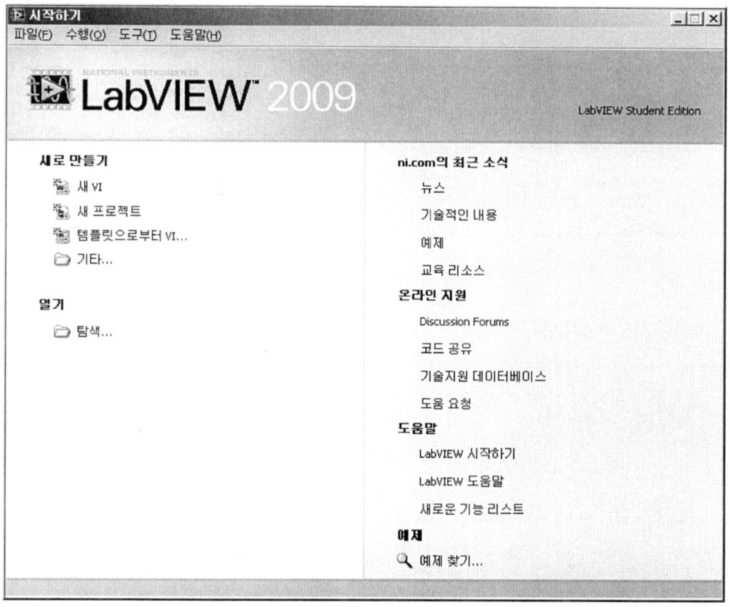

화면의 좌측 부분에는 새로 만들기와 열기 항목이 있고, 우측 부분에는 리소스 항목이 있다.

새로운 VI를 생성하려면 〈새 VI〉를 클릭하거나 단축키 〈Ctrl+N〉를 선택한다.

여기서 VI는 Virtual Instruments의 약자로 LabVIEW로 작성한 프로그램명의 확장자이다.

② 새 VI 실행

실행하면 다음과 같은 창이 생성된다. 그림과 다르면 〈Ctrl+T〉를 치면 정리가 된다.

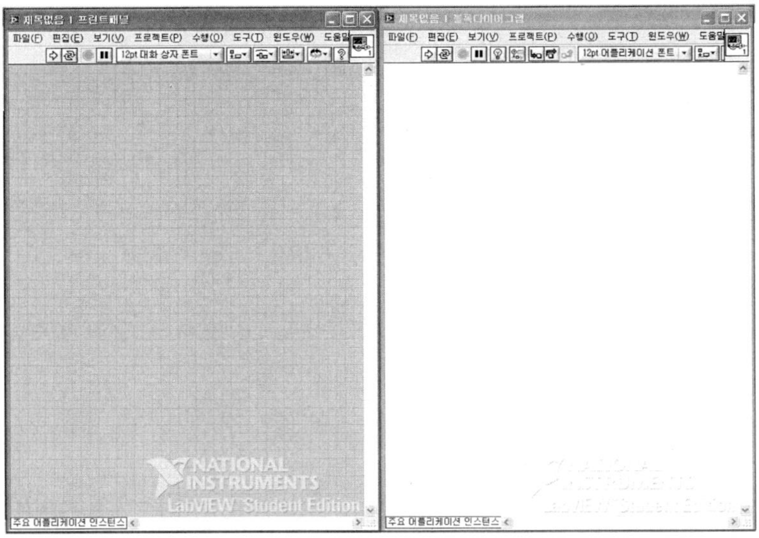

윈도우 제목 이름을 살펴보면 각각 [블록다이어그램] 과 [프런트패널]이라고 쓰여 있다. [블록다이어그램]은 프로그램 코딩(Coding)을 하는 부분이고, [프런트패널]은 사용자 인터페이스를 디자인 하는 부분이다. 일명 UI(User Interface)라고 불리고 있다.

③ 기초 프로그램 작성

프런트패널에 마우스를 위치시키고 오른쪽 버튼을 누르면 컨트롤 창이 나타나는데, 숫자형에 마우스 포인터를 맞추면 숫자형 컨트롤 창이 나타난다.

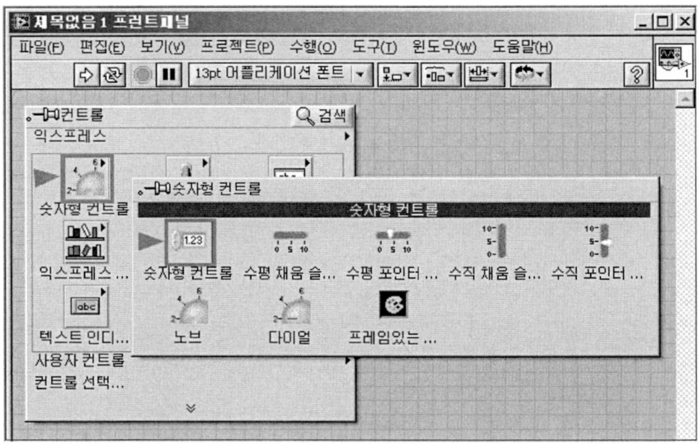

숫자형 컨트롤을 마우스로 드래그 하여 프론트 패널에 위치시키면 다음과 같이 된다.

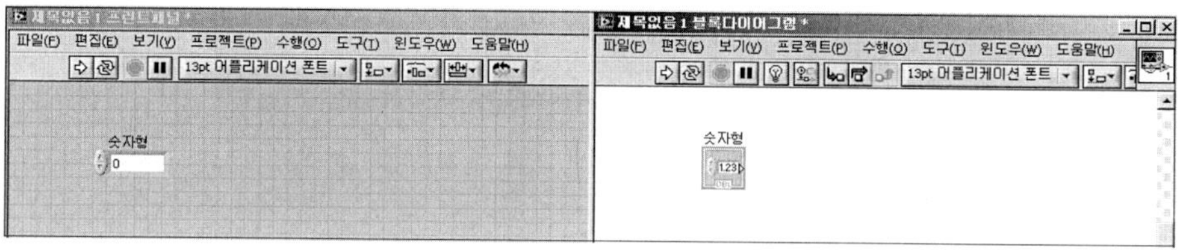

④ 파일 저장 〈Ctrl+s〉

파일메뉴에서 저장을 선택한다.

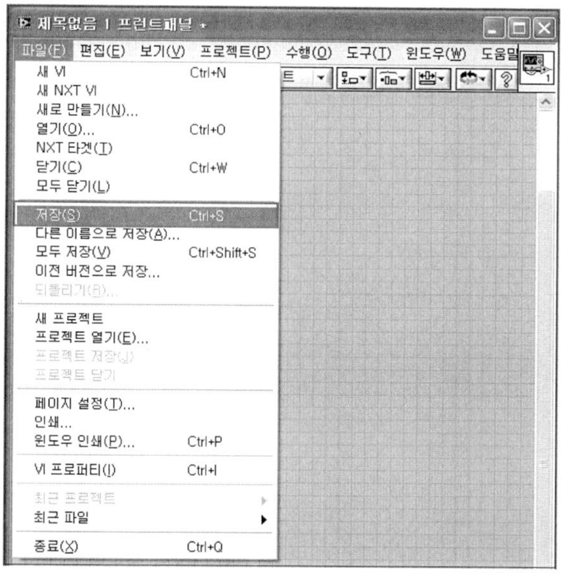

sam1이라는 파일 이름으로 저장한다.

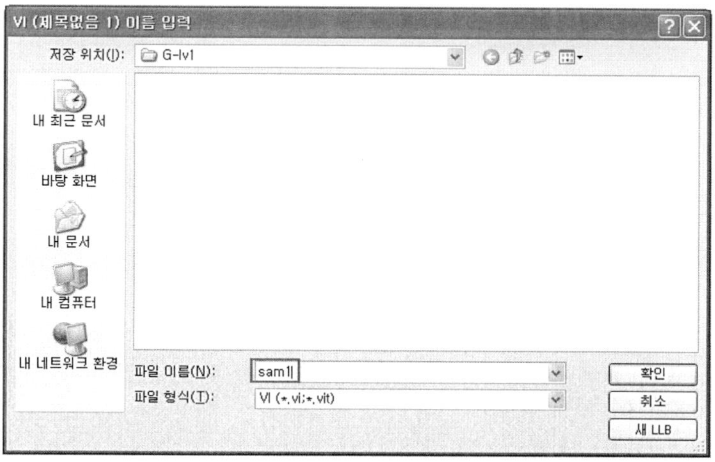

저장하면 파일명이 sam1으로 변경된다.

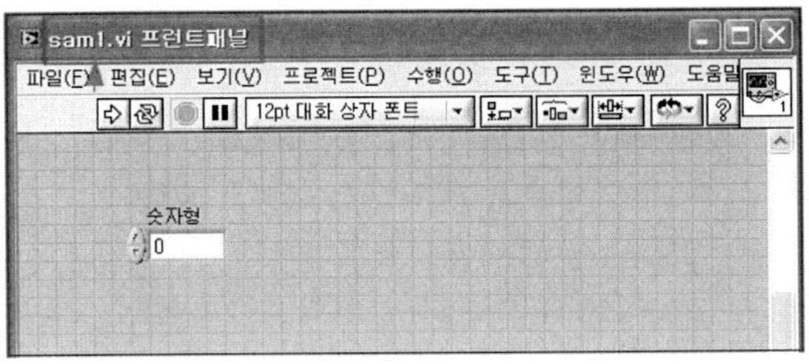

⑤ 파일 열기 〈Ctrl+o〉

파일메뉴에서 열기를 선택한다.

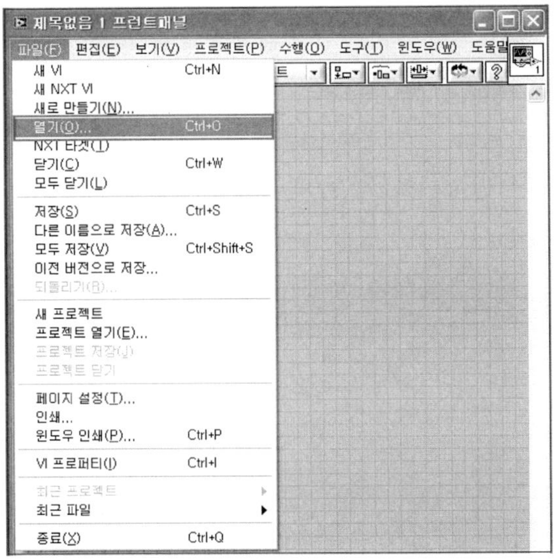

sam1이라는 파일 이름을 선택한다.

파일 열기로 불러온 화면이다.

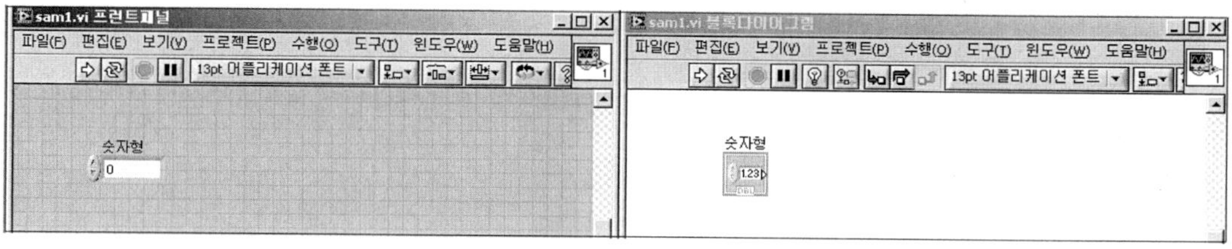

1.3 LabVIEW의 구성

LabVIEW 프로그램은 2가지의 프로그래밍 환경과 3개의 팔레트로 구성된다.

2개의 프로그래밍 환경은 프론트 패널과 블록다이어그램 이고, 3개의 팔레트는 컨트롤 팔레트, 함수 팔레트, 도구 팔레트 이다.

1.3.1 프런트패널

프런트패널은 컴퓨터상에서 실제의 기기를 보는 듯한 구성이 가능하기 때문에 VI (Virtual Instrument)의 사용자 인터페이스이다.

프런트패널은 컨트롤과(control) 인디케이터(Indicator)로 구성된 사용자 인터페이스 공간이다. 컨트롤은 노브, 버튼, 다이얼 및 기타 입력 장치이고, 인디케이터는 그라프, LED 및 기타 디스플레이 등 출력 장치 이다.

인디케이터는 블록 다이어그램 내부의 프로그램에 의해 처리된 데이터를 출력하는 곳이다. 즉 컨트롤은 설정 값을 입력 할 수 있으며, 인디케이터는 측정한 결과 또는 계산된 값을 표시하기만 하고 사용자가 값을 변경 할 수 없다.

1.3.2 블록다이어그램

블록다이어그램은 프런트패널패널과 항시 동반적인 관계로 프런트패널의 객체는 블록다이어그램에 터미널(Terminal)로 표시된다.

Text 기반 프로그램 언어는 행에서 행으로 넘어가면서 순차적으로 실행이 일어나는 반면, LabVIEW에서는 순서도와 유사한 소스 코드프로그램이 진행되기 때문에, 순서가 Data의 흐름에 따른다.

블록 다이어그램의 구성요소는 터미널(Terminal), 노드(Node), 와이어(Wire)로 이루어져 있으므로, 블록 다이어그램의 작성은 특정한 기능을 하는 각각의 함수들을 와이어로 서로 연결하면 된다.

1.3.3 컨트롤 팔레트(Control Palette)

컨트롤 팔레트(Control Palette)는 프런트패널에서 마우스 오른쪽 버튼을 누르면 다음 그림과 같이 생성되고, 컨트롤과 인디케이터로 구성된다.

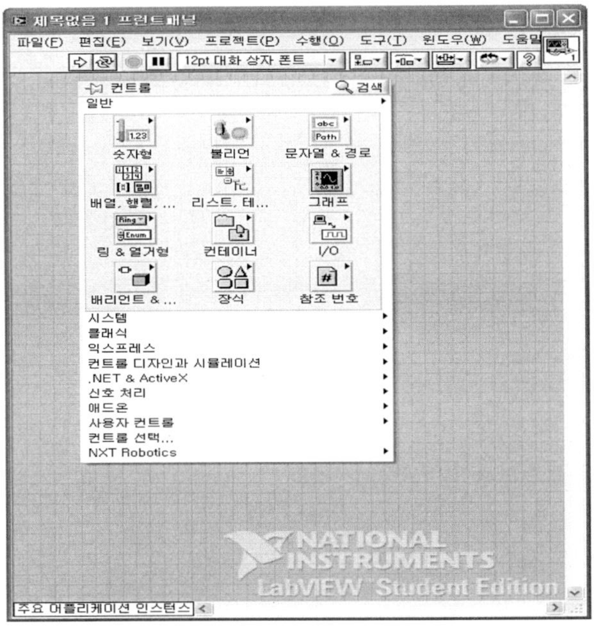

1.3.4 함수 팔레트(Function Palette)

함수 팔레트(Function Palette)는 블럭다이어그램에서 마우스 오른쪽 버튼을 누르면 다음 그림과 같이 생성되고, 그래픽 코드 생성을 위한 VI와 함수들로 구성된다.

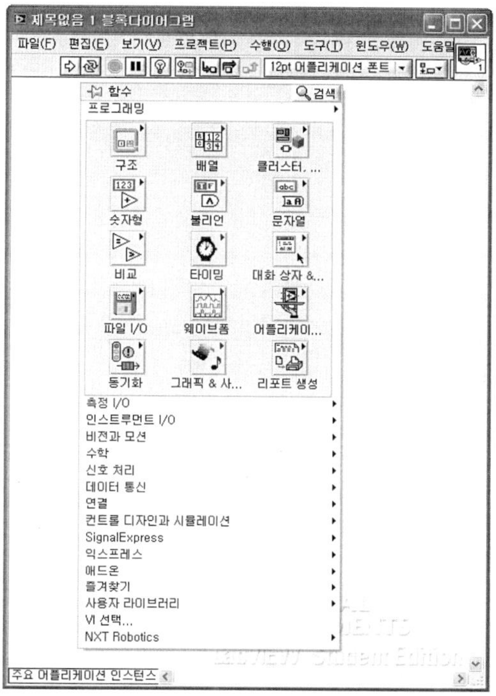

1.3.5 도구 팔레트(Tool Palette)

도구 팔레트(Tool Palette)는 프런트패널에서는 색, 모양, 형상 등을 조정해주는 팔레트이고, 블록다이어그램에서는 내부의 아이콘 등을 연결해 주는 역할을 한다.

도구 팔레트(Tool Palette)의 동작은 프런트패널이나 블록다이어그램 아무 곳에서나 〈SHIFT〉 키를 누른 상태에서 마우스 오른쪽 버튼을 누르면 동작 한다.

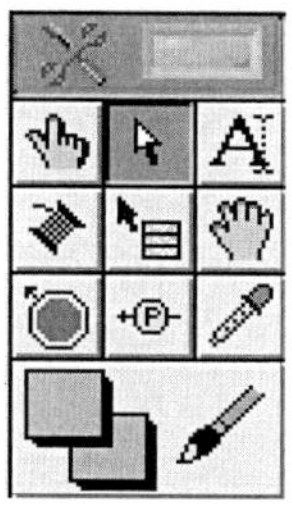

도구 팔레트 자동 상태

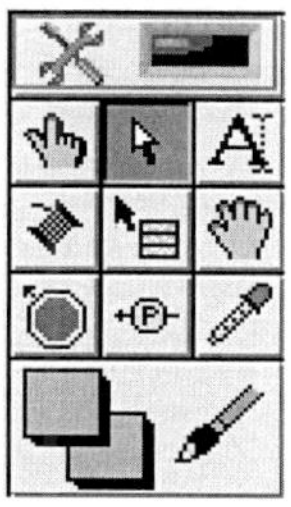

도구 팔레트 수동 상태

자동 상태와 수동 상태의 변환은 녹색 LED를 마우스로 클릭하면 변환된다.

자동모드일 경우 녹색 LED는 ON되고, 마우스 커서가 함수, 노드, 와이어 상에 위치할 때 그에 상응하는 요소 중에서 가장 합리적인 동작을 자동으로 제공한다. 수동모드일 경우 선택한 아이콘에 상응하는 동작만 한다. 보통은 자동 상태로 쓰는 것을 원칙으로 한다.

〈각 버튼 동작 설명〉

-  : 수행

→ 프런트패널의 컨트롤(Control), 인디케이터(Indicator)의 값을 변경할 때 사용한다.

-  : 위치

→ 아이콘을 선택하여 그것의 위치를 정하고, 크기를 조정하여 선택한다.

-  : 라벨링

→ 해당 아이템의 라벨(Label)을 수정할 때나 문자열을 수정할 때 사용한다.

-  : 와이어링

→ 블록다이어그램에 있는 객체들을 서로 와이어로 연결할 때 사용한다.

-  : 객체 바로가기

→ 객체 바로가기를 연다(단축메뉴 띄울 때 사용한다).

-  : 스크롤링

→ 스크롤 막대를 사용하지 않고 화면을 움직일 때 사용한다.

-  : 브레이크 포인트

→ 현재의 위치에서 실행을 일시정지하기 위해 VI, 함수, 노드, 와이어, 구조에 브레이크 포인트를 설정한다.

-  : 프로브

→ 와이어에서 프로브를 생성 하고, 문제 발생 예측 지점에 사용하여 의외의 결과를 발생하는 VI의 중간 상태값을 확인 할 수 있다.

-  : 색 복사

→ 기존 오브젝트로부터 색을 복사하여 다른 오브젝트에 색을 복사 하는 기능이다.

• 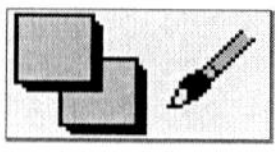 : 색칠

→ 프런트패널과 블록다이어그램의 전경색과 배경색을 지정한다.

1.4 기본 예제 따라 하기

다음 그림과 같이 입력을 주면 2가지로 출력하는 형식

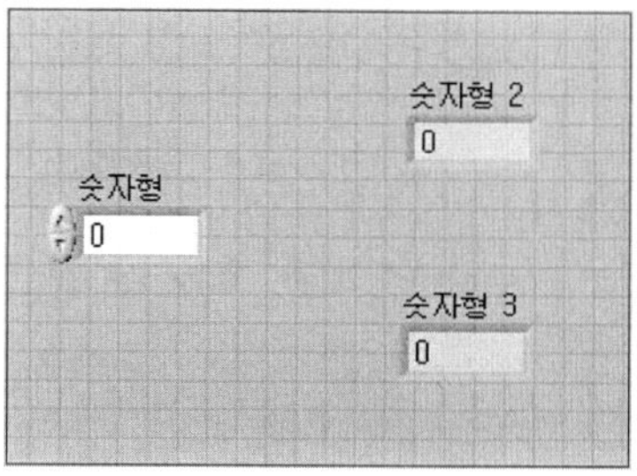

Front Panel

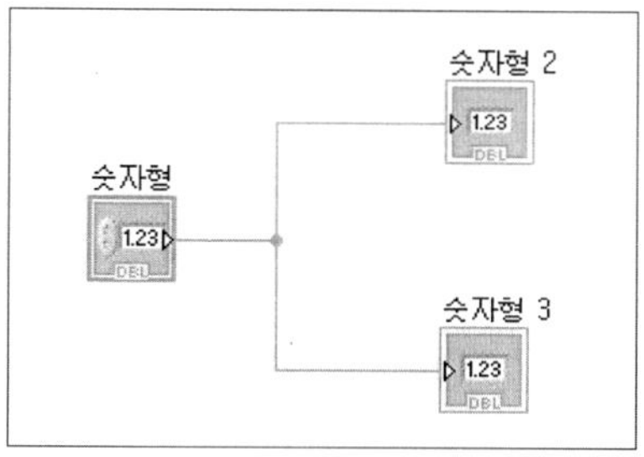

Block Diagram

① 제일 먼저 프런트패널(Front Panel)에서 숫자형 컨트롤(Numeric)을 1개 가져온다.

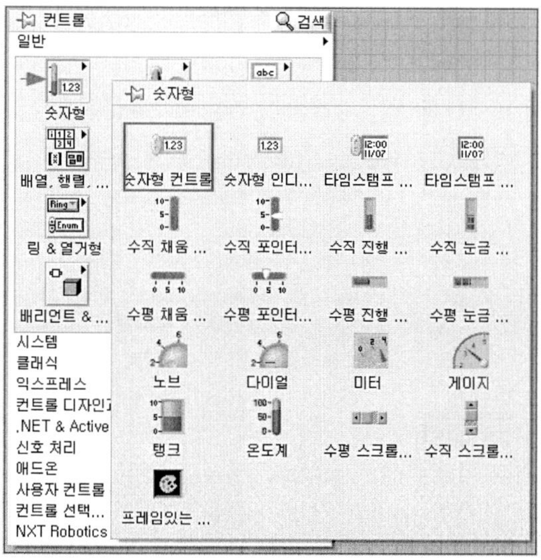

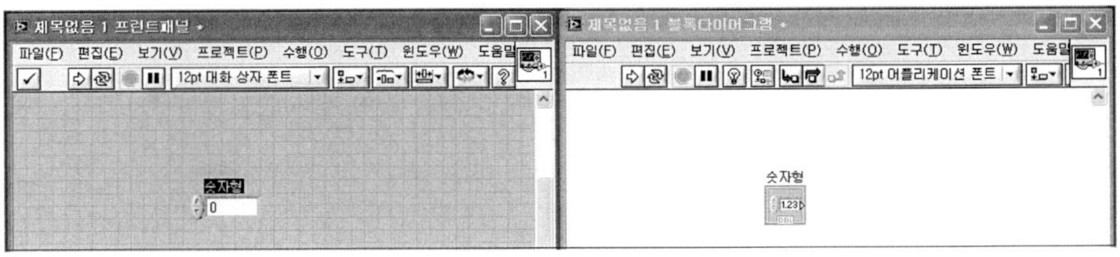

Front Panel　　　　　　　　　　Block Diagram

② Front Panel의 숫자형(Numeric)을 선택하고 마우스 오른쪽을 클릭하여 복사〈Ctrl+C〉한 후 옆에 붙여넣기〈Ctrl+V〉를 수행하면 새로운 아이콘이 생성된다.

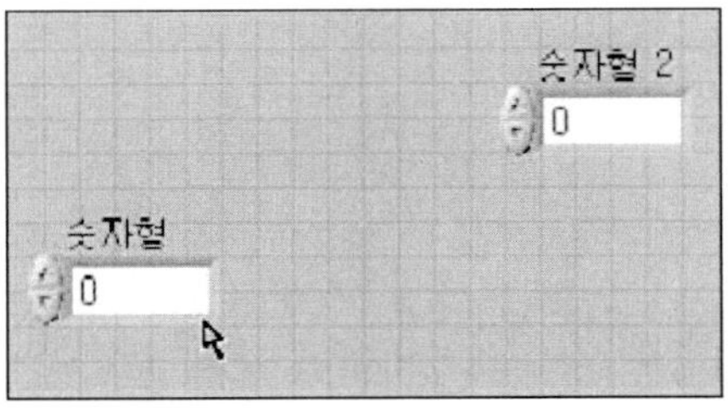

← 사각형 가장자리의 마우스 위치를 확인하시오.

③ Block Diagram에서 새로 생성한 2개의 Icon 중 하나를 선택하고, 마우스 오른쪽을 클릭하여, 인디케이터로 변경(Change to Indicator)을 사용한 후 출력으로 변환한다.

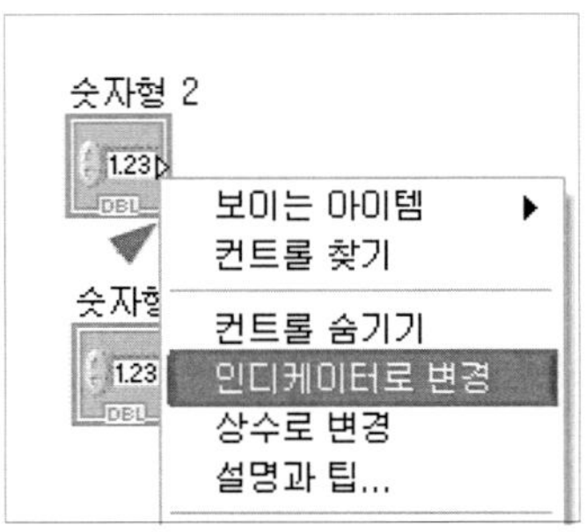

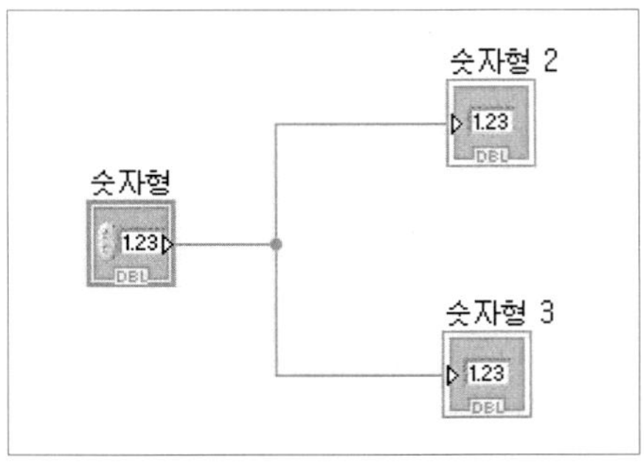

↑ 인디케이터로 변경(Change to Indicator)

④ 자동변환 모드에서 Wiring 도구로 변환한다.

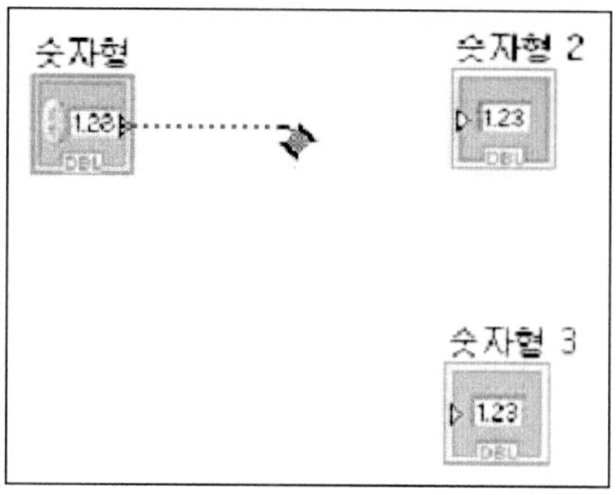

⑤ 왼쪽 마우스를 누르면서 연결할 지점으로 이동한다.

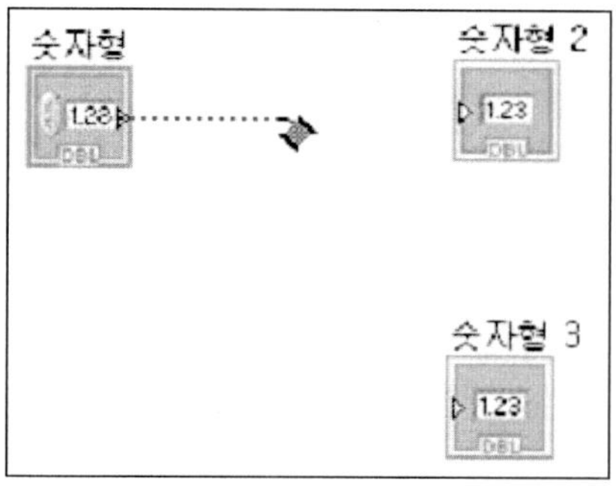

⑥ 분기할 지점을 정한 후 왼쪽 마우스를 누르면서 연결할 부위로 이동한다.

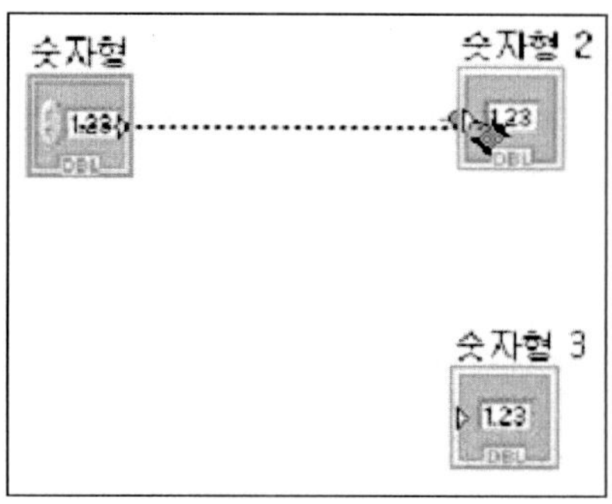

⑦ 점멸 상태에서 왼쪽 마우스를 클릭 하여야 분기됨

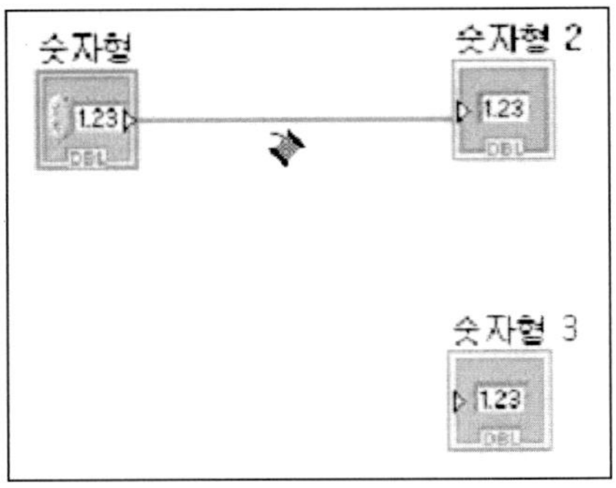

⑧ 연결하여 완성

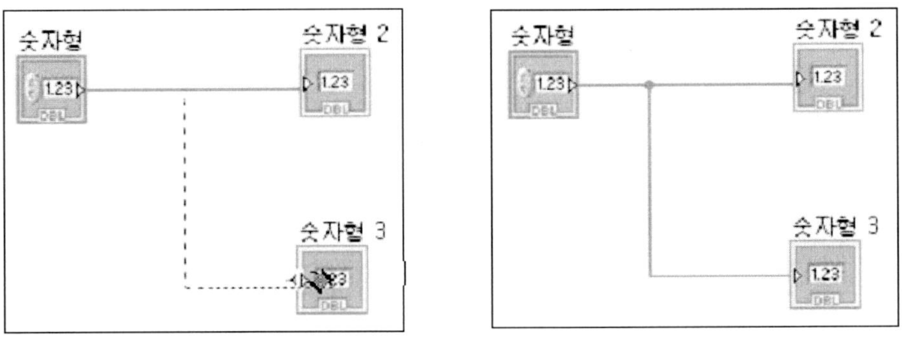

⑨ One Click(마우스 왼쪽 클릭) : 선택한 선만 점선으로 바뀐다.

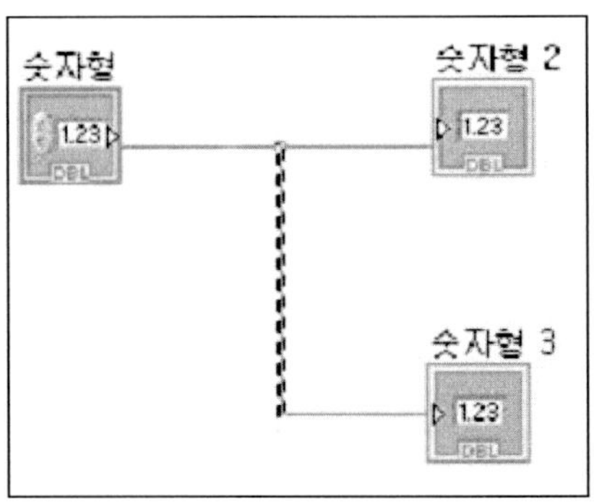

⑩ Double Click(마우스 왼쪽 클릭) : 선택한 선과 인접한 선이 점선으로 바뀐다.

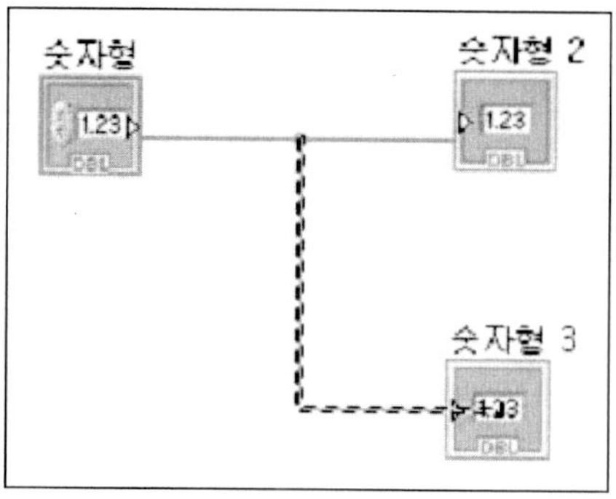

⑪ Triple Click(마우스 왼쪽 클릭) : 선택한 선과 연결된 모든 선이 점선으로 바뀐다.

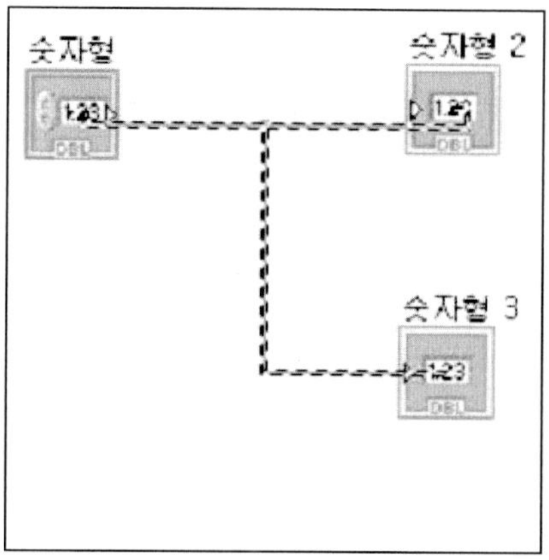

⑫ 와이어에 커서를 맞추고 마우스 오른쪽을 눌러 와이어 정리 선택한다.

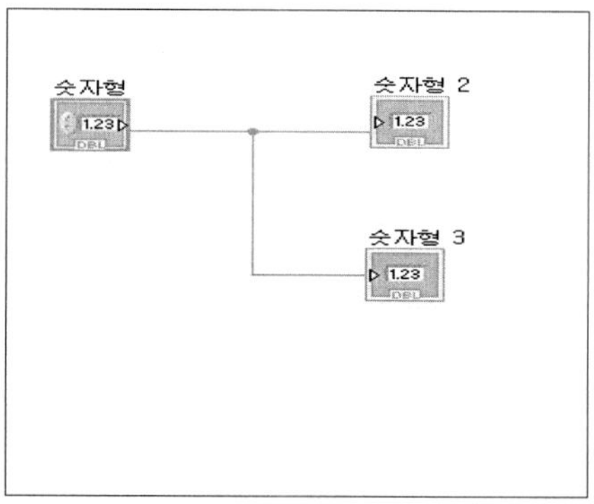

⑬ Front Panel 컨트롤(Control)측에, 입력에 2를 넣고 실행을 시키면 인디케이터에 2가 출력된다.

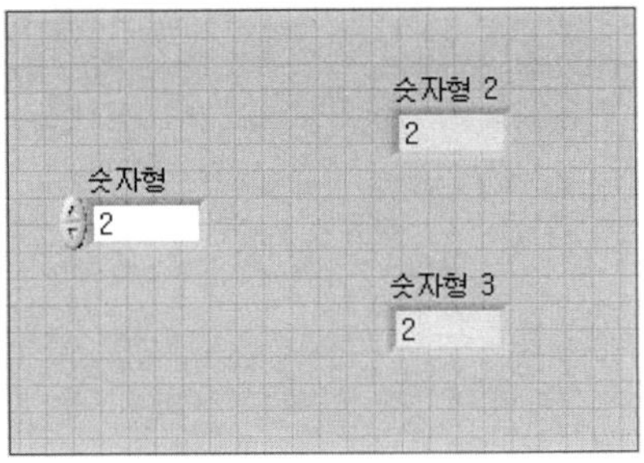

〈연습문제 1.1〉

숫자의 가산과 감산

✤ 프런트패널(Front Panel)

① 프런트패널에서 마우스의 오른쪽 버튼을 눌러 메뉴가 나오면 '컨트롤 〉 숫자형 컨트롤 〉 숫자형 컨트롤'을 선택하여 숫자형 컨트롤 2개를 프런트패널에 위치시킨다.

아이콘을 선택하고 프런트패널에 끌어다 놓는다.

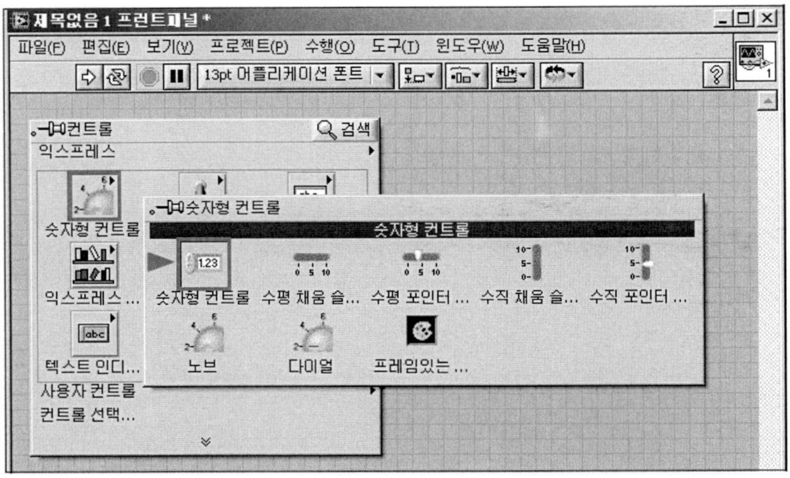

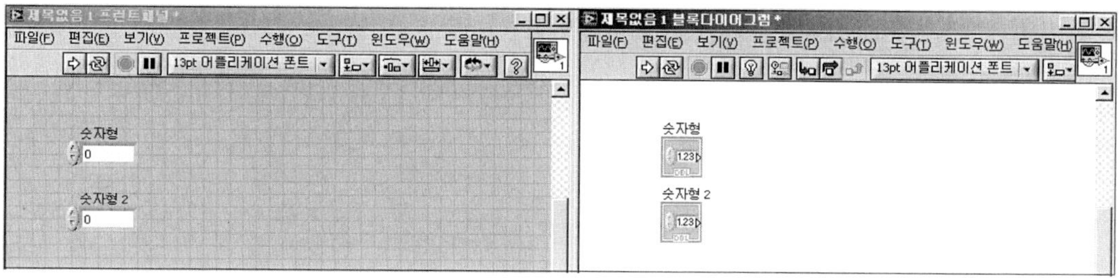

② 라벨을 a 와 b 로 바꾼다.

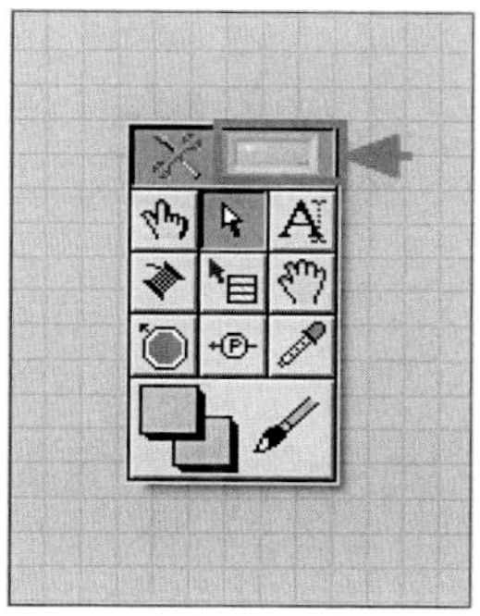

A 아이콘을 이용하여 숫자형이라는 라벨을 a와 b로 바꾼다.

위 그림의 상단부분 우측의 녹색LED 부분이 밝은 녹색 상태이면 자동 선택 상태이므로 숫자형 라벨위치에서 더블 클릭하면 바꿀 수 있다.(옆의 그림은 SHIFT+마우스 오른쪽 버튼)

③ 프런트패널에서 마우스의 오른쪽 버튼을 눌러 메뉴가 나오면 '컨트롤 → 숫자형컨트롤 → 숫자형 컨트롤'을 선택하여 숫자형 컨트롤 2개를 프런트패널에 위치시킨다.

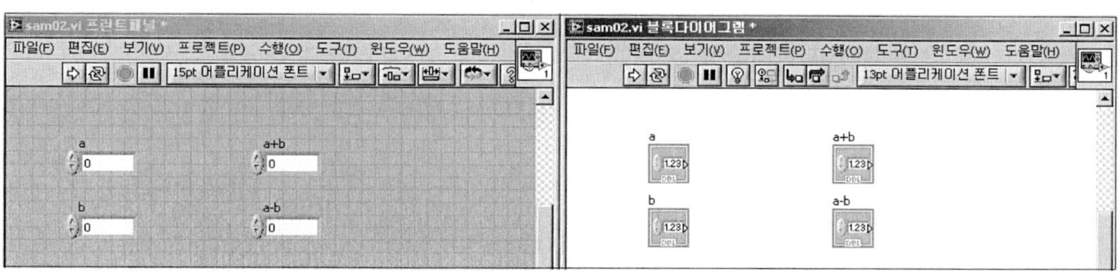

④ a+b a—b 아이콘의 초기 상태는 컨트롤 이므로 인디케이터로 변경한다.

a+b a—b 아이콘을 선택하고 마우스 오른쪽을 눌러 메뉴에서 인디케이터로 변경하여 선택한다.

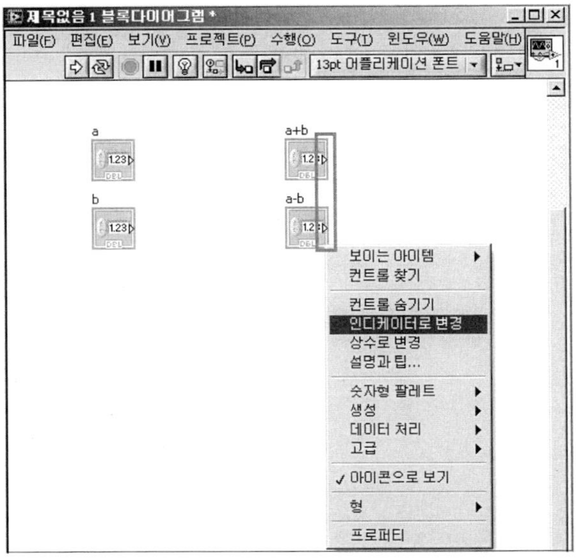

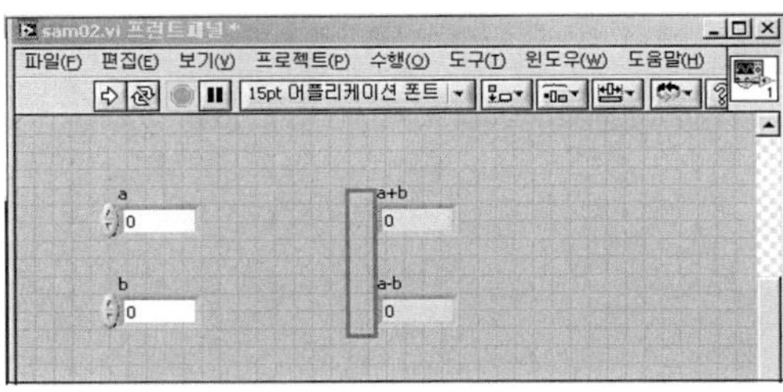

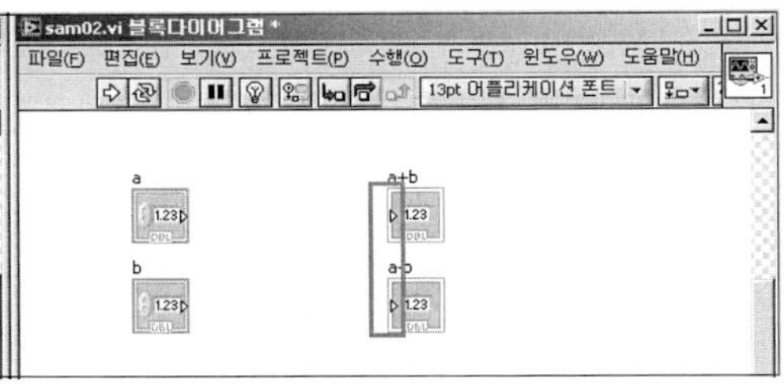

선택 후, 컨트롤과 인디케이터가 각 아이콘에 대응되는 터미널인지 확인해야 한다.

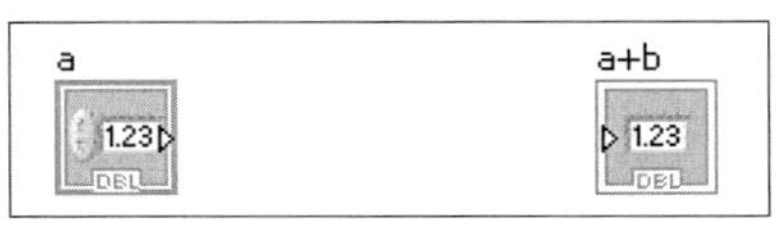

좌측의 굵은 테두리는 컨트롤이고, 우측의 엷은 테두리는 인디케이터이다.(색상의 차이점 확인 요망)

주황색은 실수 형태의 숫자형을 의미하고, DBL은 배 정도를 의미한다.

컨트롤은 나가는 쪽에 삼각형이 있고, 인디케이터는 들어오는 쪽에 삼각형이 있다.

⑤ 함수 → 연산 & 비교 → 익스프레스 숫자

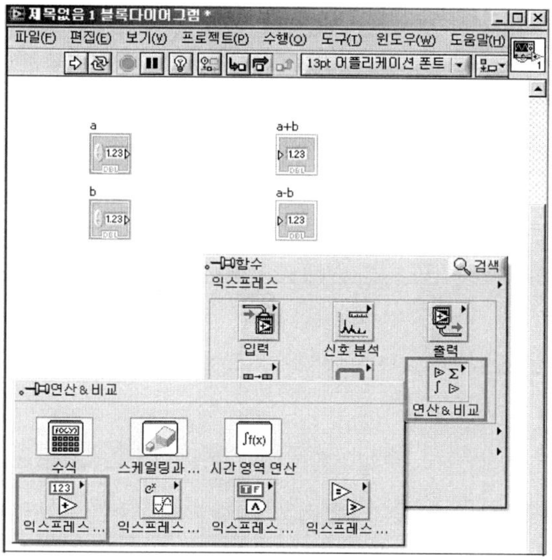

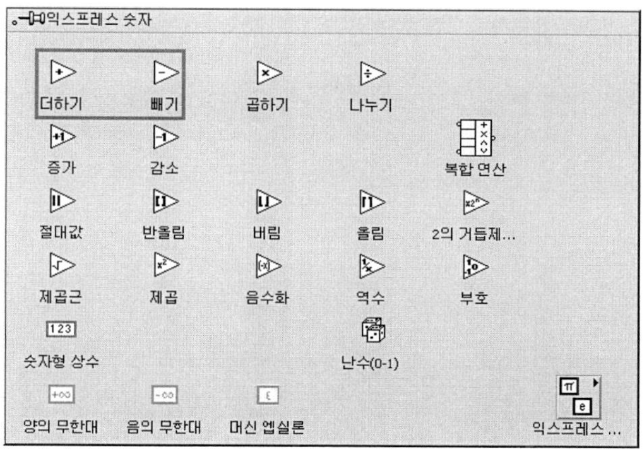

⑥ '함수 → 연산 & 비교 → 익스프레스 숫자'에서 더하기, 빼기를 찾아서 위치시키고 와이어를 연결한다.

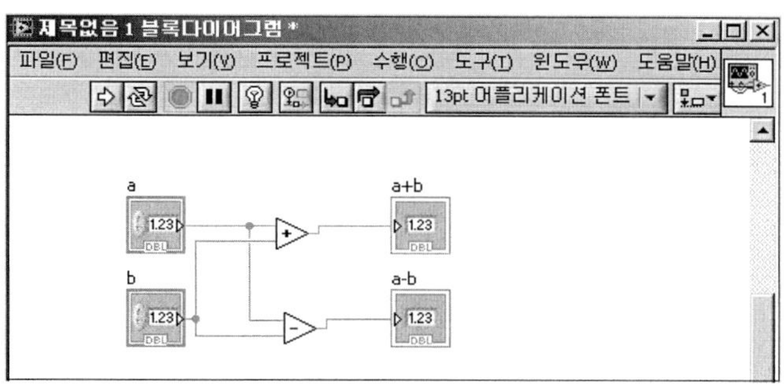

도움말이 필요할 경우 더하기 및 빼기에 마우스를 맞추고 〈CTRL＋H〉를 사용한다.

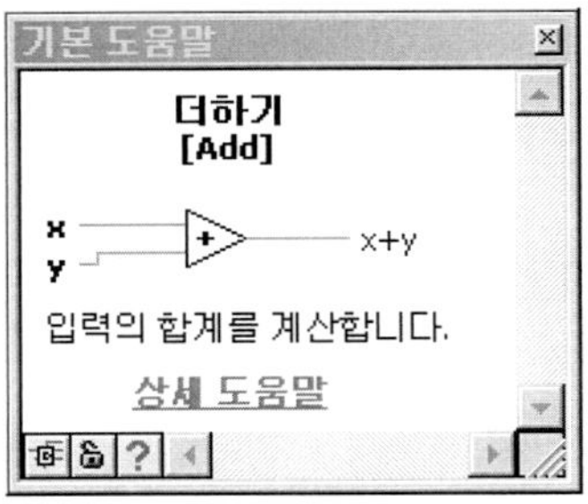

모든 사항이 완성되었음으로 메뉴 파일에서 저장을 한다.

⑦ 그다음 프런트패널로 돌아와서 a와 b에 값을 입력하고 실행버튼을 눌러 실행한다.

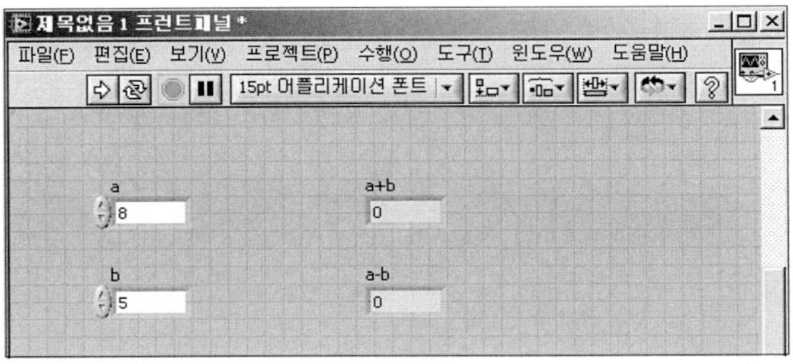

a와 b값을 살펴보시오.

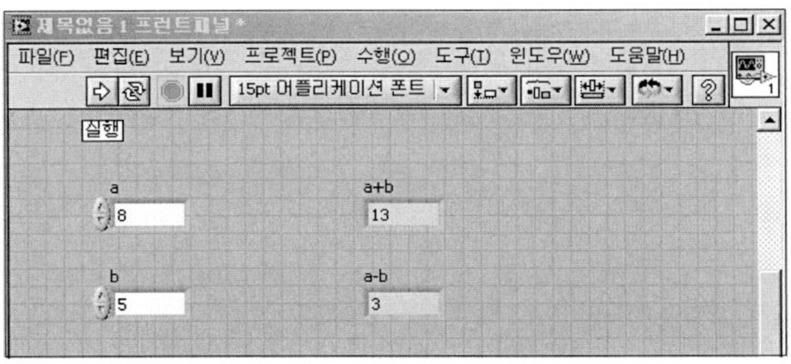

a＋b 와 a–b 값을 살펴보시오.

〈연습문제 1.2〉

3개의 정수의 합과 평균을 구하시오.

① 프런트패널

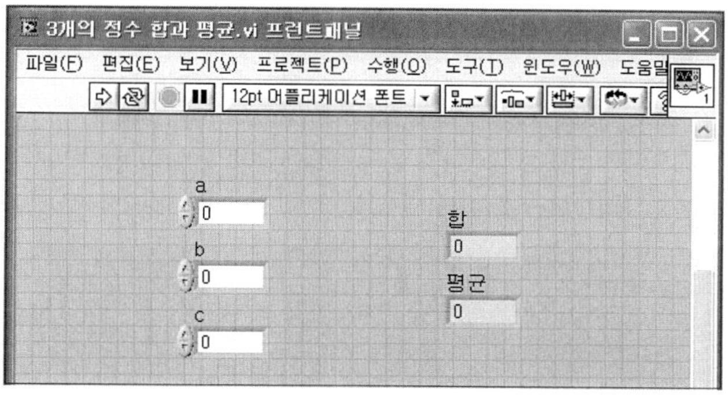

② 블록다이어그램

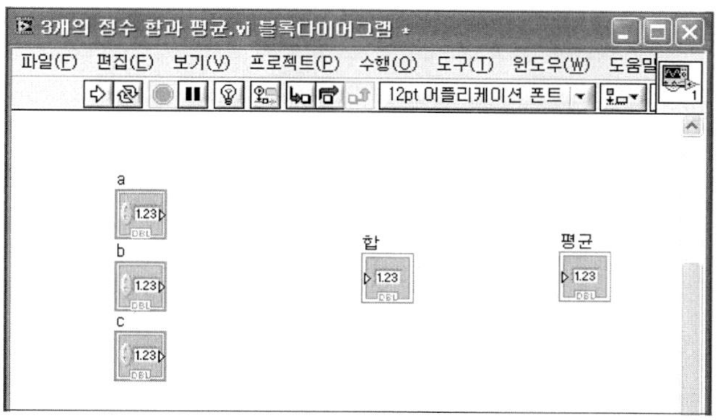

③ 연산자

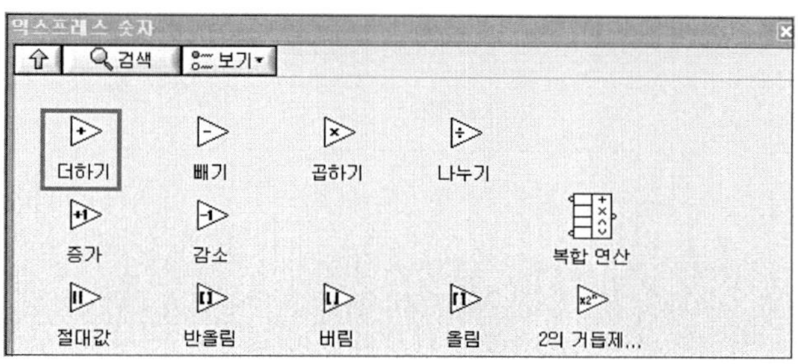

④ 와이어 연결

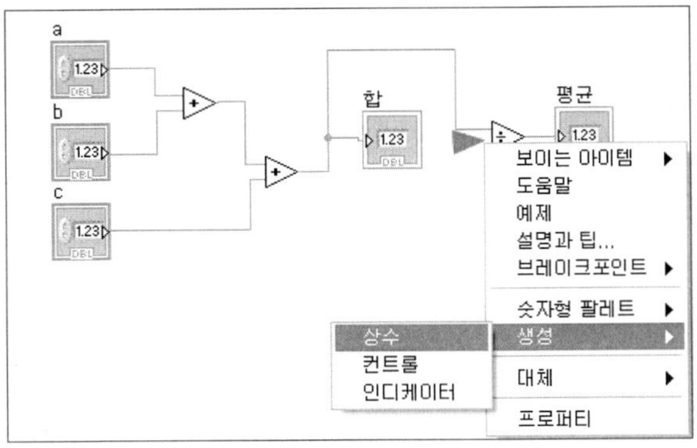

⑤ 상수 생성

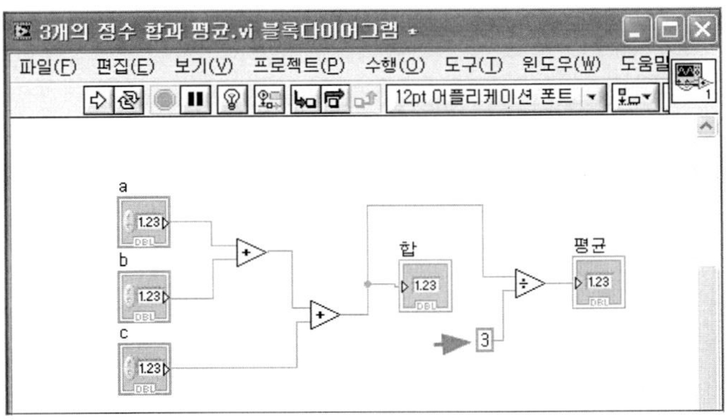

⑥ 실행

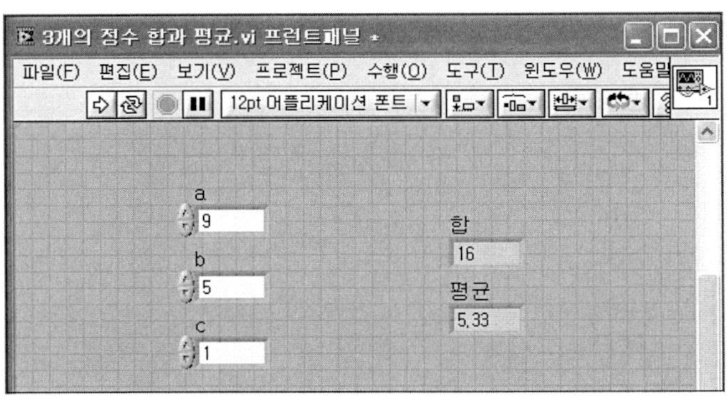

⑦ 프로퍼티 변경

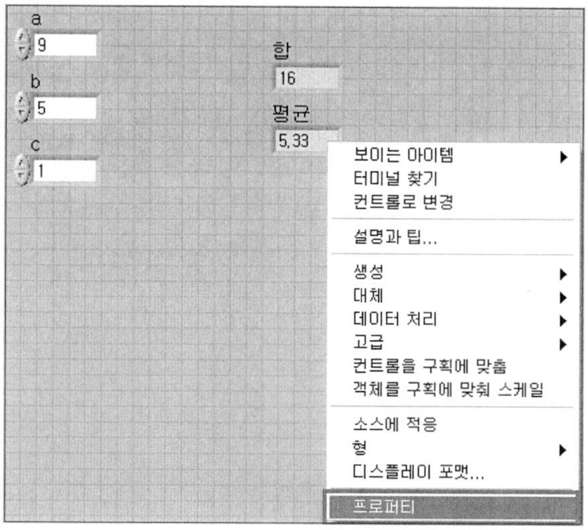

프로퍼티 항목에서 디스플레이 포맷으로 이동하면 정밀도 타입이나 소수점 자리수를 변경할 수 있다.

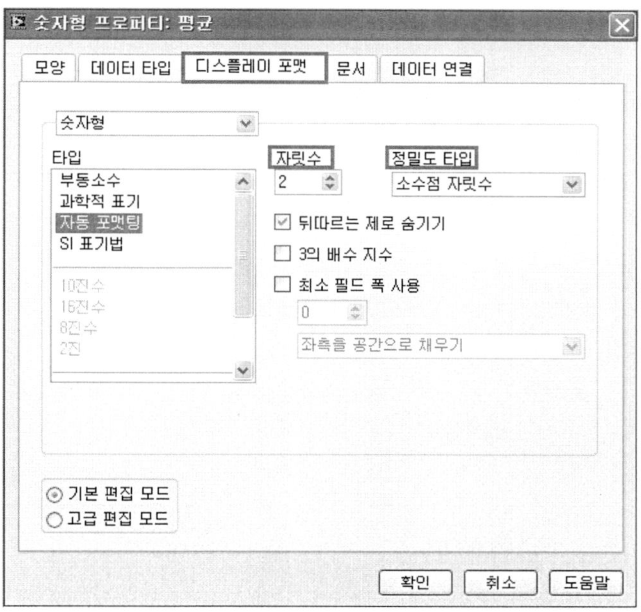

⑧ 에러 찾는 방법

일부러 상수를 제거하면 실행버튼이 깨진 상태로 변화된다. 이것은 프로그램 상에 에러가 존재한다는 의미이다.

프로그램 어느 부분에 에러가 있는지 확인하기 위해서는 깨진 실행버튼을 실행한다.

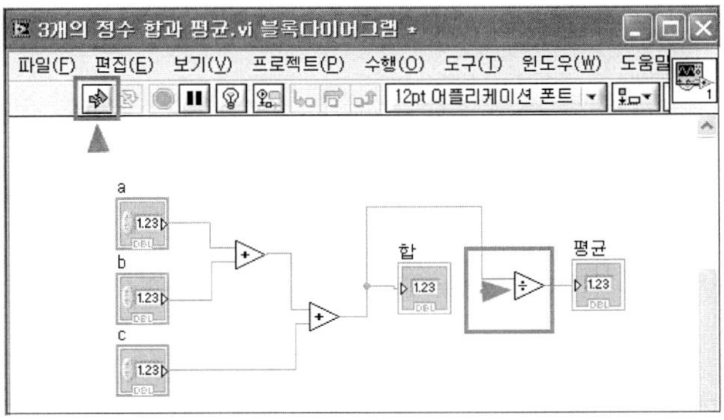

그러면 다음과 같이 에러 리스트 창이 나타난다.

에러 리스트 창의 중앙부분을 살펴보면 '**나누기 : 연결되지 않은 또는 적절치 않은 터미널을 포함합니다.**'라는 에러 메시지를 확인할 수 있다. 이 메시지를 더블 클릭하면 에라 부분이 점멸 하는 것을 확인 할 수 있다.

그러므로 에러는 에러 리스트에서 확인 가능하다.

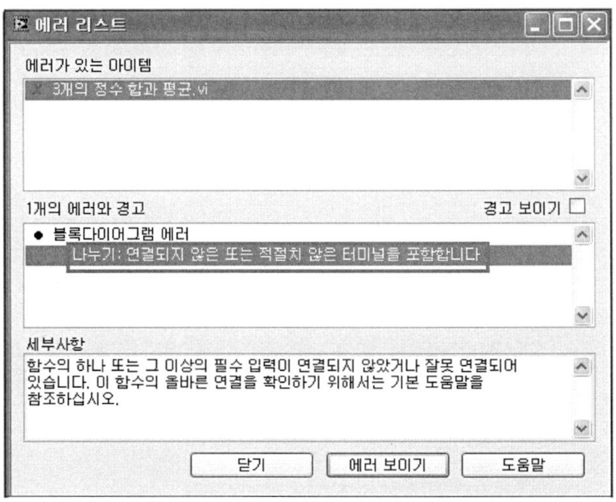

⑨ 하이라이트 실행

하이라이트를 실행하면 프로그램이 어떻게 동작하는지 실행과정을 상세히 확인 할 수 있다.

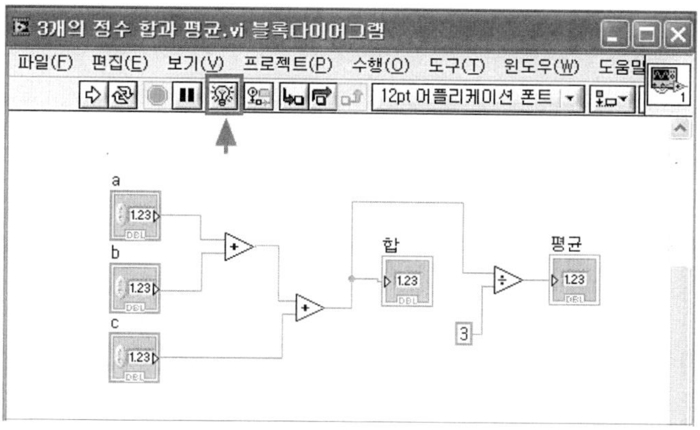

〈연습문제 1.3〉

섭씨온도를 화씨온도로 바꾸시오.

✢ 섭씨온도를 입력 받아서 화씨온도로 변환하는 VI를 만들어보자.

① 프런트패널(Front Panel)

새 VI를 선택하여 새로운 창을 만든 후〈CTRL+N〉, 프런트패널에서 마우스의 오른쪽 버튼을 눌러 메뉴가 나오면 '컨트롤 → 숫자형 컨트롤 → 숫자형 컨트롤'을 선택하여 숫자형 컨트롤 아이콘을 선택하고 끌어서 프런트패널에 위치시킨다.

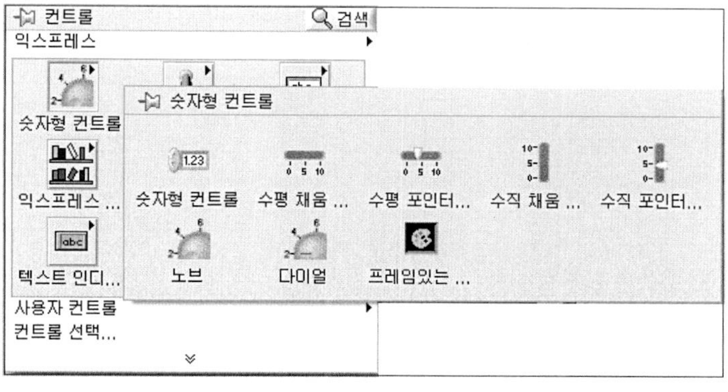

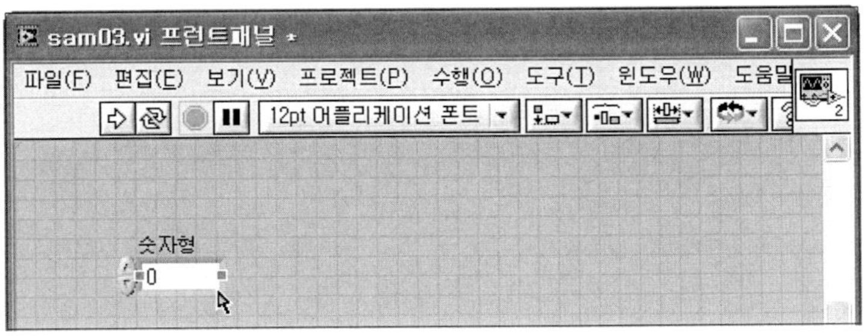

② 아이콘 복사

그림2 사각형 모서리에서 〈CTRL〉 키를 누른 상태에서 숫자형 아이콘을 끌어서 옆으로 당기면 마우스 포인터가 화살표에서 + 모양으로 변하면서 다음 그림과 같이 복사된다.

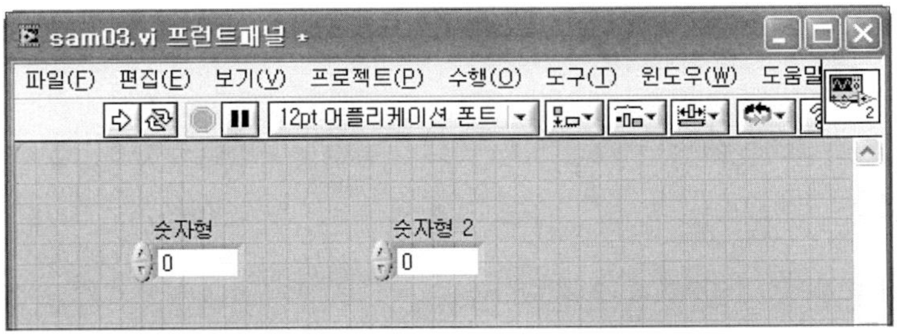

③ 숫자형 컨트롤 라벨을 섭씨, 화씨온도로 변경하고 화씨온도부분은 인디케이터로 변경한다.

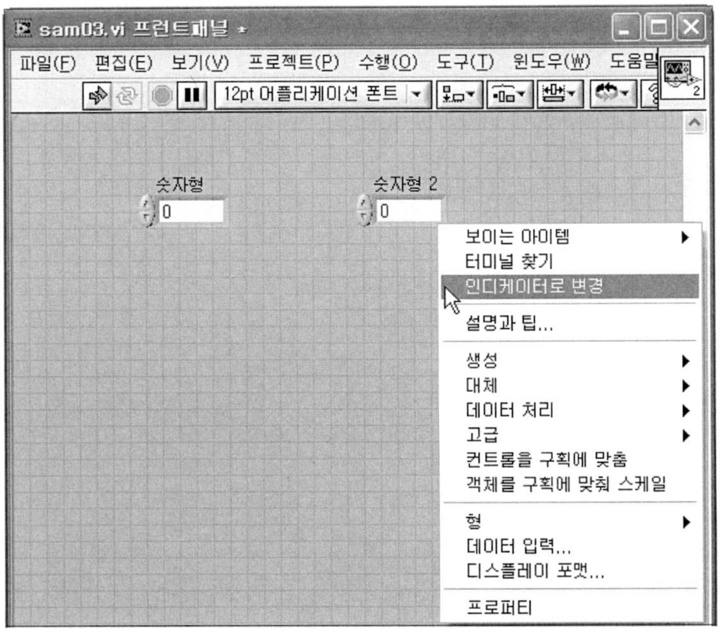

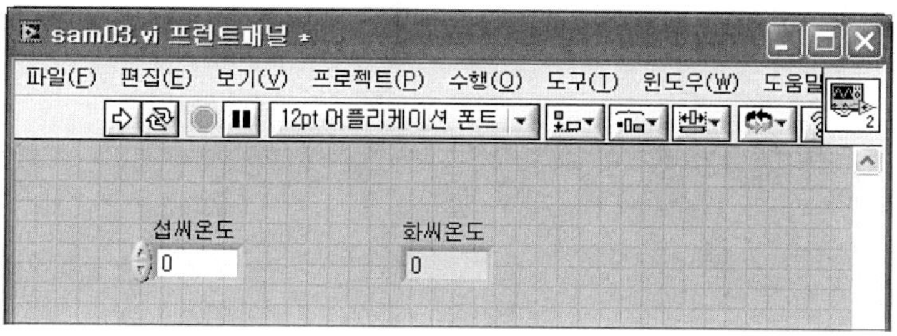

④ 블록다이어그램에서 '**함수 → 연산 & 비교 → 익스프레스 숫자**'에서 곱하기, 더하기를 찾아서 위치시키고 와이어를 연결한다.

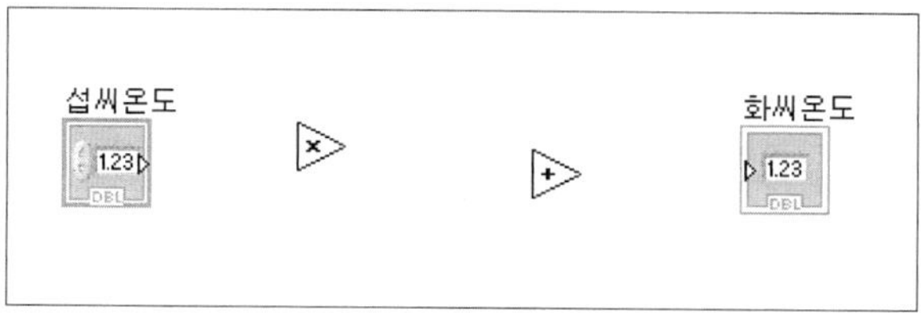

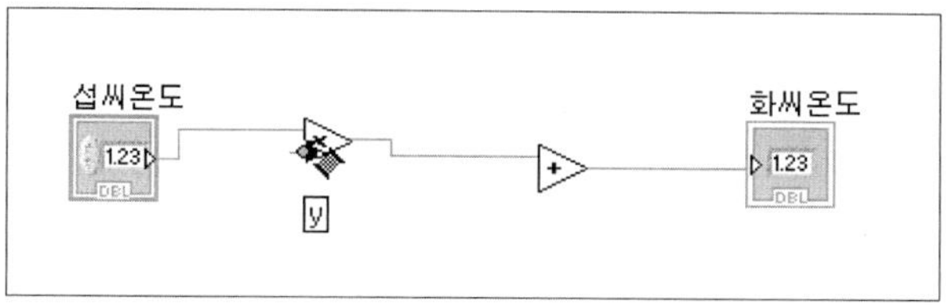

⑤ 마우스 포인터 위치에서 마우스 오른쪽 버튼을 눌러 '생성 → 상수'를 선택한 다음 값을 입력한다.

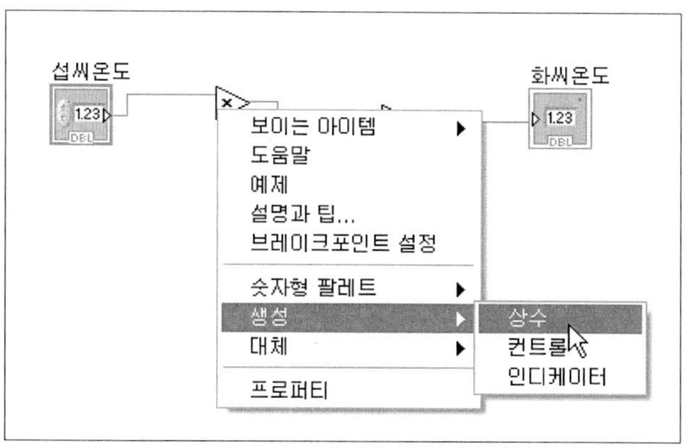

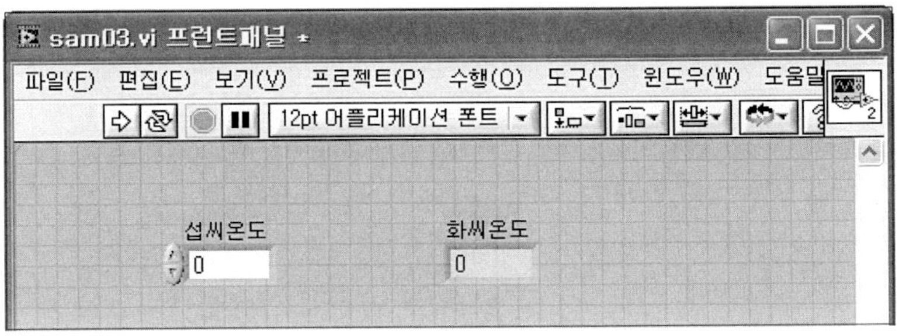

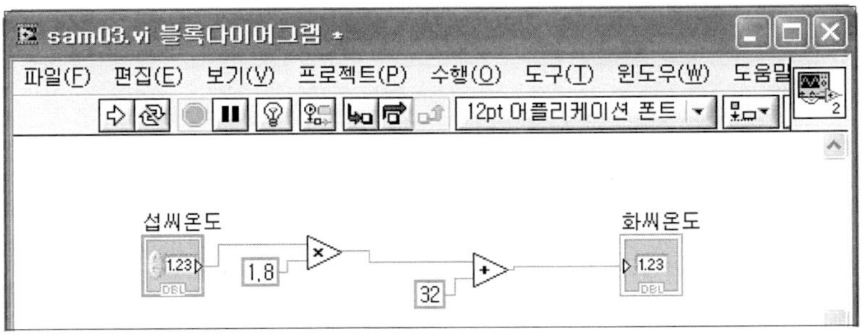

⑥ 실행

실행시키면 다음 그림과 같다.

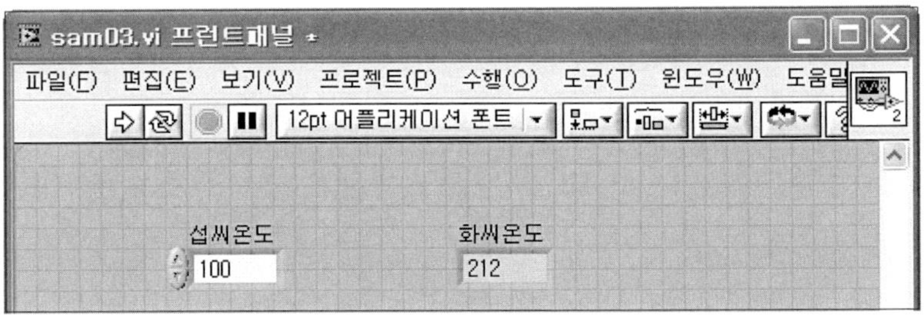

다음과 같이 하여도 결과는 같다.

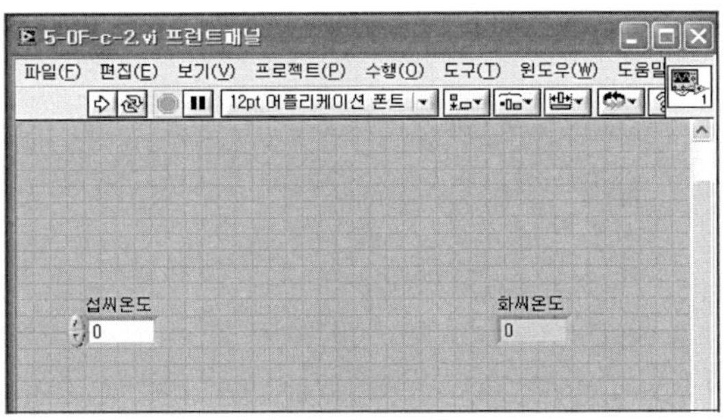

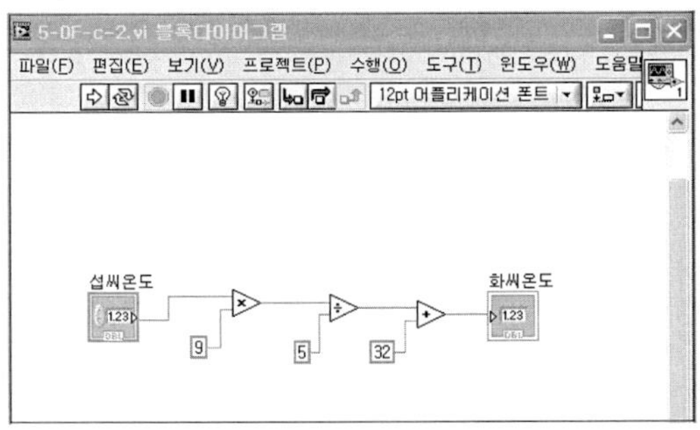

〈연습문제 1.4〉

불리언을 사용하여 LED를 점등하시오.

① 프런트패널(Front Panel)

새 VI를 선택하여 새로운 창을 만든다. 〈CTRL+N〉

프런트패널에서 마우스의 오른쪽 버튼을 눌러 메뉴가 나오면 '컨트롤 → 버튼 & 스위치 → 수직 토글 스위치'를 선택하여 수직 토글 스위치 아이콘을 선택하고 끌어서 프런트패널에 위치시킨다.

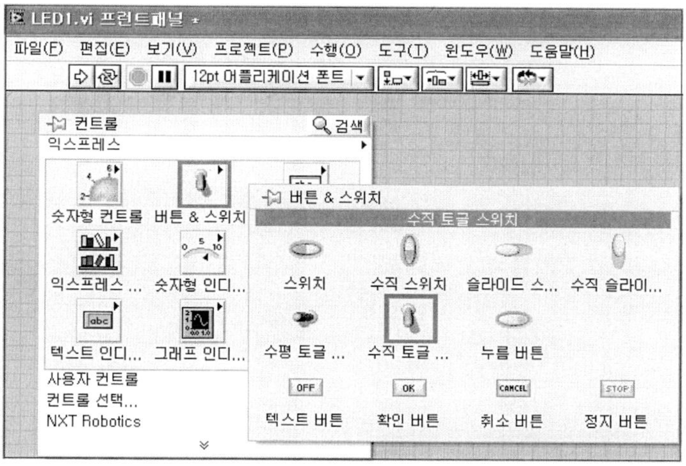

② 프런트패널에서 마우스의 오른쪽 버튼을 눌러 메뉴가 나오면 '컨트롤 → LED → 사각 LED'를 선택하여 사각 LED 아이콘을 선택하고 끌어서 프런트패널에 위치시킨다.

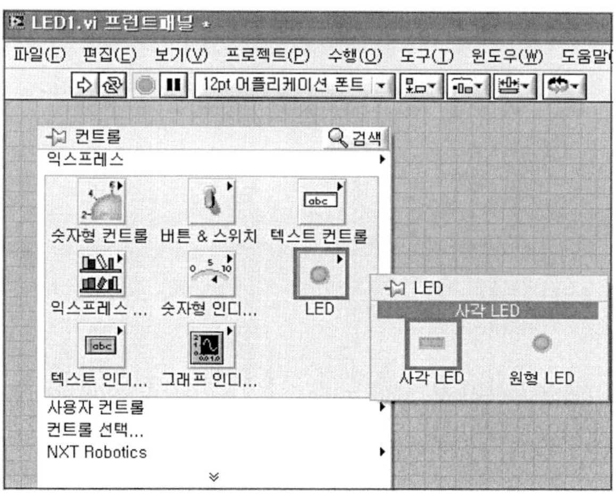

③ 블록다이어그램에서 '**함수 → 연산 & 비교 → 익스프레스 불리언**'에서 NOT 아이콘을 찾아서 위치시키고 와이어를 연결한다.

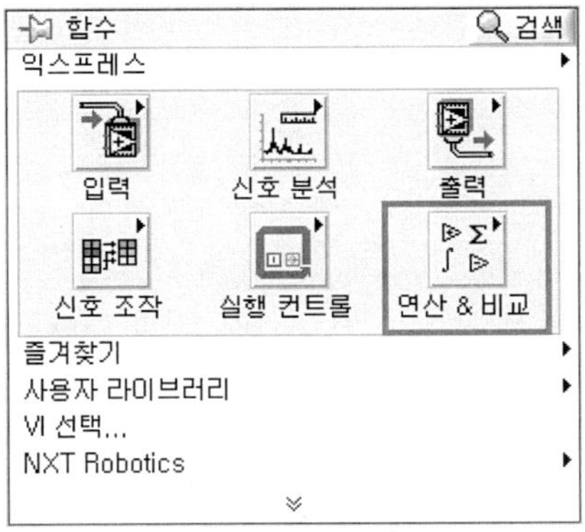

함수 → 연산 & 비교 → 익스프레스 불리언

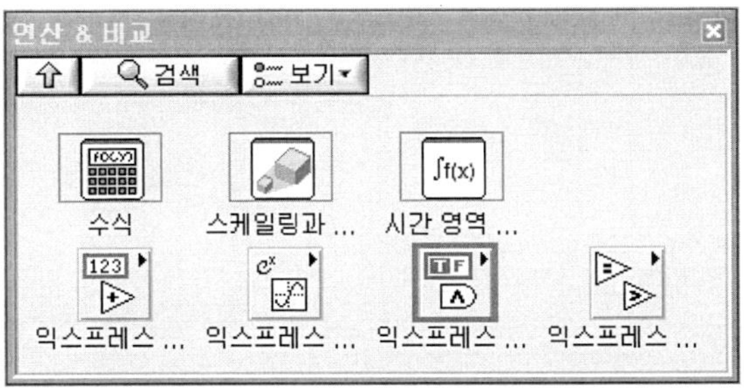

함수 → 연산 & 비교 → 익스프레스 불리언 → NOT

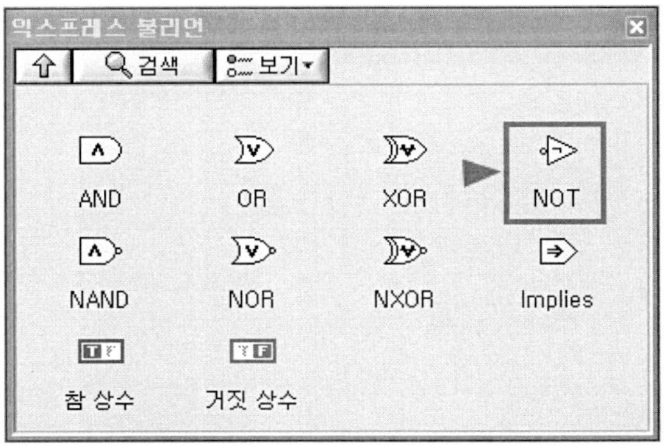

입력이 "0" 인 상태이다.

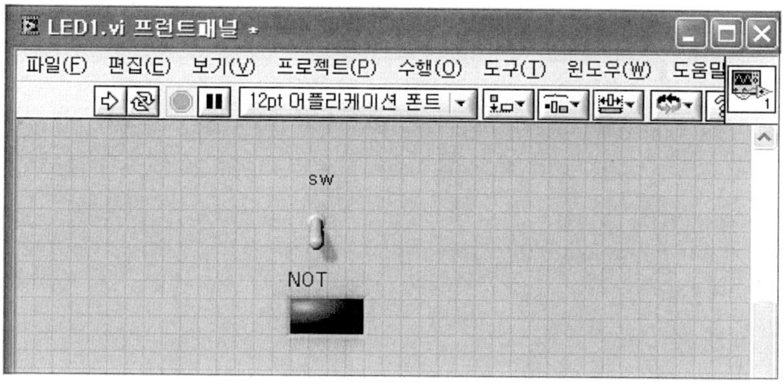

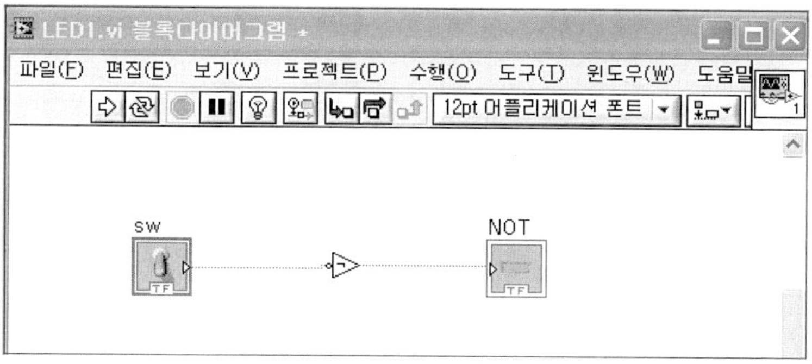

④ 실험 결과

입력이 "0" 일 때, NOT 게이트를 거치면 결과는 "1" 이다.

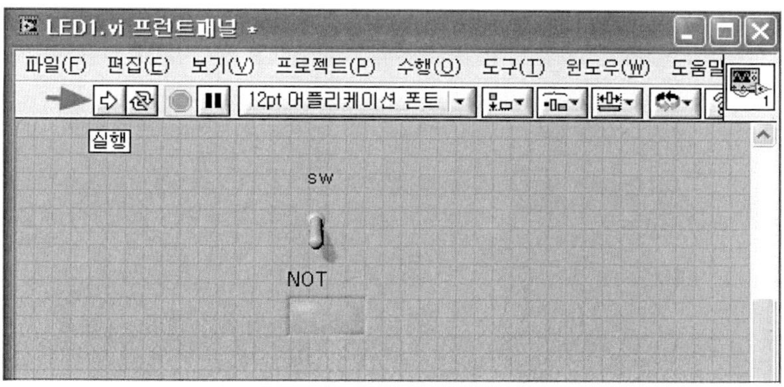

2 구조문

2.1 For Loop

For 루프와 While 루프를 사용하는 주목적은 임의의 명령을 반복적으로 수행한다는 점에서 유사하다.

그러나 차이점은 For 루프는 반복회수를 초기에 결정하여 정해진 회수만큼 반복하는 것이고, While 루프는 어떠한 조건을 주고, 그 조건이 만족 할 때 까지 또는 만족하지 않을 때 까지 반복하는 것이다.

예를 들어 0부터 4까지 5번 반복 출력하는 프로그램을 작성하여 비교 및 검토하여 보자.

우선 0부터 4까지 출력하는 For 루프를 생성하기 위해서,

① **'블록다이어그램 → 함수 → 프로그래밍 → 구조 → For 루프'**를 선택한다.

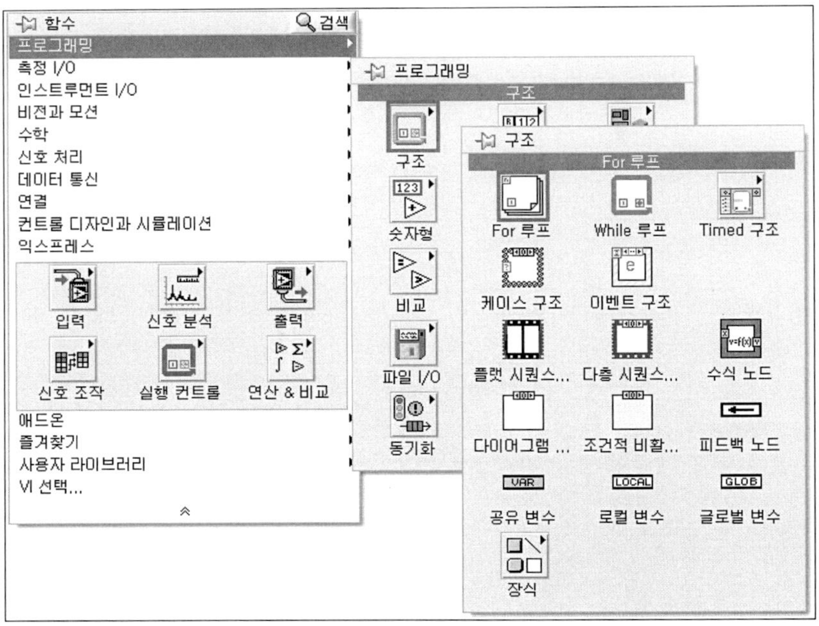

블록다이어그램 → 함수 → 프로그래밍 → 구조 → For 루프

블록다이어그램에서 적당한 크기로 드래그 하여 For 루프를 생성한다.

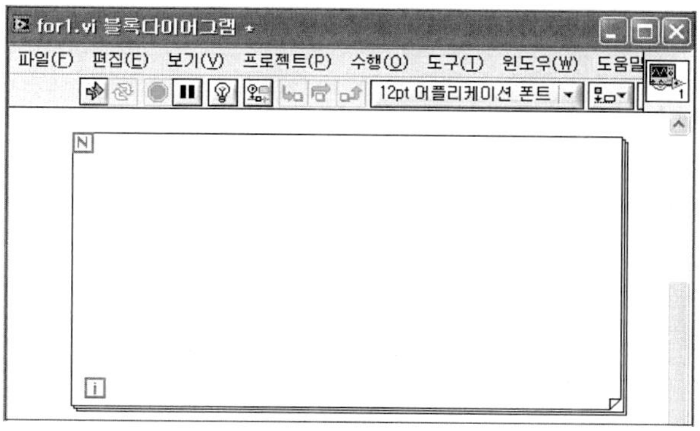

② 좌측 상단에 Ⓝ이라는 네모상자가 보이는데 이는 얼마나 반복할 것인지 반복회수를 입력 받는 곳이다. 이 부분에서 마우스 우측버튼을 클릭하여 [상수생성] 을 선택한다.

상수(Constant Number)는 변하지 않는 값을 말하며 기본 값으로는 0을 가진다.

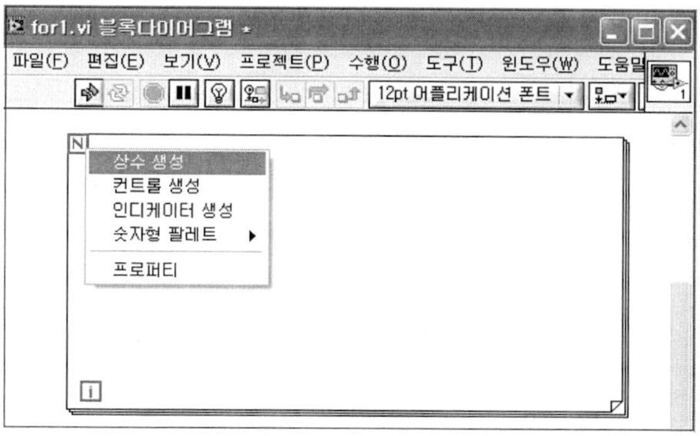

이 기본 값을 5로 수정하여 5번 반복하는 프로그램이 되도록 한다.

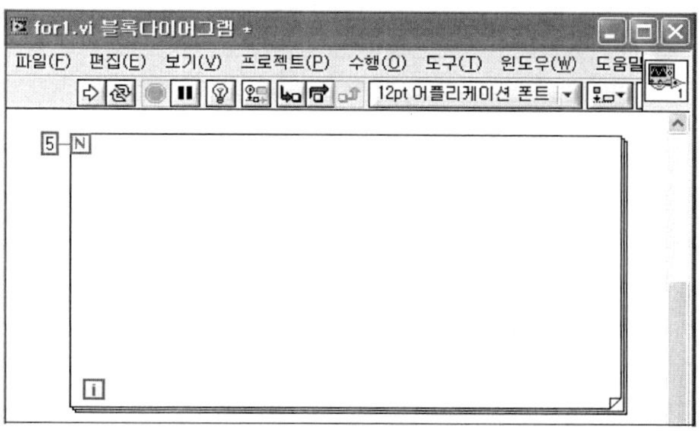

③ 좌측 하단에 보면 ⓘ라는 네모상자가 보이는데 이것은 Iteration이라 부르며, 0부터 1씩 증가하는 32 bit 부호있는 Integer형을 출력한다. 즉 반복이 끝날 때 까지 1씩 증가하는 카운터라 볼 수 있다.

Iteration의 변화되는 상태의 확인을 위하여 숫자형 컨트롤을 하나 생성한다.

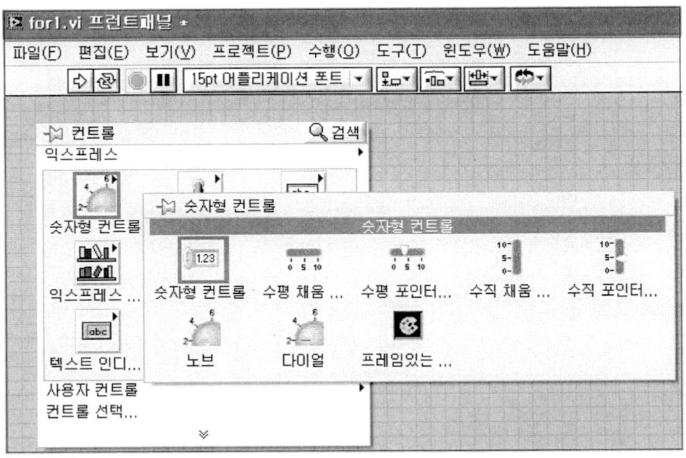

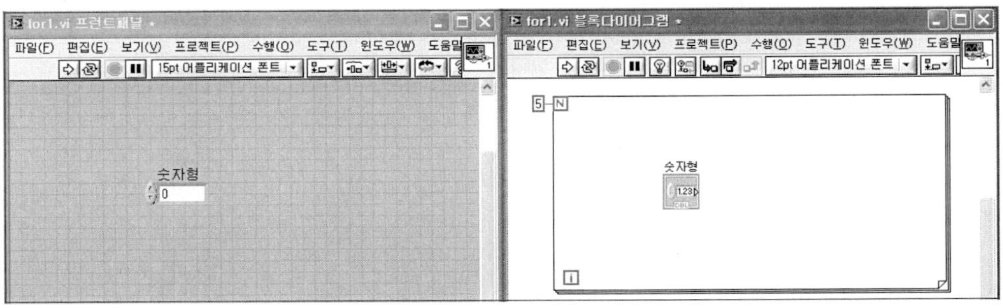

④ 이곳에 마우스 우측 버튼을 클릭하여 [인디케이터 생성]을 선택한다.

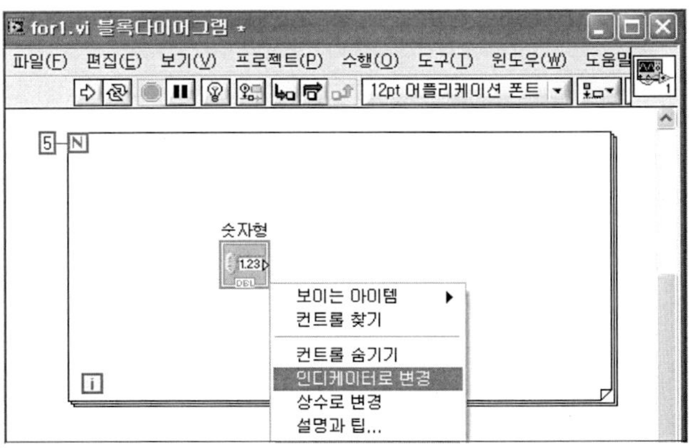

그러면 다음과 같이 프론트 패널이 구성된다.

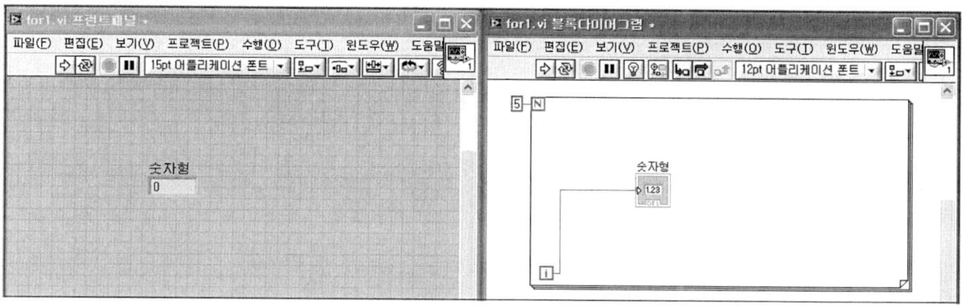

⑤ 실행

이 상태에서 실행버튼을 누르면 순식간에 5번을 반복하여, 결국 최종 값인 4밖에 볼 수 없다. 그러므로 실행 하이라이트를 ON시켜서 다시 실행시키면 진행되는 과정을 생생하게 볼 수 있다.

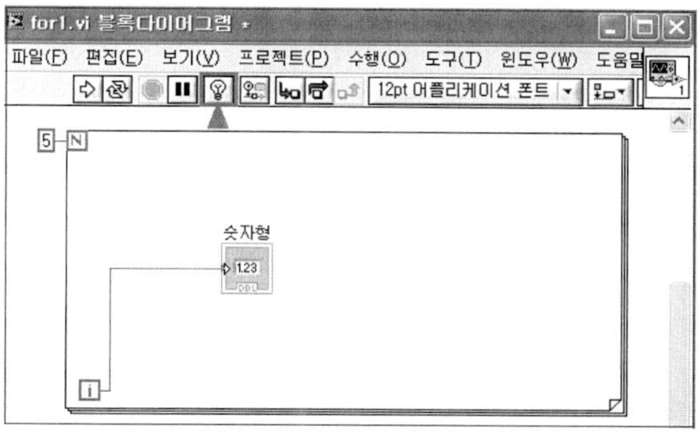

⑥ 다른 방법으로는 기다림이라는 지연 루틴을 사용하는 방법이다.

'블록다이어그램 → 함수 → 프로그래밍 → 타이밍 → 기다림(ms)'를 선택한다.

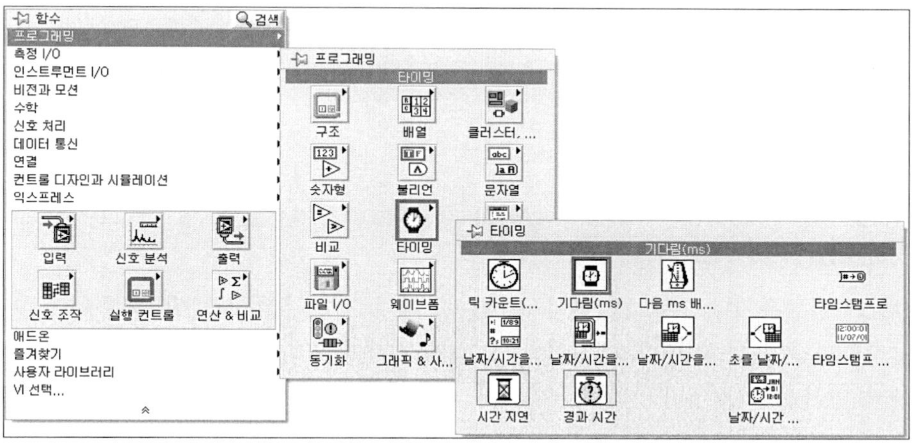

아이콘 좌측부분에 마우스 우측버튼을 클릭하여 '[생성] → [상수] 500을 입력'하여 0.5초에 한번 씩 딜레이(Delay)를 준다.

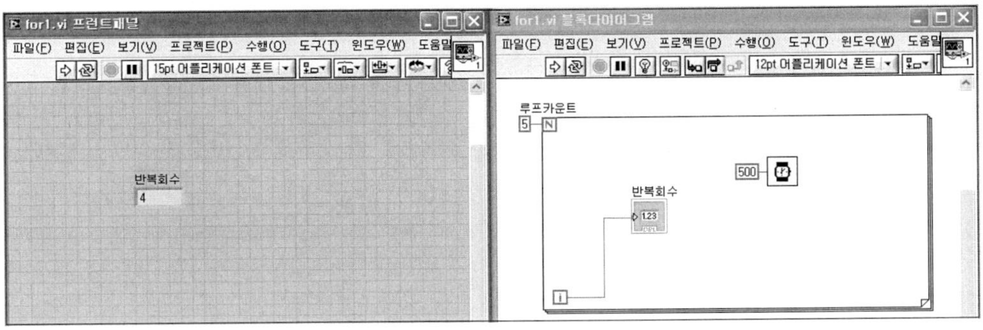

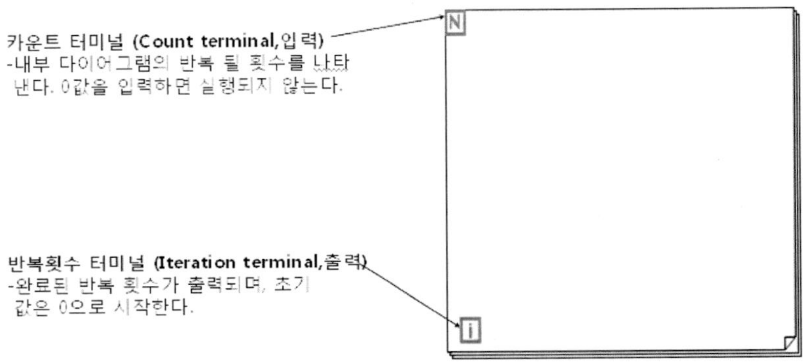

For loop는 N에 지정된 횟수만큼 반복이 완료 될 때까지 반복하고 While loop는 **조건**을 만족할 때까지 내부다이어그램을 무한으로 실행한다.

2.2 While Loop

While 루프를 사용하는 주목적은 임의의 명령을 반복적으로 수행 한다는 점에서 For 루프와 비슷하다.

그러나 차이점은 For 루프는 반복회수를 초기에 결정하여 정해진 회수만큼 반복하는 것이고, While 루프는 어떠한 조건을 주고, 그 조건이 만족 할 때까지 또는 만족하지 않을 때까지 반복하는 것이다.

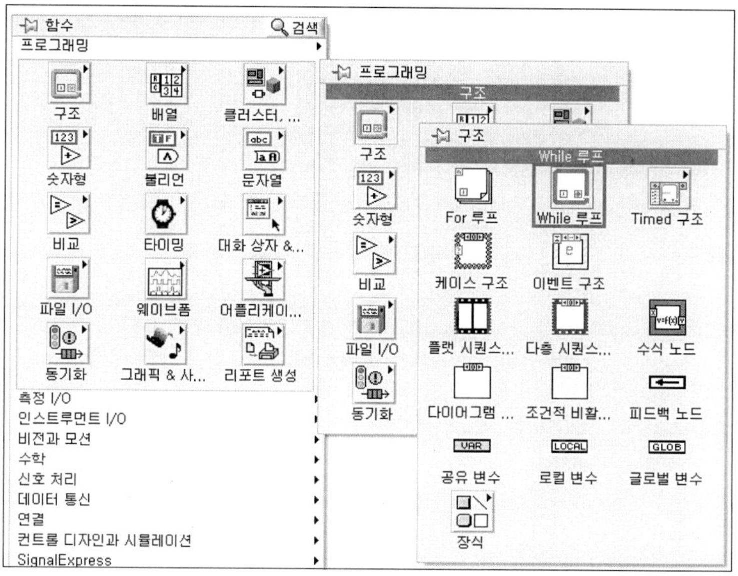

블럭다이어그램 → 함수 → 프로그래밍 → 구조 → While 루프 (참조 For 루프)

예를 들어 0부터 9까지 10번 반복 출력하는 프로그램을 작성하여 비교 및 검토 하여 보자.

우선 0부터 9까지 출력하는 While 루프를 생성하기 위해서,

① **'블록다이어그램 → 함수 → 프로그래밍 → 구조 → While 루프'**를 선택하고, 블록다이어그램에서 적당한 크기로 드래그 하여 While 루프를 생성한다.

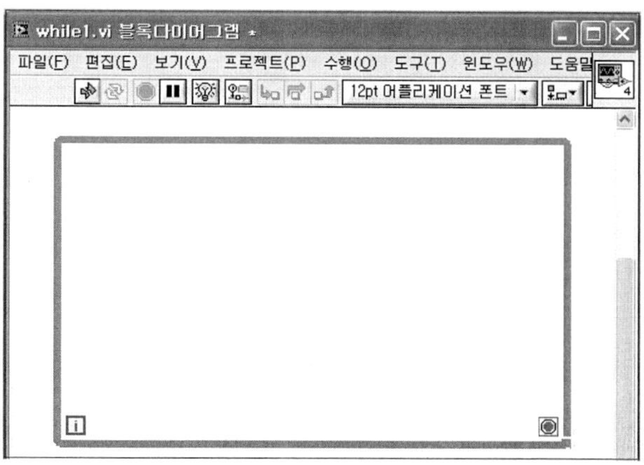

② '블록다이어그램 → 함수 → 프로그래밍 → 비교 → '보다 큼''을 선택한다.

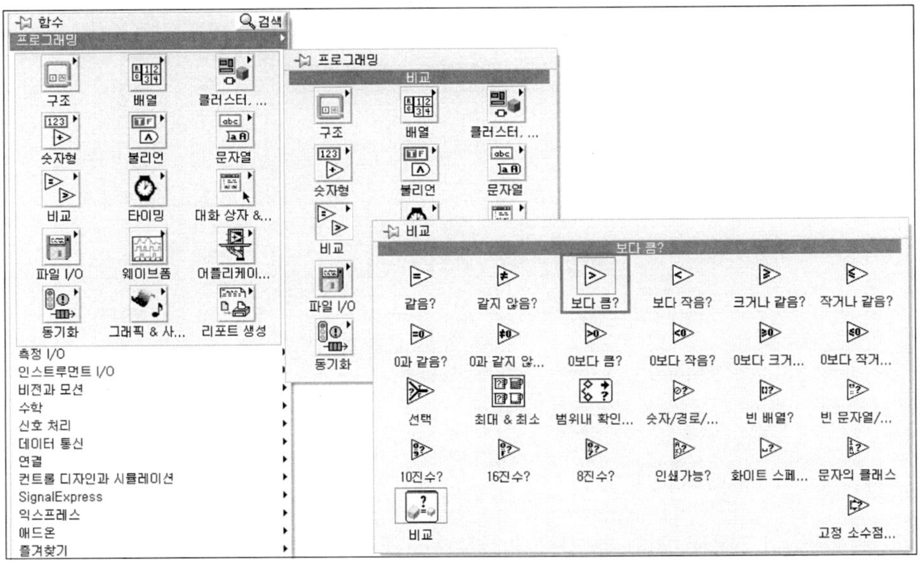

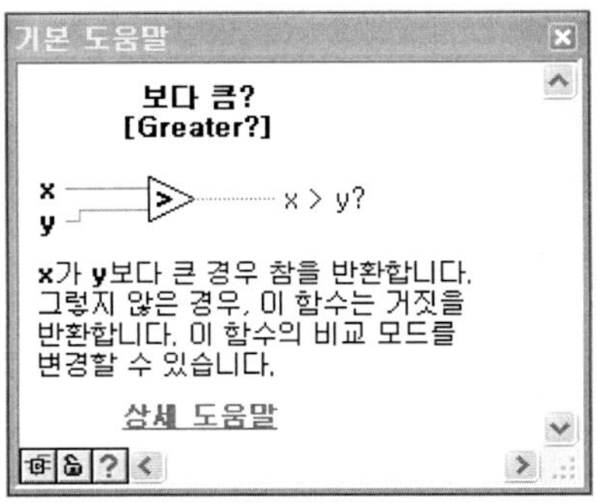

'보다 큼'의 아이콘 위쪽과 Iteration의 출력과 와이어를 연결한다.

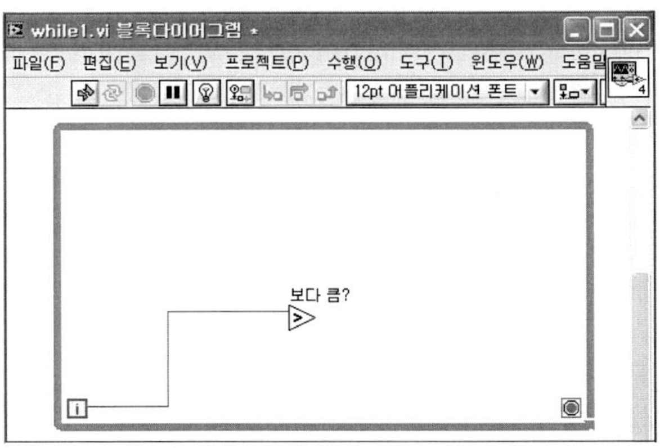

③ '보다 큼'의 아이콘 아래쪽 부분에는 '[생성] → [상수]'를 선택하고 상수에는 10을 입력한다.

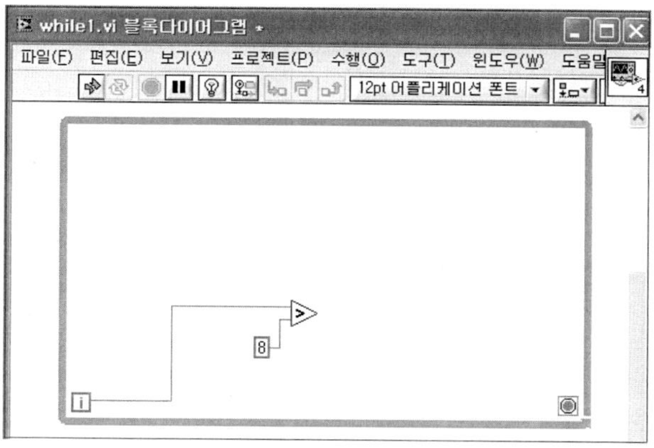

④ '보다 큼'의 아이콘의 출력부분에서 빨간 원이 들어간 사각형의 입력과 와이어를 연결한다. 빨간 사각형은 조건이 참(True)인 경우 While 루프를 종료하라는 의미를 갖는다.

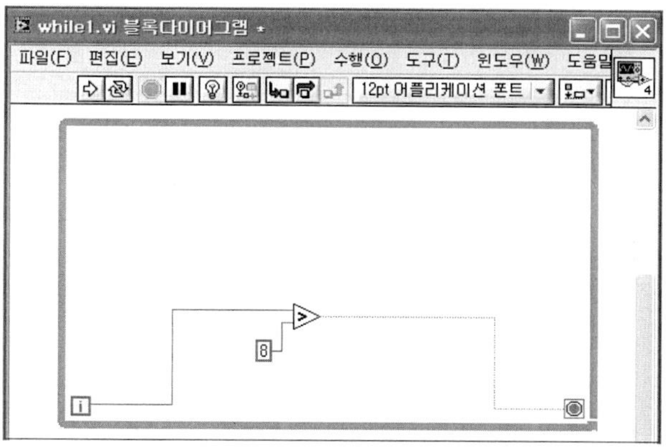

⑤ 카운터의 증가됨을 확인하기 위해 Iteration의 와이어에서 마우스 우측버튼을 클릭하여 '[생성] → [인디케이터]'를 선택한다.

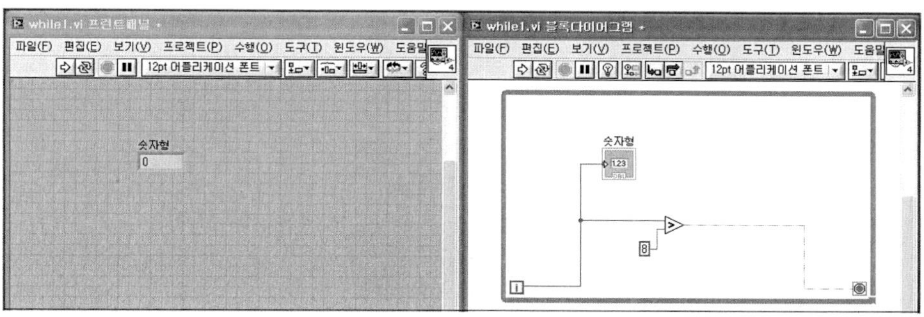

⑥ 블록다이어그램 → 함수 → 프로그래밍 → 타이밍 → 기다림(ms) 선택

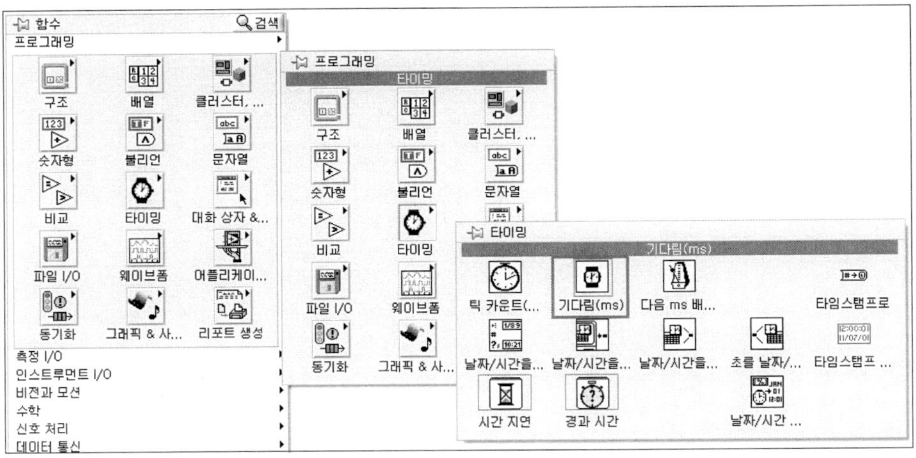

아이콘 좌측부분에 마우스 우측버튼을 클릭하여 '[생성] → [상수]' 1000을 입력하여 1초에 한 번씩 딜레이(Delay)를 주고, For 루프와 같이 1초 간 딜레이를 준다.

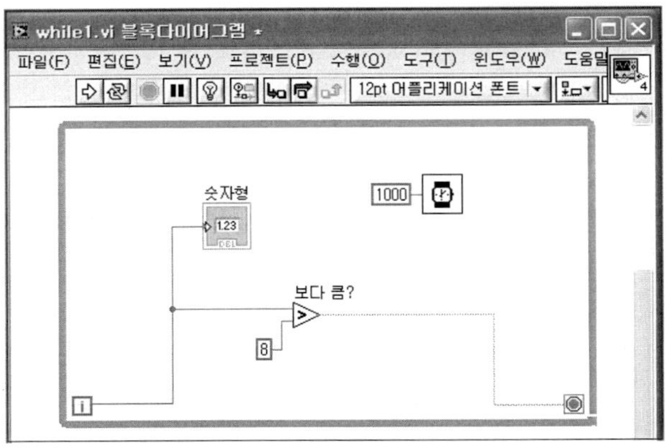

상수에 8을 입력한 이유는 비교가 되는 순간에도 반복이 수행되고 있기 때문이다.

가령 첫 번째 반복에 Iteration이 0, 두 번째 1, 세 번째 2,이와 같은 방식으로 아홉 번째 8일 때 비교 조건에 만족하지 않기 때문에, 열 번째 9까지 반복하게 된다. 이처럼 While 루프는 조건을 달리하여 반복회수를 조절하는 것이다.

또한, 우측하단의 빨간 동그라미를 클릭하면 녹색 화살표모양으로 변하는데, 이것은 조건이 만족하는 동안 While 루프를 반복 한다는 의미이고, 조건에 만족하지 않더라도 비교하기 위해 최소 한번은 실행된다.

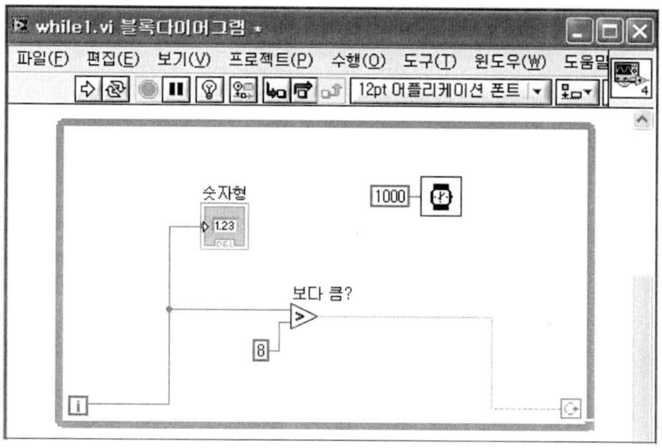

✢ For loop와 While loop 차이점

For loop는 미리 결정되어진 횟수만큼 실행을 계속하지만, While loop는 어떤 조건 입력이 거짓(False)이 될 때까지 실행을 계속하는 차이점이 있다.

while 루프는 반드시 **한번 이상** 실행된다.

2.3 Case Structure

케이스 구조는 조건문을 수행하는 텍스트 기반 프로그래밍 언어의 if...then...else 문이나 Switch문과 유사하다.

- 이들은 조건문으로서 입력에 따라 실행되는 부분을 선택할 수 있다.
- Case 구조에는 둘 이상의 내부다이어그램 또는 케이스가 있다.
- 한 번에 하나의 케이스만을 나타내며, 한 번에 하나의 케이스만 실행된다.
- 케이스 구조의 상위 테두리는 다이어그램 식별자(Diagram Identifier)이다.
- 선택자 터미널(Selector Terminal)은 기본이 초록색으로 불리언 데이터 타입 이지만, 불리언 이외에 숫자형 문자열, 도는 컨트롤 등 다른 데이터 타입도 연결 가능하다.
- **케이스 선택자 라벨(Case Selector label)**은 증가 및 감소 화살표를 사용하여 사용 가능한 케이스를 선택하도록 한다.

① 블록다이어그램 → 함수 → 프로그래밍 → 구조 → 케이스 구조

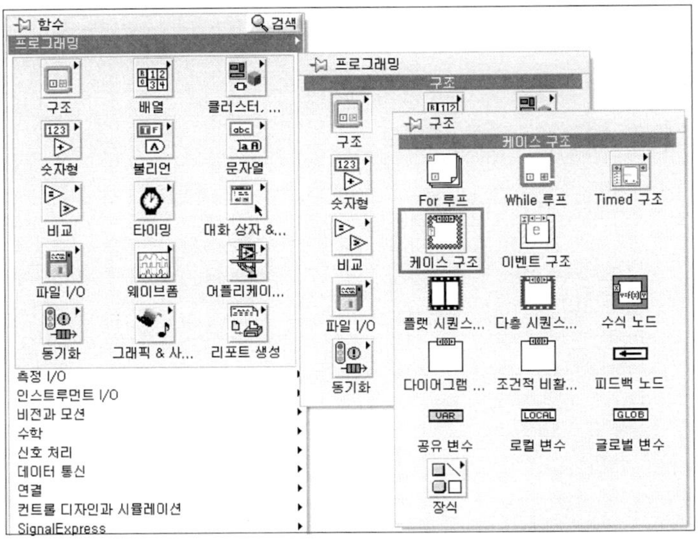

② 케이스 구조는 상단에 '참' 또는 '거짓'을 선택할 수 있는 케이스 선택자 라벨 부분과 좌측 [?] 모양의 **선택자 터미널**로 나누어진다.

케이스 구조의 왼쪽 부분의 테두리를 따라 선택자 터미널(Selector Terminal)은 아무 곳에나 위치시킬 수 있다.

선택자 터미널(Selector Terminal)에 어떤 값이 들어오느냐에 따라 실행되는 케이스가 달라진다. **케이스 선택자 라벨**을 통해 케이스를 구분할 수 있다.

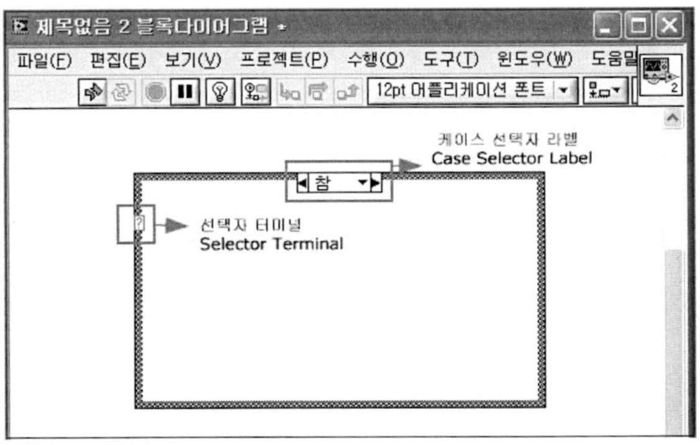

③ 조건을 주기위해 프런트패널에서 '[컨트롤] → [일반] → [불리언] → [수직 토글스위치]'를 선택하여, 프런트 패널의 적당한 부분에 위치시킨다.

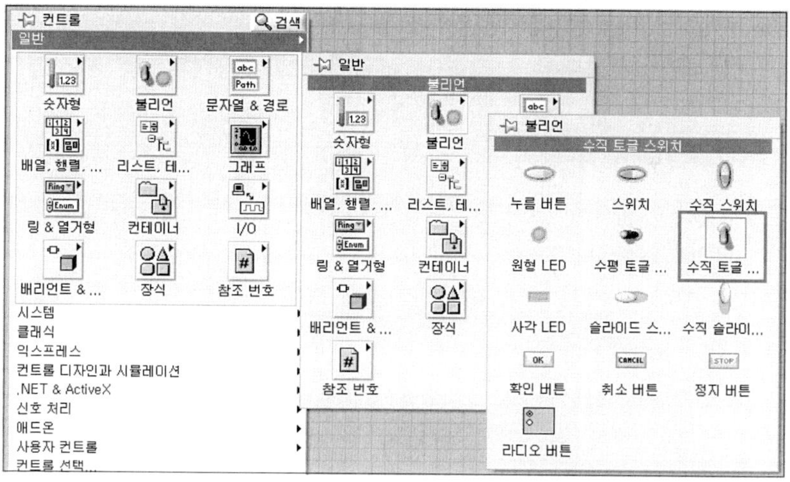

④ 다음은 프런트 패널에서 숫자형 컨트롤 2개와 숫자형 인디케이터 1개를 생성한다.

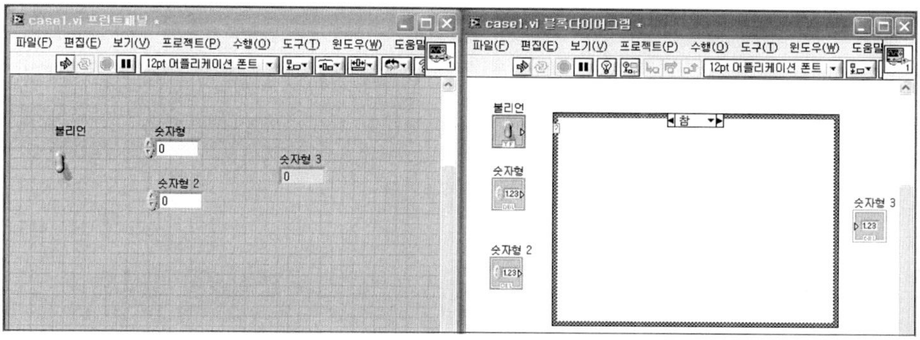

⑤ 케이스 구조의 내부 중 '참'인 부분에는 [더하기]를 배치하고, '거짓'인 부분에는 [빼기]를 배치한다. 그리고 다음과 같이 와이어를 연결한다.

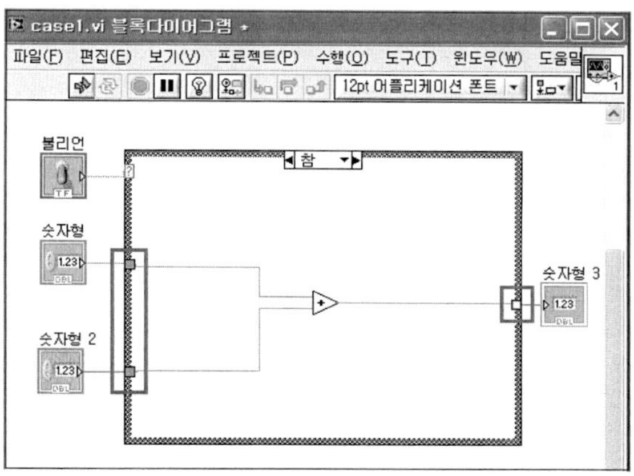

그런데 자세히 살펴보면, 케이스 구조에서 입력과 출력이 각각 교차하는 부분이 다른 것을 확인할 수 있는데, **입력부분은 사각형이 채워져 있고, 출력부분은 사각형이 비어있다.**

이것은 케이스 구조로 들어오는 입력의 개수에는 상관없이 하나의 조건에서의 출력이 존재한다면, 모든 조건에서 출력에 와이어링을 해야 한다는 의미를 지닌다.

예를 들어 '참'에서 박으로 나가는 와이어가 있으면 '거짓'에서도 동일한 부위에서의 출력을 연결해 주어야함을 의미한다.

때문에 케이스 구조의 '거짓'에서 다음과 같이 와이어링을 하고 나면 채워진 사각형으로 바뀌게 된다.

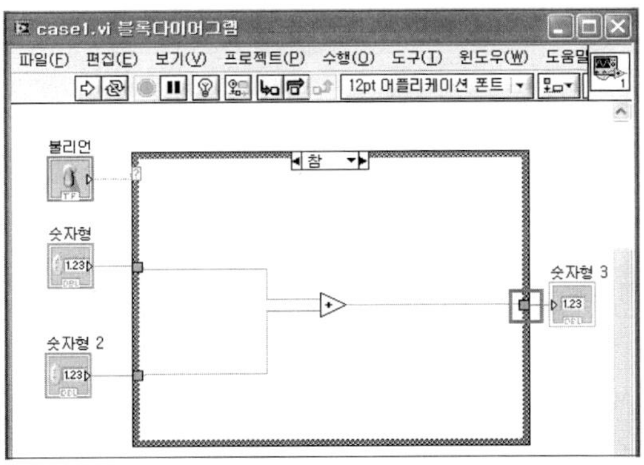

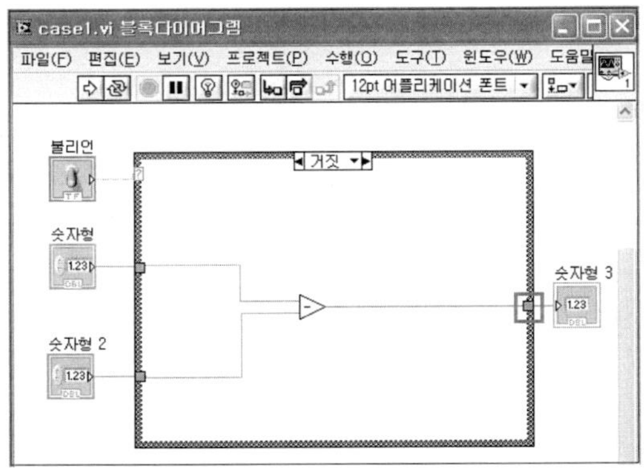

만약 하나의 조건의 출력값만이 유효하고 나머지 출력값에는 큰 의미가 없다면 빈 사각형에서 우측 마우스 버튼을 클릭하여 Short Cut 메뉴의 **'연결되지 않으면 기본값 사용'**을 선택해야한다.

이 부분은 케이스 구조를 이용해 프로그래밍을 하다보면 종종 에러가 발생하게 되는 원인이 된다. 그러므로 이해가 되지 않는다면 실습을 통해 꼭 숙지하고 넘어가야할 것이다.

⑥ 실행

실행결과를 확인하기 위해 프런트패널에서 토글스위치를 위로 또는 아래로 하고 실행 버튼을 누르면, 아래로 했을 때는 '거짓'의 케이스 구조가 실행이 되고, 위로 했을 때엔 '참'의 케이스 구조가 실행됨을 알 수 있다.

참고로 토글스위치 위, 아래 변경은 마우스모양이 손모양 상태에서 변경 가능하다.

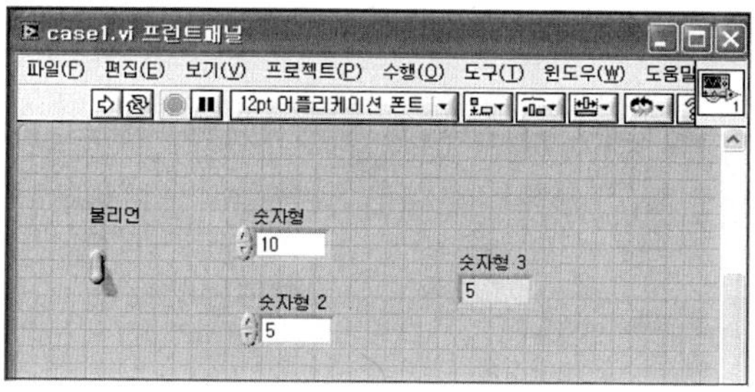

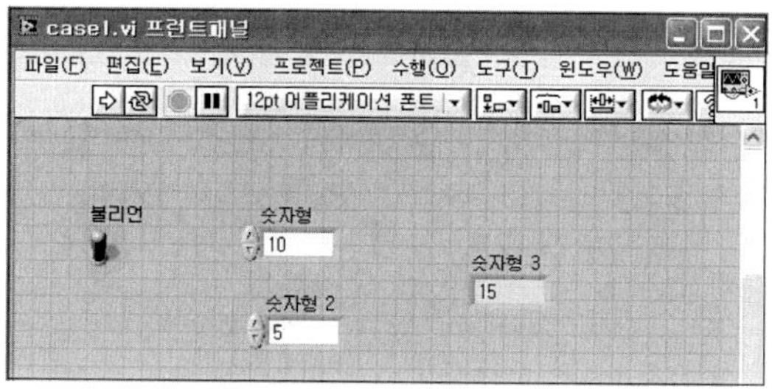

위의 설명에서는 선택자 터미널(Selector Terminal)에 불리언형을 입력으로 연결하여 참과 거짓, 이렇게 두 가지의 케이스로 제한되었지만, 선택자 터미널(Selector Terminal)에 연결할 수 있는 타입으로는 불리언 외에 정수, 문자열, 열거형이 있어 선택의 폭을 넓힐 수 있으며, 그 중 가장 많이 사용하고 간단한 불리언형이 케이스 구조의 기본값으로 되어있다.

예제 2.1

✛ 케이스 '1'인 경우 더하기, '2'인 경우 빼기, '3'인 경우 곱하기를 하는 프로그램을 작성하시오.

① 블록다이어그램 → 함수 → 프로그래밍 → 구조 → 케이스 구조

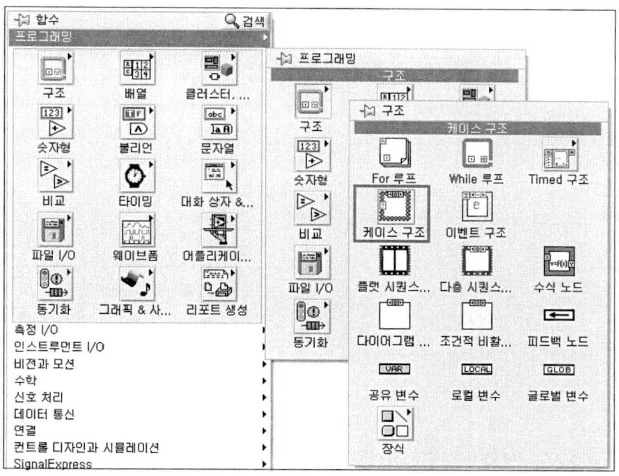

케이스 구조를 생성한다.

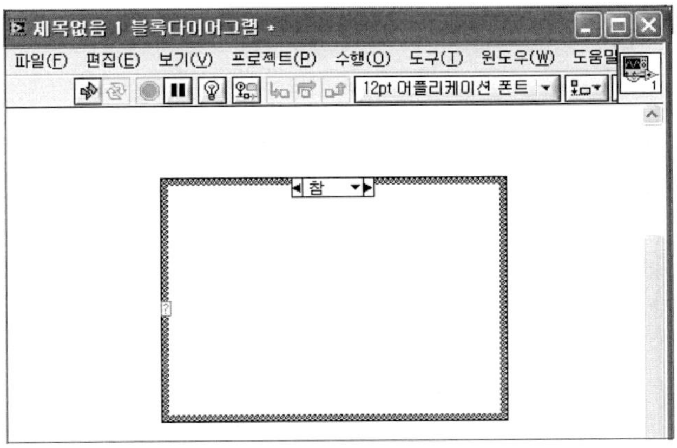

② 프런트패널에 숫자형 컨트롤 4개 생성한다.

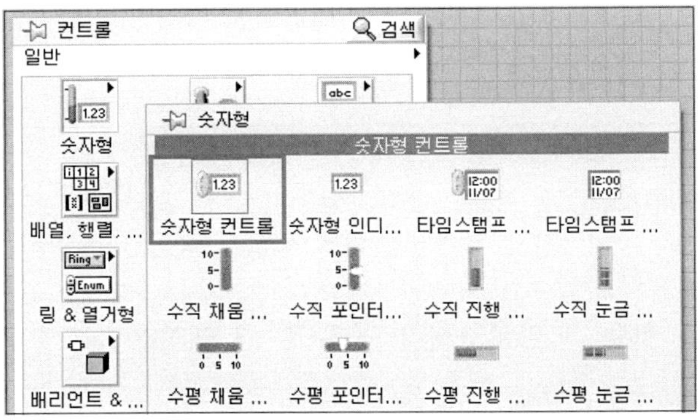

③ 숫자형 컨트롤 4개 중 숫자형 4는 인디케이터로 변경한다.

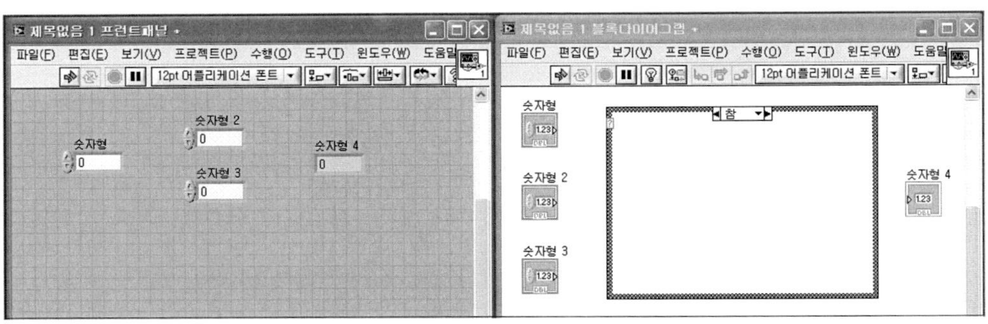

④ 와이어를 연결한다.

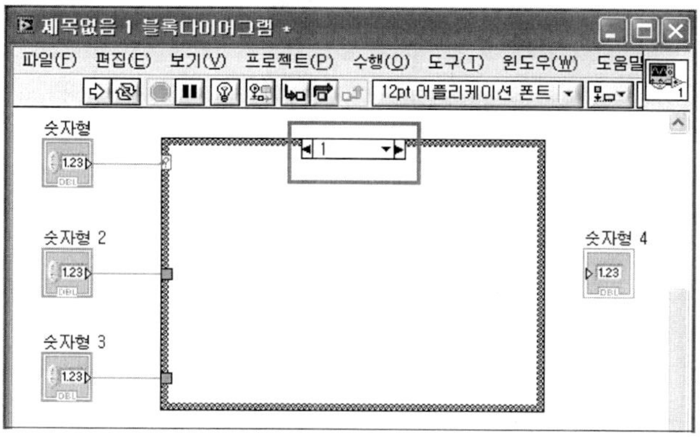

숫자형1을 연결하면 그림이 '참'에서 '1'로 변경된다.

⑤ '함수 → 프로그래밍 → 숫자형'에서 더하기, 빼기, 곱하기를 선택한다.

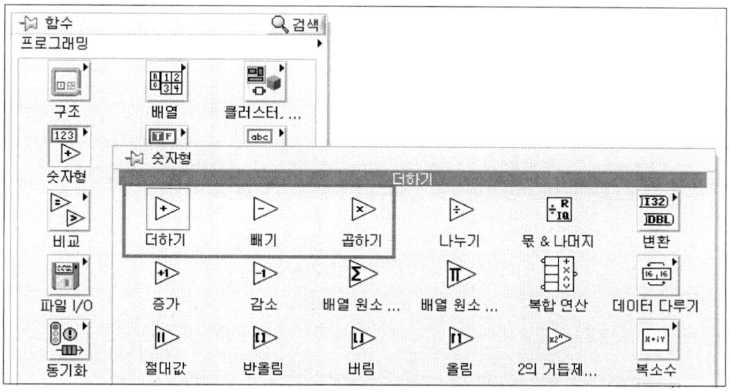

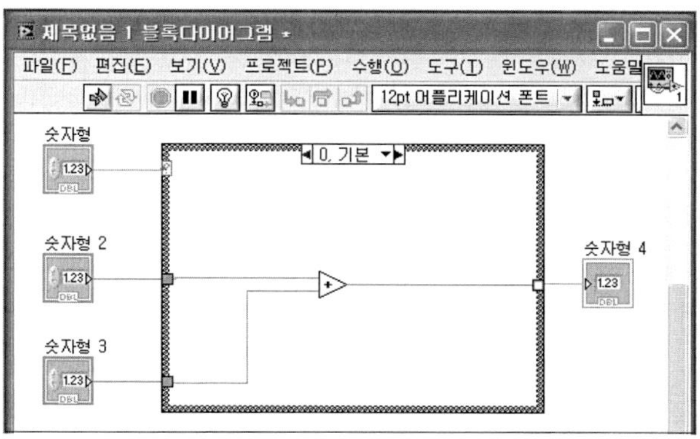

숫자형 4개의 와이어를 연결하면 다음과 같이 [0.기본] 완성된다.
이어서 1과 2를 완성하여야 한다.

⑥ 기본 옆 부분의 삼각형을 눌러 1로 이동한다.

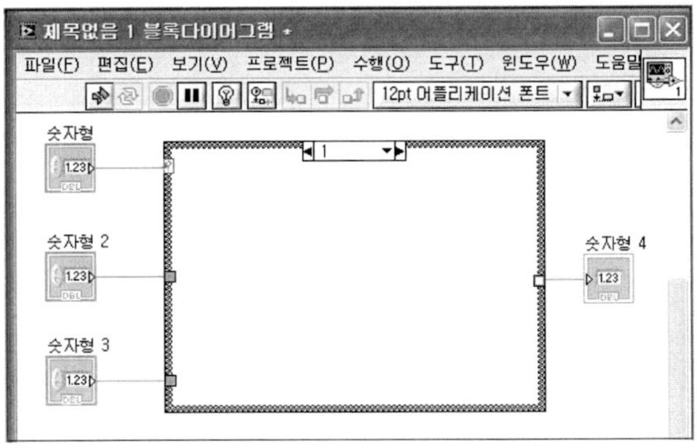

1의 기본 상태는 비워져 있으므로 프로그램을 작성하여야 한다.

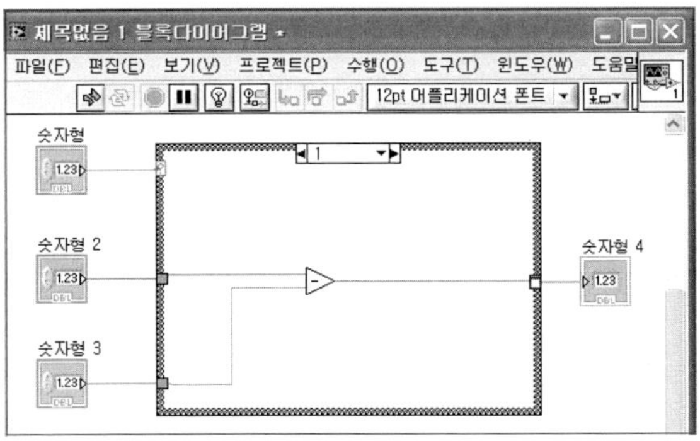

← '1'번 부분 완성

⑦ '2'번 부분은 보이지 않는다.

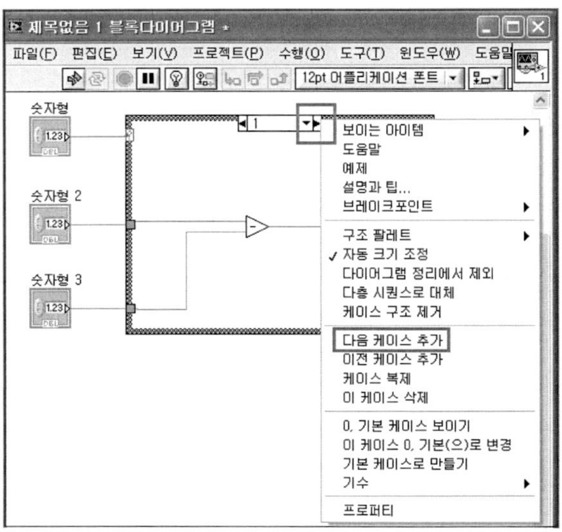

삼각형 부분에 커서를 위치시키고 마우스 오른쪽 버튼을 눌러 다음 메뉴가 나오면 다음 케이스 추가를 선택한다.

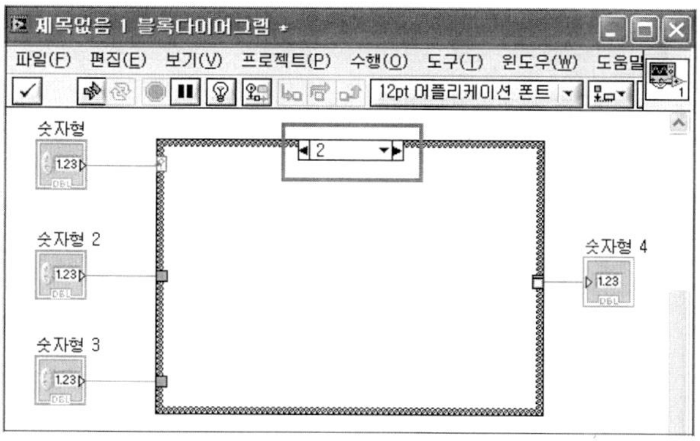

그러면 다음 케이스 '2'가 생성된다.

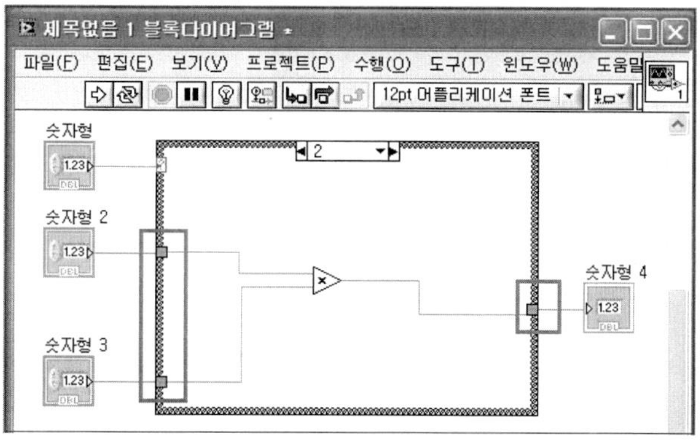

적색부분 연결을 정확히 하지 않으면 동작이 안 되므로 정확하게 와이어를 연결하여야 한다.

⑧ 실행

케이스 [0.기본] 동작화면

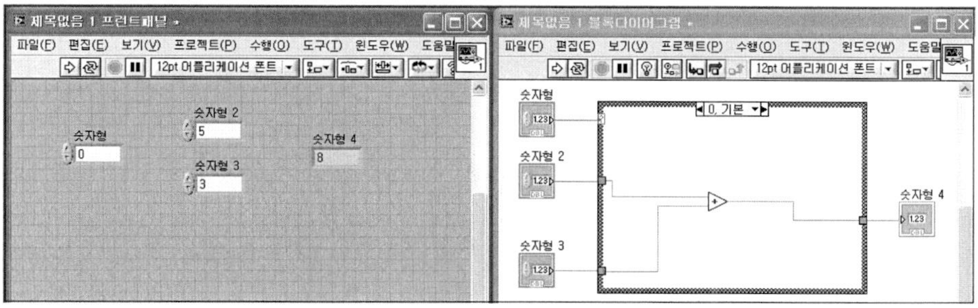

케이스 '1'을 동작 시켜보자.

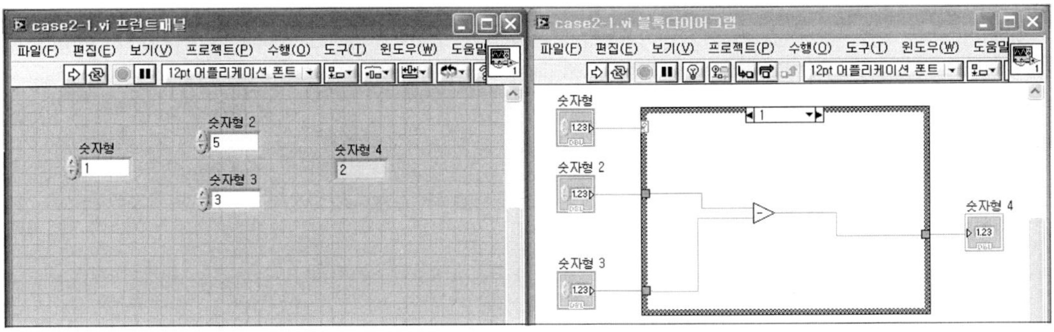

케이스 '2' 를 동작 시켜보자.

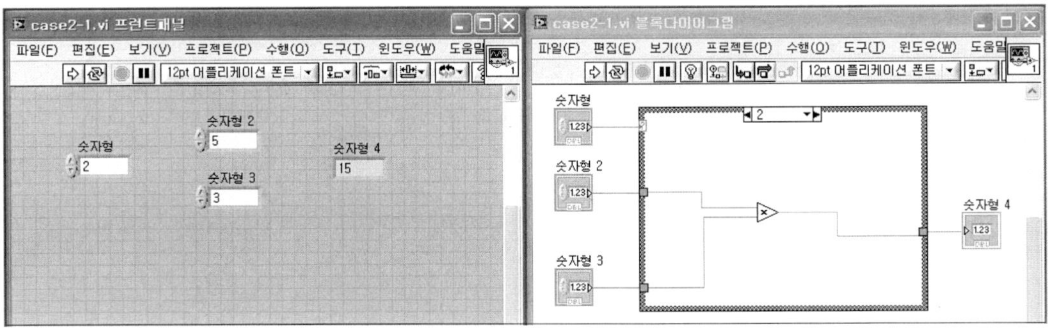

케이스 '1'과 '2'를 제외한 다른 숫자 예를 들어 '4'를 동작 시켜보자.

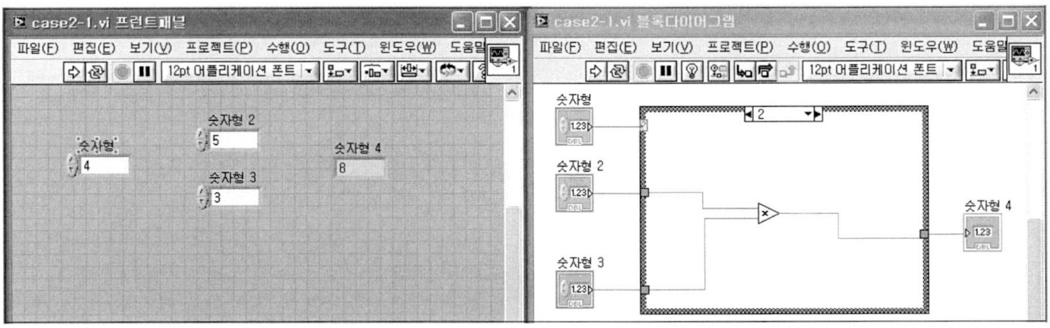

예를 들어, 선택자가 정수이고 Case를 1, 2로 지정 하였을 때, 4나 다른 정수값이 입력되었을 경우 **기본케이스(default case)**가 필요하다.

2.4 시프트 레지스터 (Shift Register)

루프(Loop)프로그램을 수행할 때, 루프의 반복수행(Iteration)에서 발생한 값을 다음 반복수행 으로 전달하기 위하여 특별한 타입의 데이터 전달방식인 시프트 레지스터를 사용한다.

시프트 레지스터는 현재 수행중인 루프에서, 전 단계 루프에서 생성된 데이터들을 사용할 때 이용된다.

예제 2.2

✣ 1부터 10까지의 합을 구하는 프로그램을 작성하라.

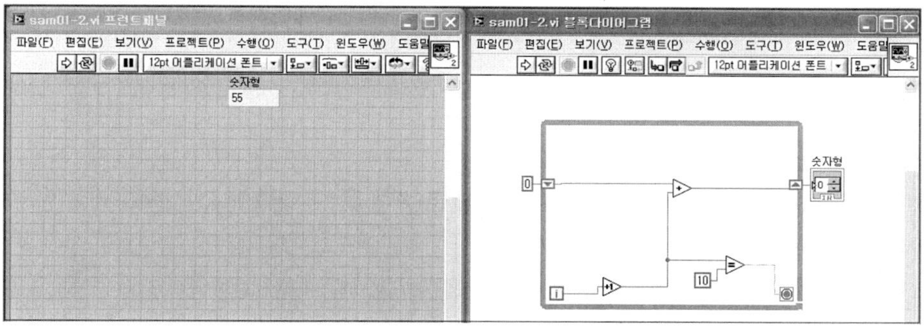

① While 루프 생성

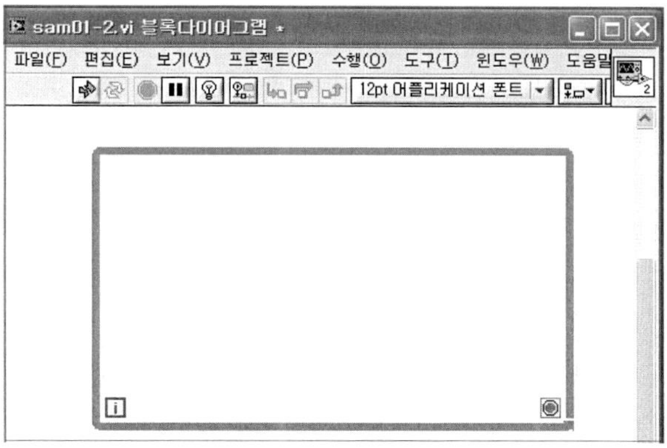

② 시프트 레지스터 추가

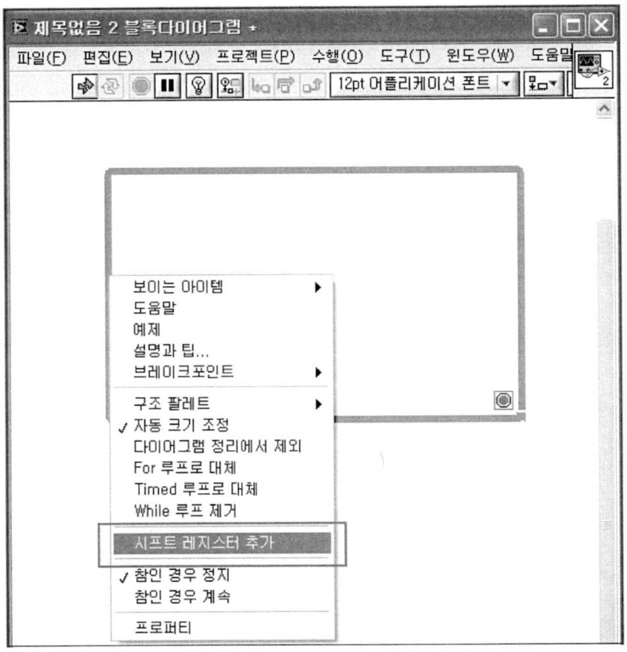

③ 기본 프로그램 구성

시프트 레지스터는 서로 반대 모양의 터미널 두개가 루프 경계에 생성된다.

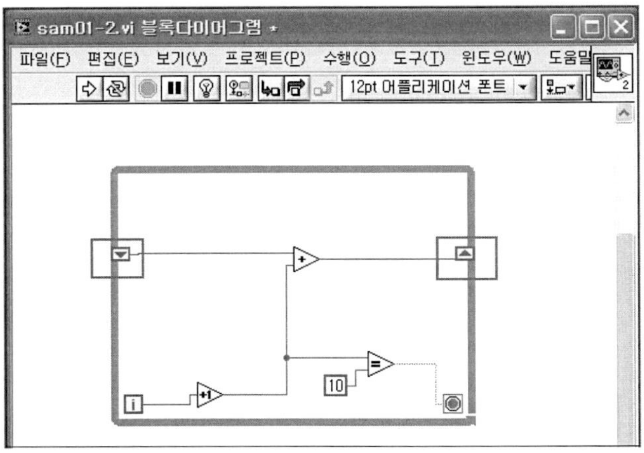

④ 시프트 레지스터 우측 끝부분에서 인디케이터를 생성한다.

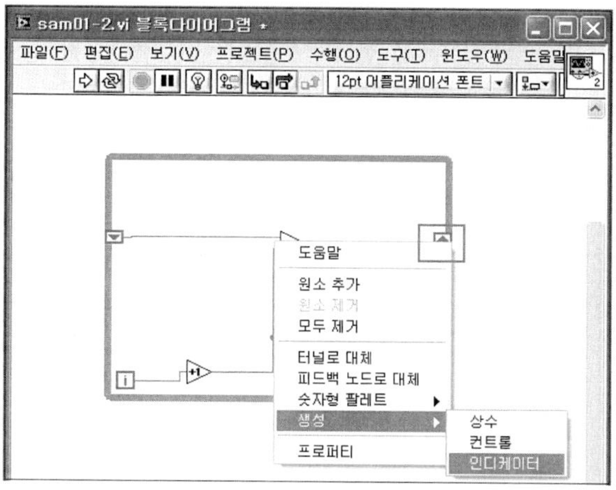

⑤ 인디케이터 생성

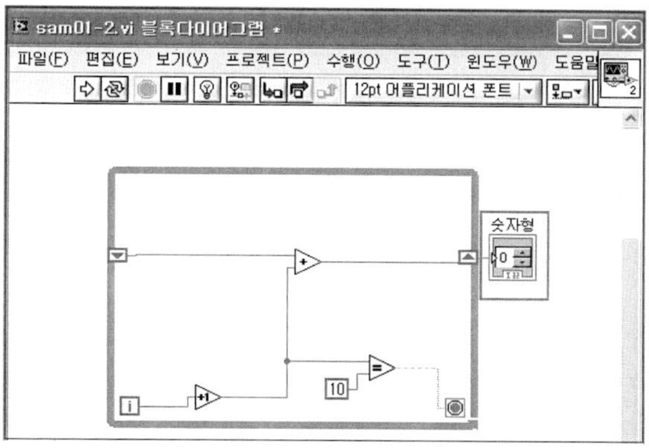

⑥ 시프트 레지스터 좌측 끝부분에서 상수를 생성한다.

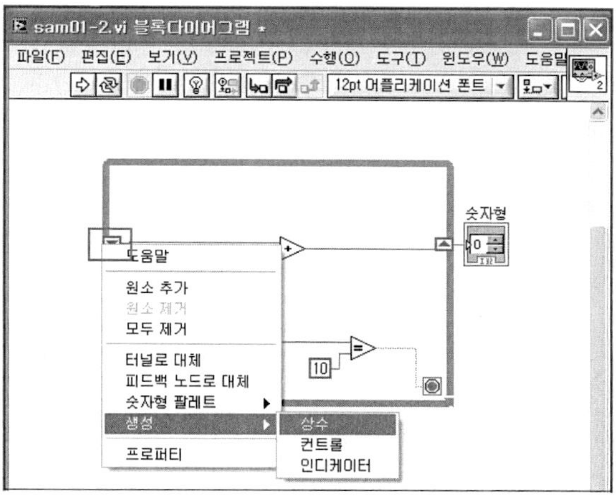

⑦ 시프트 레지스터 초기값 생성

시프트 레지스터를 초기화 하면, 실행 정지 후 재실행 하여도 시프트 레지스터는 "0"에서 시작한다.

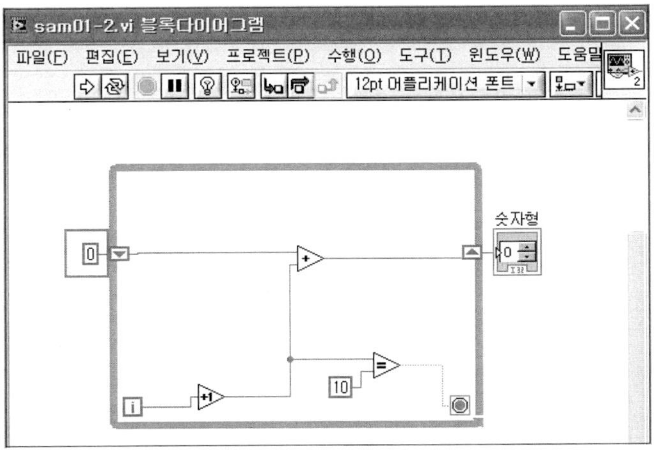

⑧ 실행 결과 화면

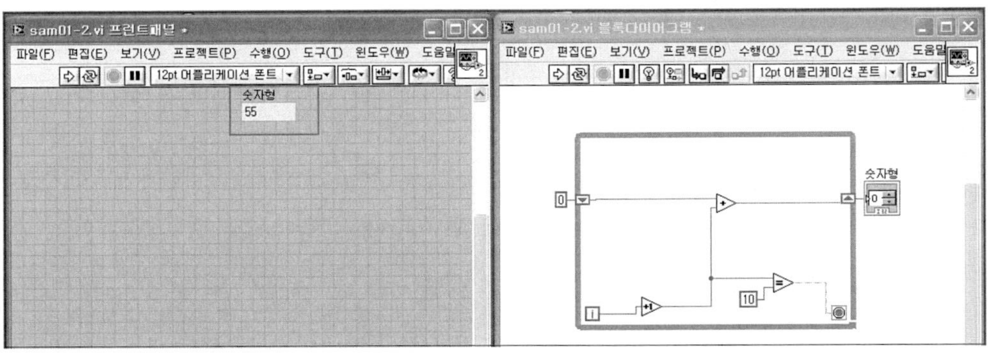

〈연습문제 2.1〉

1부터 11 사이의 홀수의 합을 구하는 프로그램을 작성하시오.

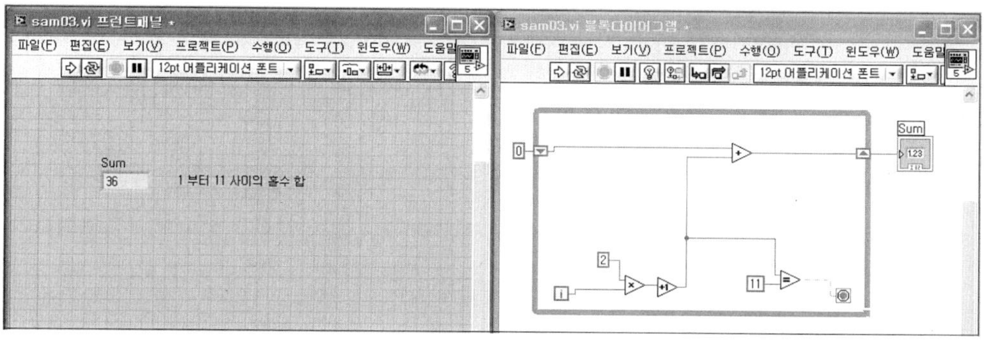

〈연습문제 2.2〉

1부터 10 사이의 짝수의 합을 구하는 프로그램을 작성하라.

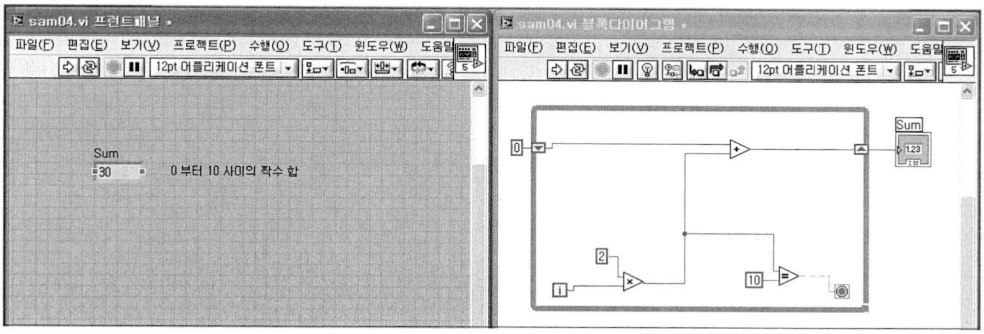

〈연습문제 2.3〉

1부터 10까지의 합을 구하는 프로그램을 작성하시오.
(Shift Register 대신 Feedback Node를 사용한다.)

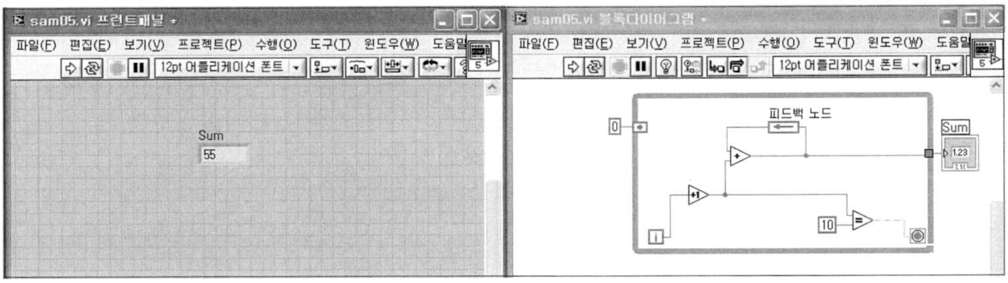

〈연습문제 2.4〉

버튼을 누른 누적 회수를 실시간으로 보여주는 프로그램을 작성하시오.
(Shift Register를 사용한다.)

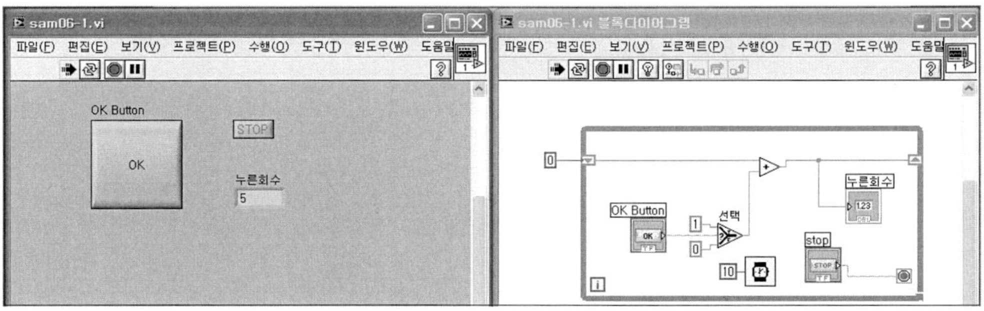

〈연습문제 2.5〉

버튼을 누른 누적 회수를 실시간으로 보여주는 프로그램을 작성하시오. (Feedback Node를 사용한다.)

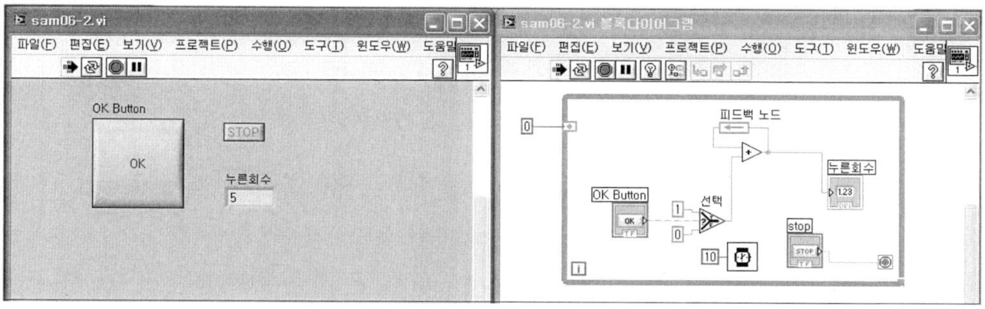

〈연습문제 2.6〉

Shift Register를 사용하여 1초에 한 번씩 깜박이는 LED를 만드시오.

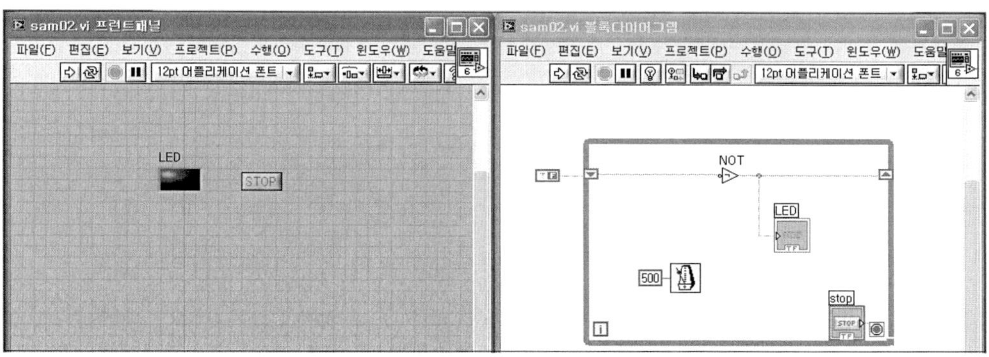

3

배열 (Dimension)

수치의 일정한 순서적 나열을 배열 또는 행렬이라고 한다. 배열은 많은 양의 데이터를 따로 처리하는 것은 효율적이지 못하므로, 같은 타입의 데이터를 묶어서, 배열로 만들면 많은 양의 데이터를 쉽게 처리할 수 있다.

배열에는 숫자형 배열, 불리언 배열, 문자열 배열 등이 있다. 또한, 각각에 컨트롤, 인디케이터, 그리고 상수가 있다.

원소는 배열을 구성하는 하나하나의 데이터를 의미하고, 인덱스는 일종의 주소를 의미한다. 즉 원소의 위치를 알 수 있다.

배열을 만드는 방법은 프론트패널이나 블록다이어그램에 배열을 위치시키면 된다.

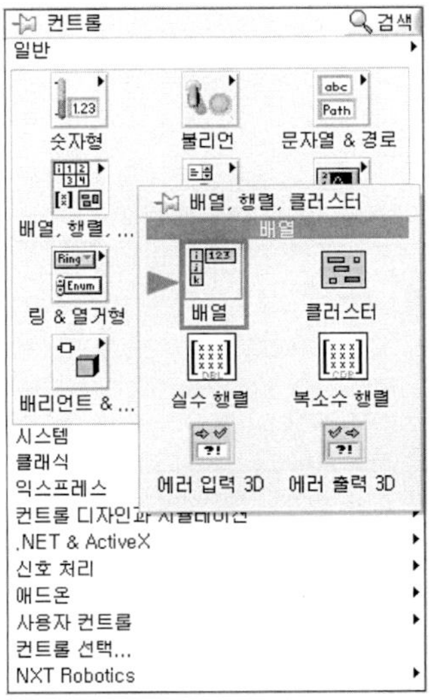

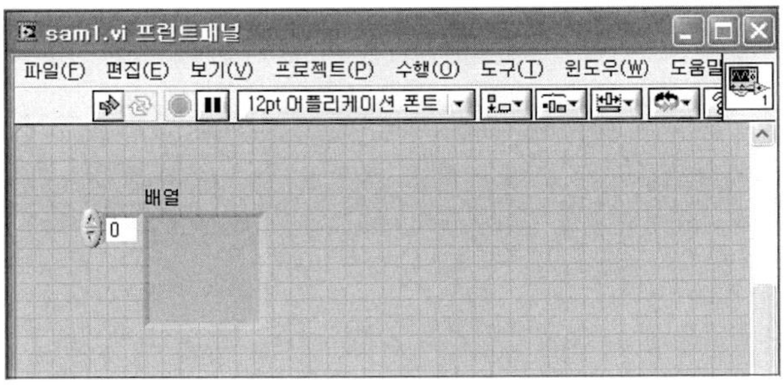

블록다이어그램에 나타나는 터미널 색은 처음은 검정색이다. 검정색의 의미는 데이터타입이 정의되지 않았음을 의미한다.

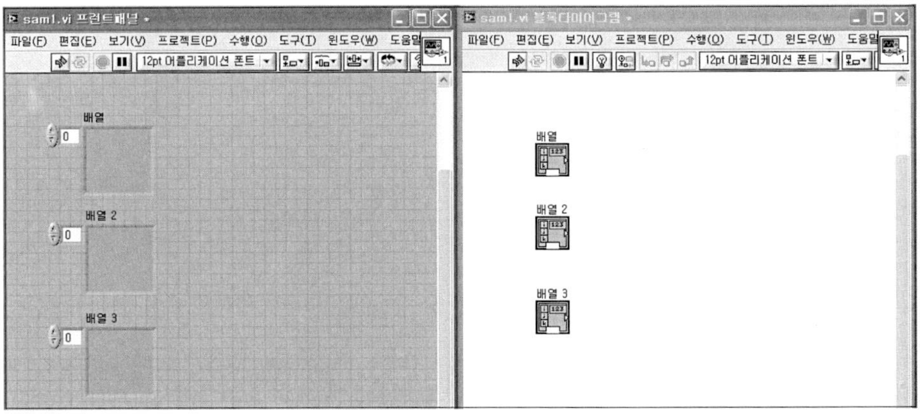

다음으로, 블록다이어그램에 원하는 데이터 타입을 정의하고 위치시킨다.

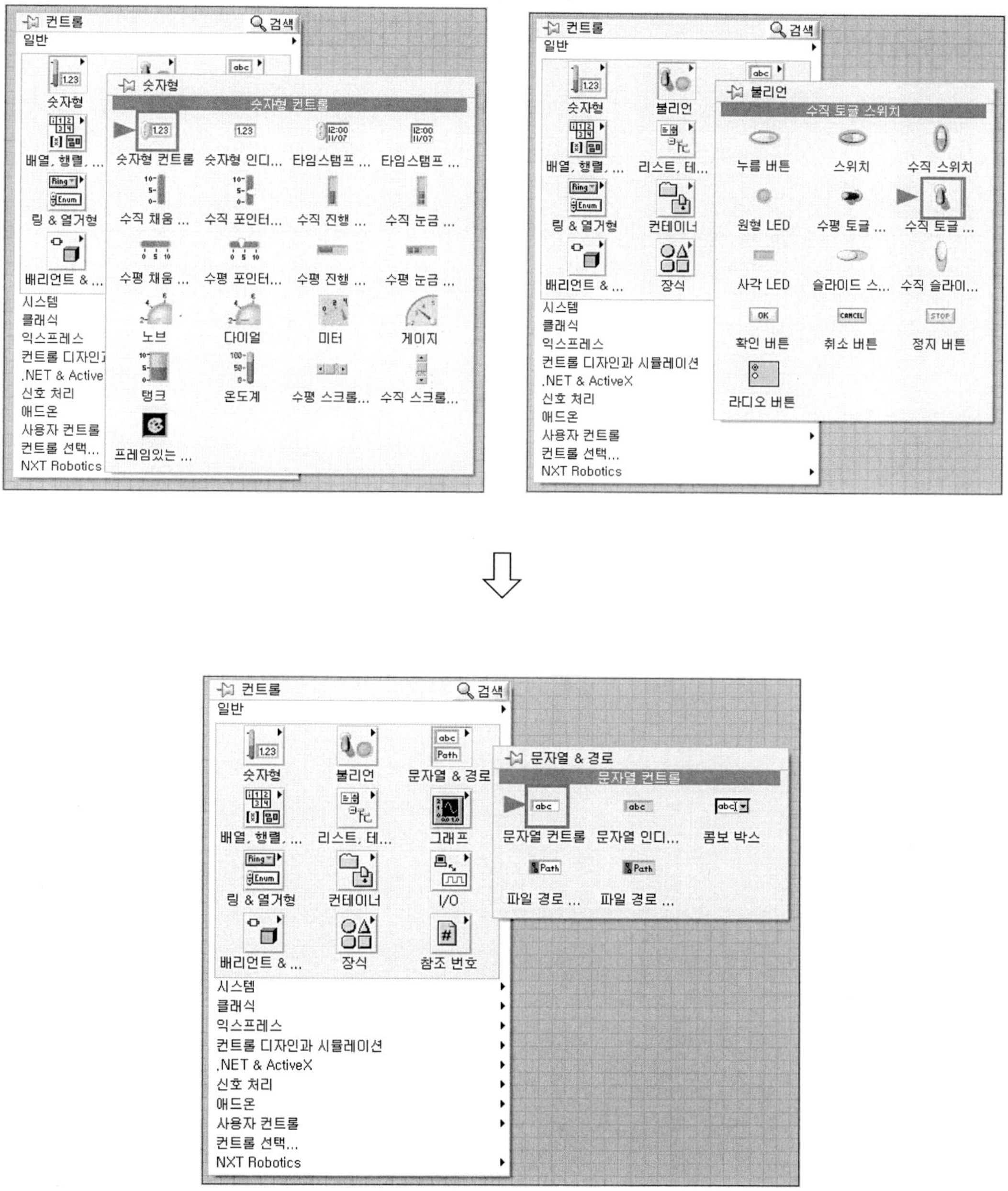

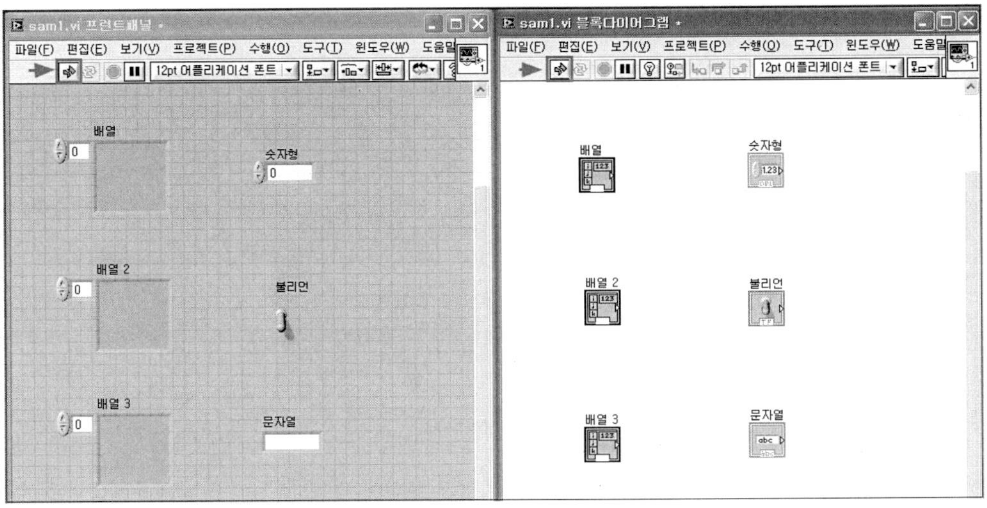

다음으로, 원하는 데이터 타입을 배열 셀 안에 위치시킨다. 그러면 배열 셀의 터미널 색이 끌어다 놓은 데이터 타입의 색으로 변경된다.

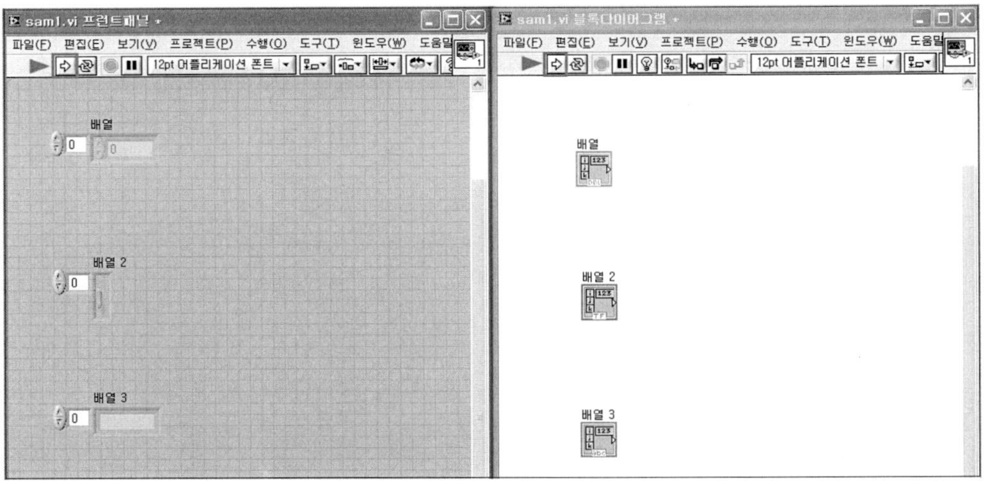

배열의 데이터 타입을 결정하고, 배열 셀(Array Shell)내부에 끌어다 놓으면 숫자형 배열(Numeric Array), 불리언 배열(Boolean Array), 문자열 배열(String Array) 색상이 다르게 배치됨을 알 수 있다.

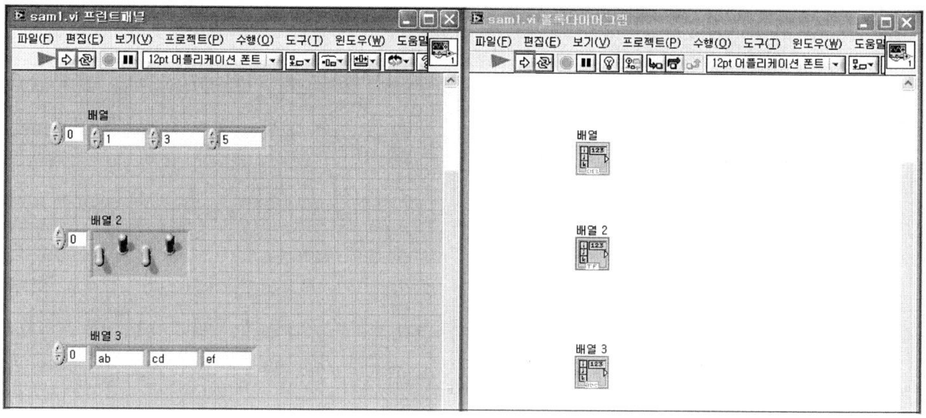

배열쉘(Array Shell)을 끌어 당겨 크기를 늘인 후 초기화(Initialize) 한다.

배열을 늘리는 방법은 다음과 같다.(원소 한 개가 차지하는 공간의 크기를 바꿀 경우)

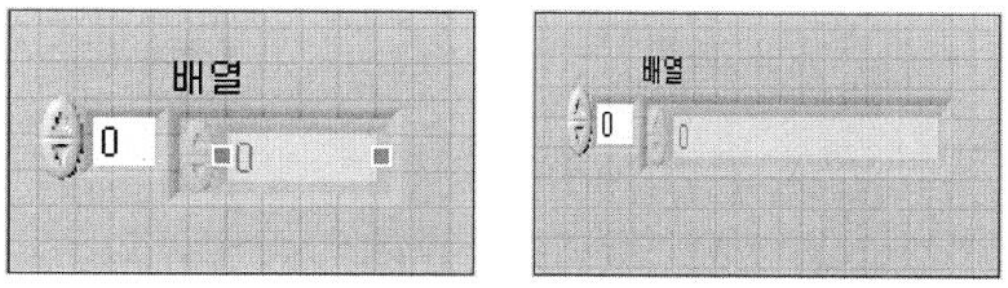

· 마우스포인터가 다음과 같이 부분 선택된 상태에서 드래그 하여 늘리면 [컨트롤]의 크기가 커지니 주의하도록 한다.

· 마우스포인터가 다음과 같이 전체 선택된 상태에서 드래그 하여 늘리면 배열 원소의 개수가 늘어난다. 원소의 개수를 늘릴 경우 참조하도록 한다.

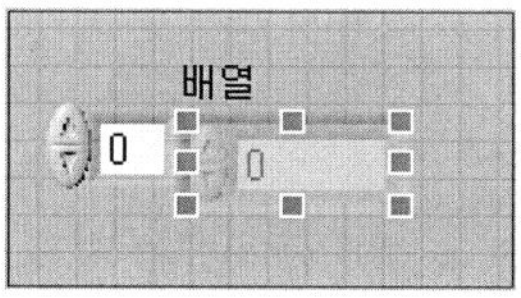

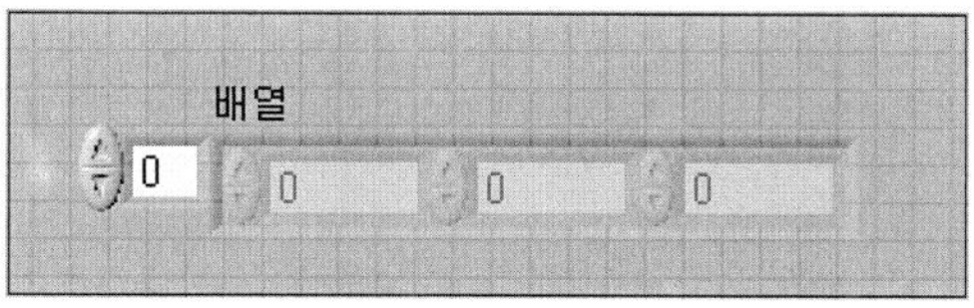

우측으로 늘린 경우

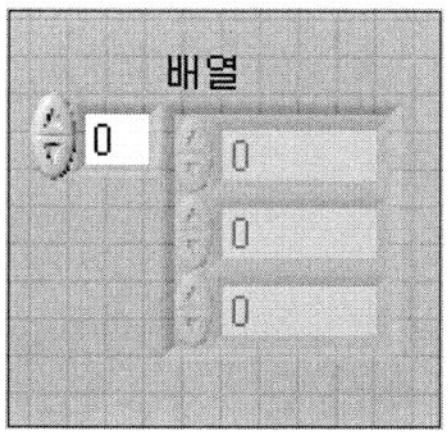

밑으로 늘린 경우

그러면 배열 좌측 옆부분의 "0"이라는 숫자는 인덱스이다.

인덱스(Index)란 하나의 배열에 여러 개의 변수가 있을 때, 이 변수가 몇 번째 위치한 변수 인지를 나타내는 일종의 배열용 이름이다. 주의할 점은 인덱스(Index)는 "0"부터 시작한다.

배열 초기화(Initialize)를 한다.

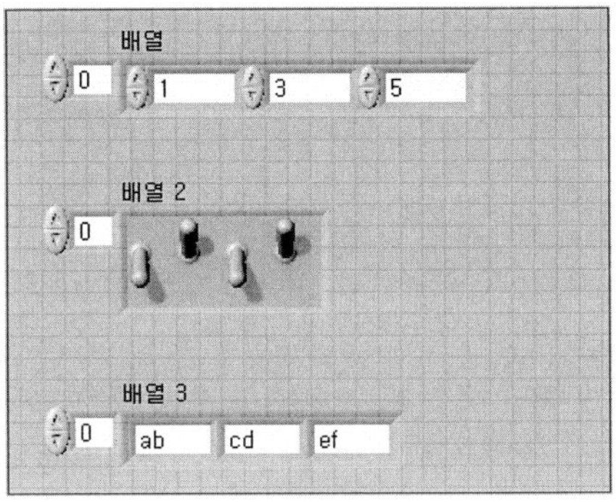

초기화(Initialize)를 수행 할 경우에는 텍스트 편집(Edit Label)도구를 사용하여 직접숫자,Boolean, 문자 등을 넣어 주어야 한다.

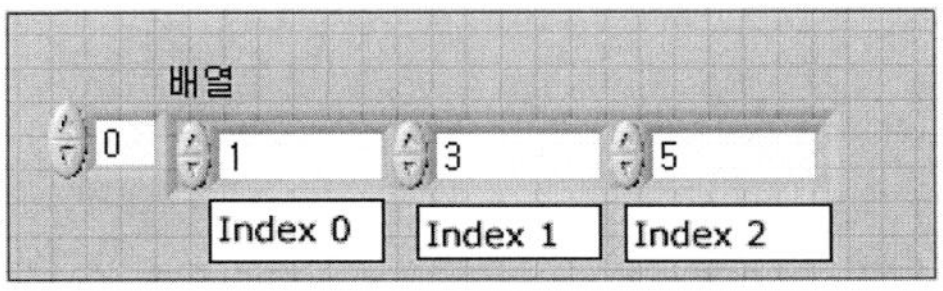

배열의 숫자형 빈 공간을 클릭하여 1, 3, 5를 입력해 놓으면, 배열의 크기(Size)는 3, 배열 원소 인덱스는 0, 1, 2라고 할 수 있다.

배열의 인덱스를 "2"로 바꾸면 다음과 같이 표시된다.

인덱스를 바꾸는 방법은 마우스를 사용할 경우 마우스 모양이 손모양 상태에서만 변경되므로 주의 하여야 한다.

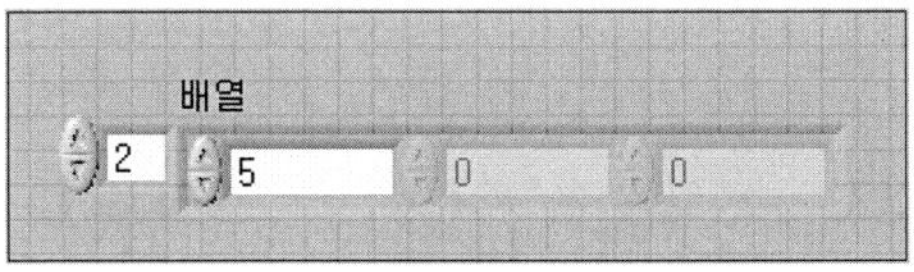

다차원 배열을 생성하는 방법은 우선 1차원 배열을 만든다.

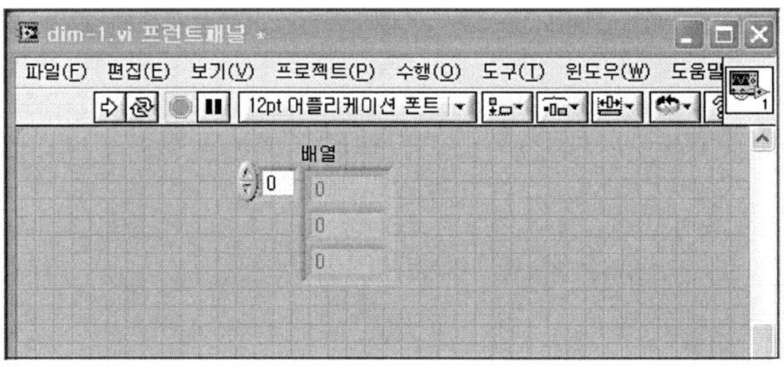

1차원 배열의 인덱스 디스플레이를 마우스 오른쪽 버튼을 클릭한 후 차원 추가를 선택한다.

차원을 삭제하려면 배열의 인덱스 디스플레이를 마우스 오른쪽 버튼을 클릭한 후 차원 제거를 선택하면 된다.

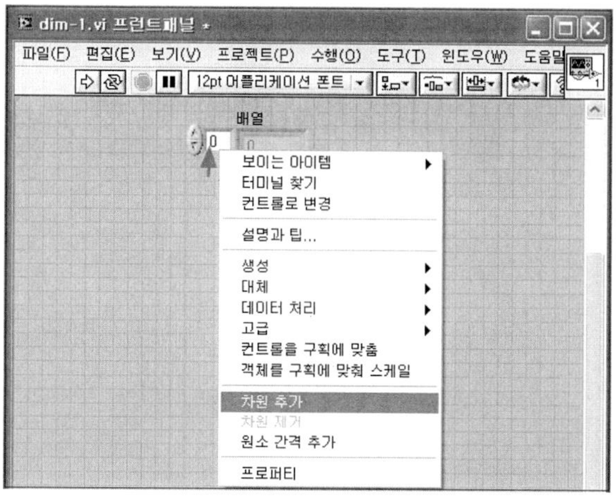

배열에서는 특정원소를 표시하기 위하여 인덱스를 사용한다. 인덱스는 항상 0부터 시작한다. 2차원 배열은 행과 열을 가지고 있으며, 위부분이 행 인덱스이고, 아래 부분이 열 인덱스 이다.

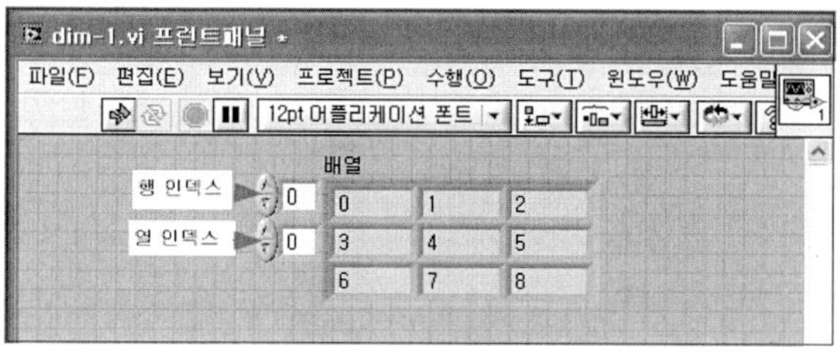

2차원 배열에서 2행 2열의 값은 8이다.

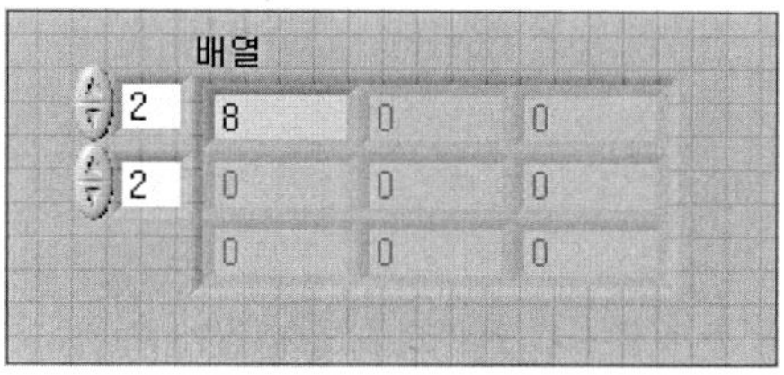

예제 3.1 For Loop를 이용한 배열 1

① For Loop를 생성한다.

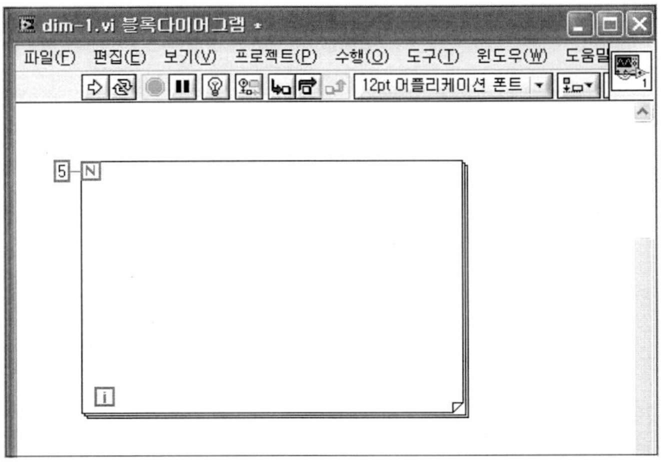

② 루프 생성 후 가산과 오토 인덱스 터널까지 완성한다.

오토 인덱스 터널은 가산의 우측에서 루프 끝부분 까지 연결하고 루프 라인과 마주친 부분을 클릭하면 오토 인덱스 터널이 완성된다.

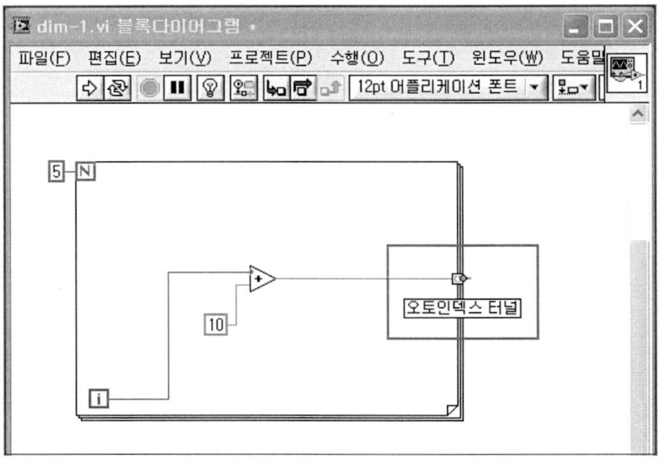

③ 오토 인덱스 터널 부분에서 생성 인디케이터를 실행하면 배열이 생성된다.

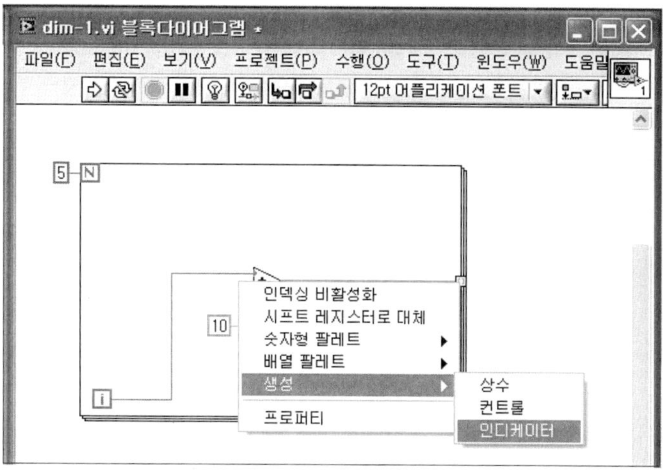

④ 배열이 생성된 모습.

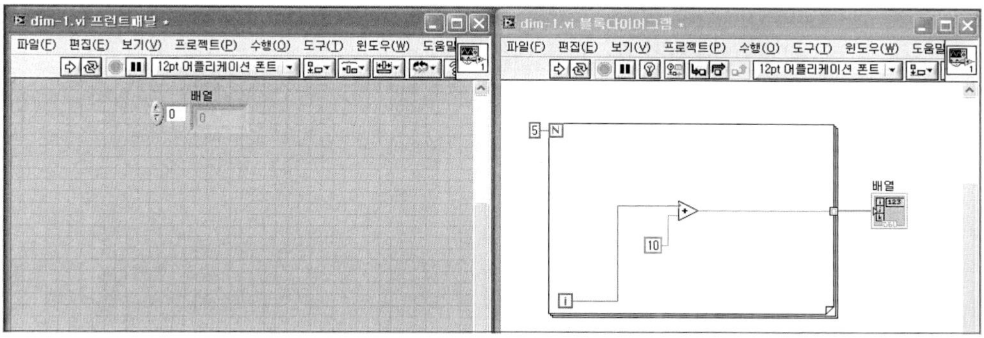

⑤ 계산 결과 확인을 위하여 프런트 패널에서 배열을 늘린다.

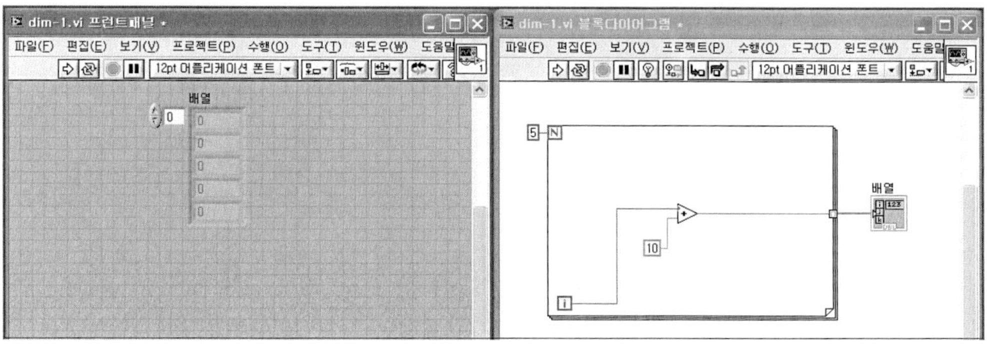

⑥ 계산 결과 화면.

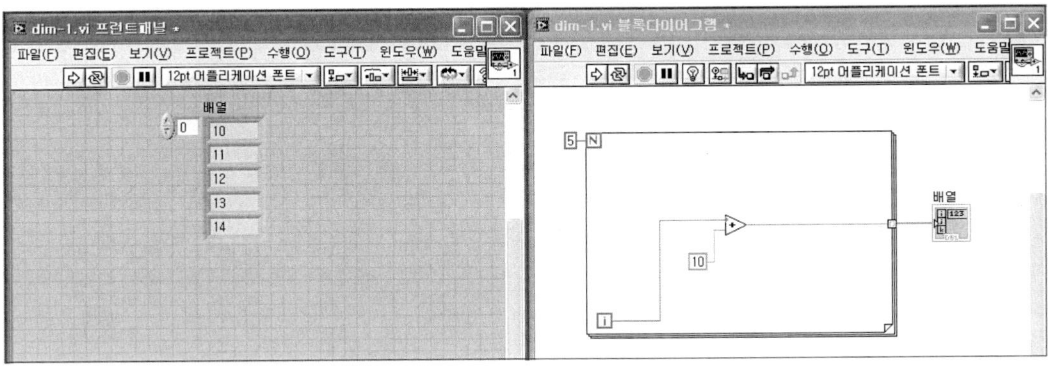

예제 3.2 For loop를 이용한 배열 2

① For Loop 내부에 숫자형 인디케이터를 위치시키면 실행 결과를 확인하기 쉽다.

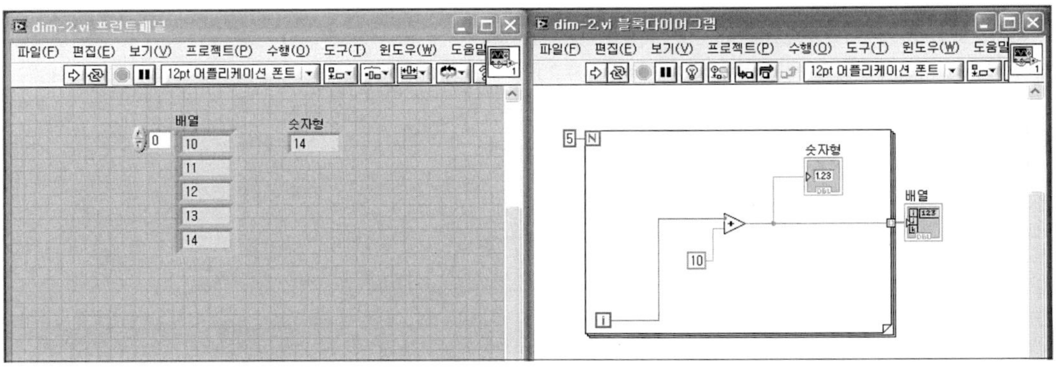

② 블록다이어그램에서 램프를 ON시키고 동작시키면 For Loop 내부 동작 확인이 자세하게 보인다.

4

클러스터 (Cluster)

Labview에서 사용하는 데이터 타입은 Numeric, Boolean, String으로 세 가지 형태이다.

데이터의 효율적인 관리를 위해서 array의 형태로 관리하고, 서로 다른 여러 타입 들을 하나로 묶어서 Cluster라는 타입으로 관리하면 효율적으로 프로그래밍 할 수 있다.

클러스터란, 혼합된 타입의 데이터 원소를 그룹화 할 때 사용하는 것을 뜻하며, 여러 가지 데이터 타입이라고 해서 컨트롤과 인디케이터를 묶을 수는 없다.

클러스터는 텍스트 기반의 프로그래밍 언어(C, C++)의 레코드나 구조체와 유사하다.

여러 데이터 원소를 묶으면 Block Diagram에서 와이어의 복잡한 연결을 피하고, SubVI에 필요한 커넥터 팬 터미널(Connector pane terminal)의 수를 줄일 수 있게 된다.

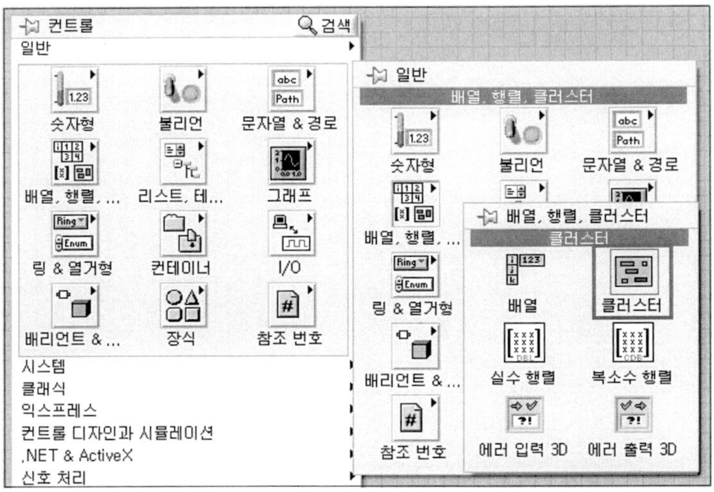

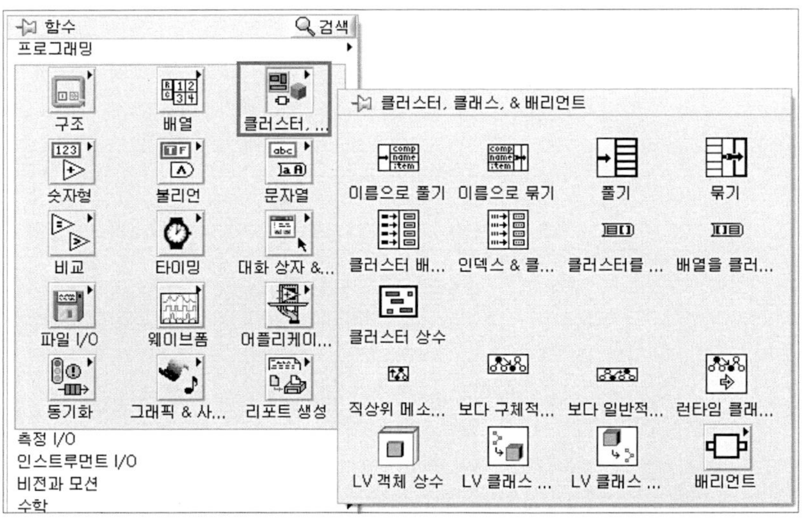

✣ 프런트 패널에서 클러스터 작성방법

① '컨트롤 → 일반 → 배열, 행렬, 클러스터 → 클러스터'를 선택한다.

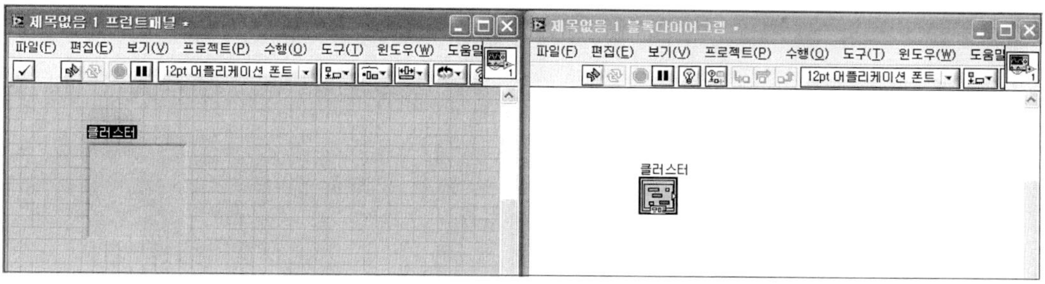

프런트 패널 및 블록다이어그램에서의 클러스터

프런트 패널에 클러스터를 위치시키면, 처음에 블록다이어그램에 나타나는 터미널의 색은 검정색 입니다. 검정색의 의미는 데이터 타입이 정의되지 않았음을 의미한다.
원하는 데이터 타입의 원소를 넣어주고 라벨을 바꿔주면 된다.

② 데이터 형(Numeric, Boolean, String)을 결정하고, Cluster Shell 내부로 끌어들인다.

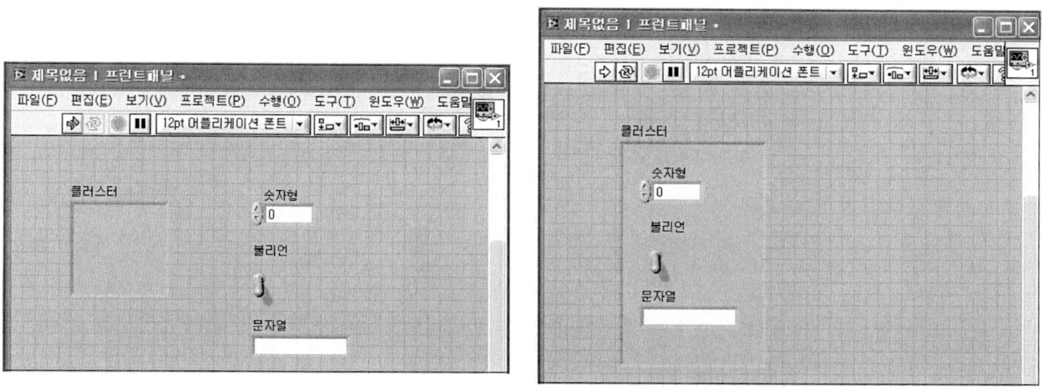

클러스터쉘에 원하는 원소를 가져다 놓는 순서가 중요하다. 클러스터 컨트롤과 클러스터 인디케이터를 서로 연결할 때, 이 순서가 꼭 맞아야 한다. 같은 모양의 클러스터를 만들더라도, 가져다 놓은 순서가 다르면 서로 다른 데이터 타입으로 여기기 때문이다.

③ 클러스터 내의 순서를 재설정 하려면 마우스 오른쪽 클릭 [클러스터내의 컨트롤 재설정]을 선택하여 내부요소 순서 변경이 가능하다.

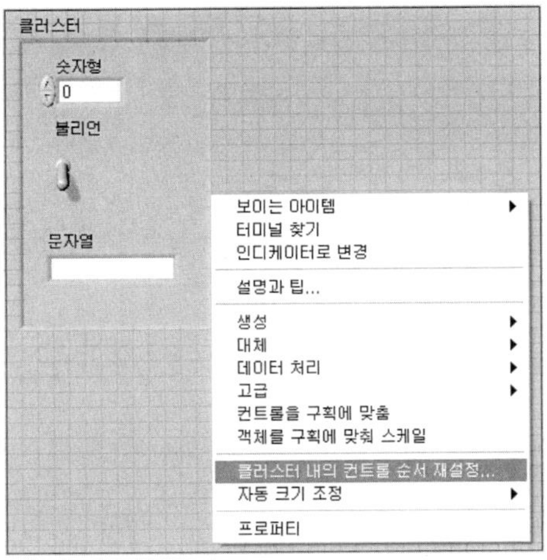

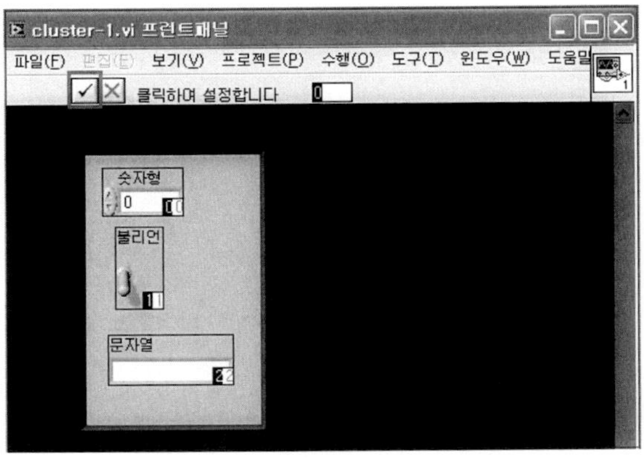

클러스터 내의 순서를 재설정 하고 확인을 누르면 내부요소 순서가 변경된다.

클러스터의 원소들은 셀 내부에서의 위치에 관계없이 논리적인 순서를 갖고 있다. 클러스터에 끌어다 넣는 순서대로 첫 번째 객체는 원소 0이고, 두 번째 객체는 원소 1이 된다.

이때 원소를 삭제하면 순서가 자동으로 조절 된다. 커서의 아이콘에서 Ctrl 키를 누르면 로 변하고, 현재 순서에서 번호를 복사하여 원하는 원소에 올리면, 커서가 다시 로 바뀌게 되고, 왼쪽 마우스를 누르면 복사한 순서 번호로 변경 된다. 순서의 재배치를 를 눌러 종료한다.

〈각 버튼 동작 설명〉

-  : 클러스터 내의 요소들의 재배치가 완료되면 누른다.
-  : 수정을 취소할 수 있으며 이전의 클러스터 순서로 되돌아 갈 수 있다.
-  : 커서의 아이콘 〈Ctrl〉을 누르면 바뀐다. 위의 현재 순서에서 번호를 복사한다. 원하는 번호에 올리고 왼 마우스를 누르면 **클릭하여 설정한다.** 〈Click to Set to〉의 오른쪽 옆의 번호가 바뀐다.
-  : 커서의 아이콘(default)을 누르면 바뀐다. 앞부분을 **클릭하여 설정한다.**

〈Click to Set to〉의 번호를 수정하려는 위치에 놓고 왼쪽 마우스를 누르면 현재 순서가 바뀐다.

④ 클러스터 함수

클러스터는 데이터의 묶음이므로 묶어주는 함수와 풀어주는 함수가 있다.

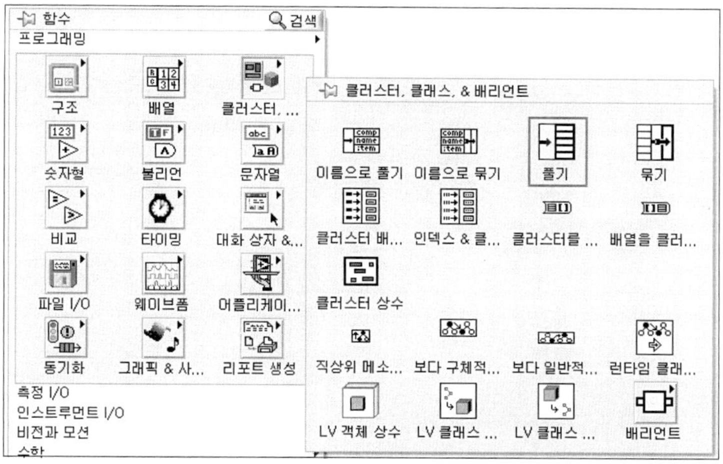

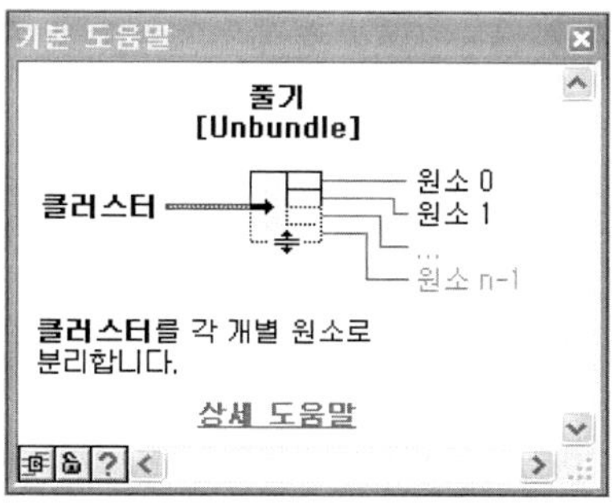

← 풀기

⑤ 풀기를 선택하여 먼저 생성된 클러스터와 연결한다.

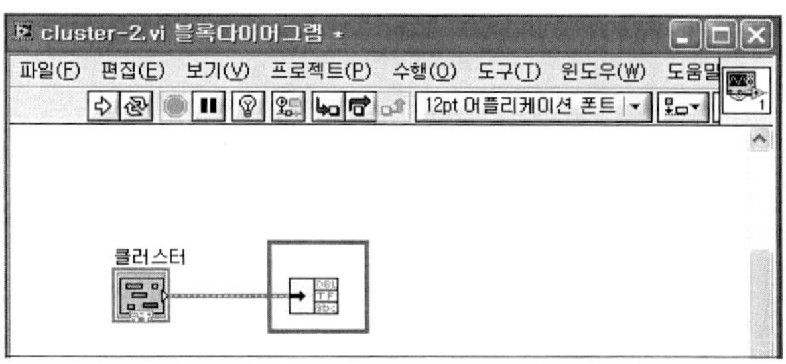

⑥ 풀기(Unbundle)를 하여 생성된 원소 하나 하나를 선택한 후 마우스 오른쪽을 클릭하여 '[생성] → [인디케이터]'를 선택한다.

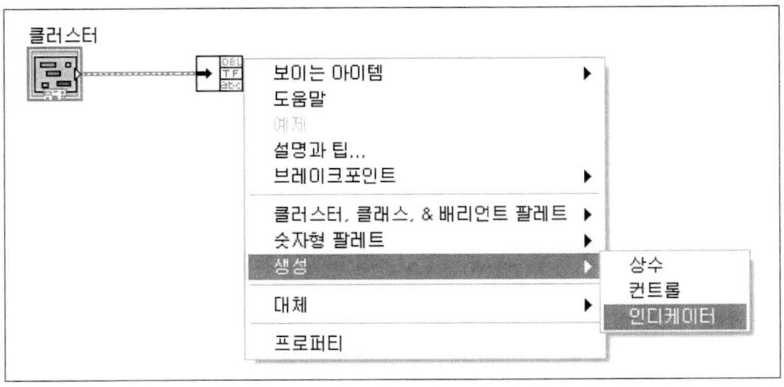

⑦ 생성된 화면

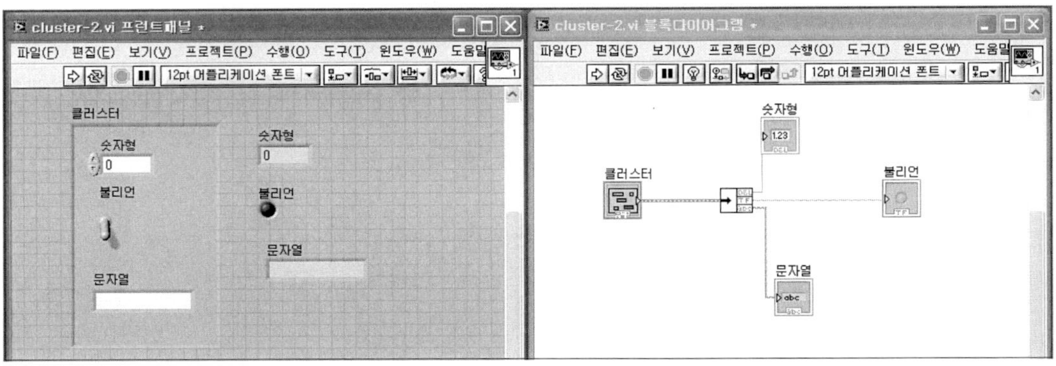

⑧ 묶기(Bundle)

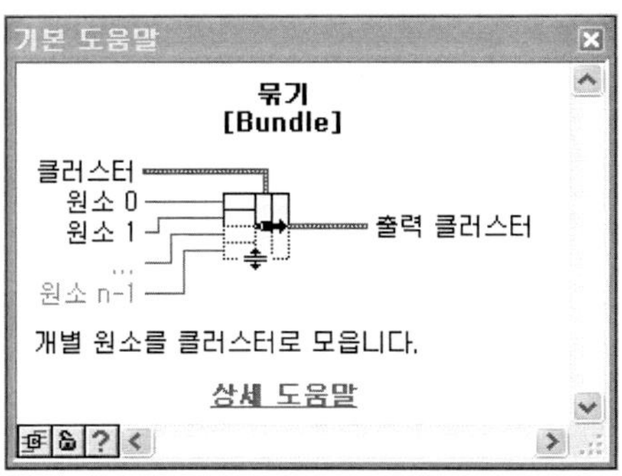

⑨ 프런트패널에 숫자형, 불리언, 문자열 컨트롤을 배치한다.

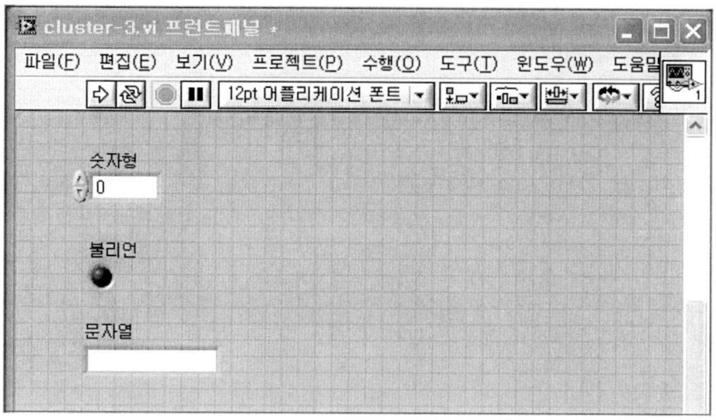

⑩ 묶기를 선택하여 블록다이어그램에 배치한다.

⑪ 블록다이어그램에서 숫자형, 불리언, 문자형을 묶기와 연결한다.

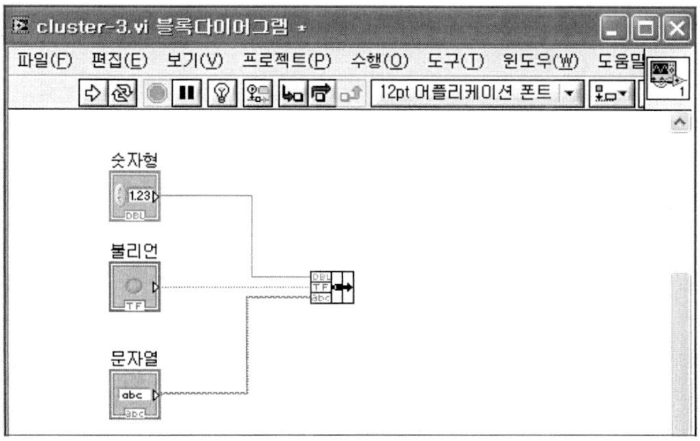

⑫ 그 다음 묶기와 클러스터를 연결한다.

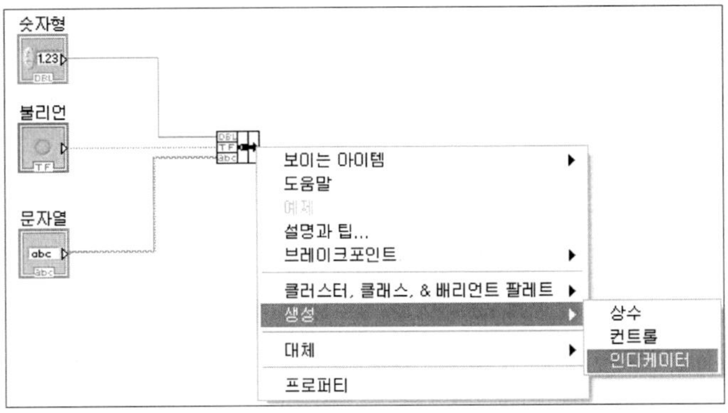

이 때 생성되는 형이 클러스터임을 주목하도록 한다. 실제 프로그램에서 블록다이어그램에서 클러스터를 생성할 경우 이렇게 묶기를 사용한다.

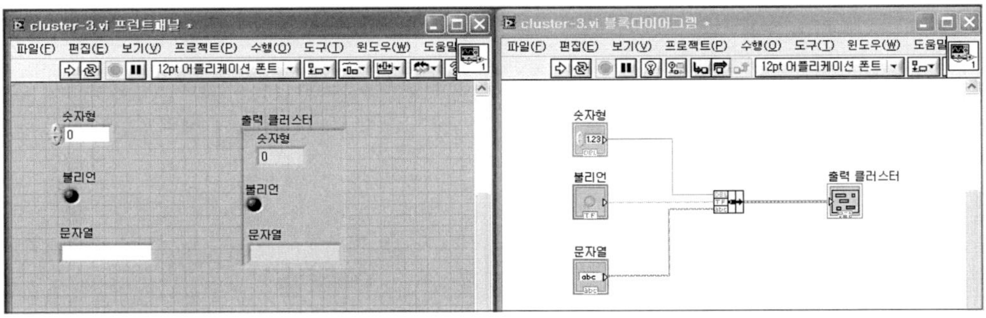

예제 4.1

클러스터 데이터 타입을 만들어 보고 다양한 클러스터 노드들의 사용법을 익혀보자.

프런트패널에 문자열 컨트롤, 숫자형 컨트롤, 수직 토글 스위치를 만들고 다음과 같이 입력한다.

① 제일 먼저 클러스터를 배치한다.

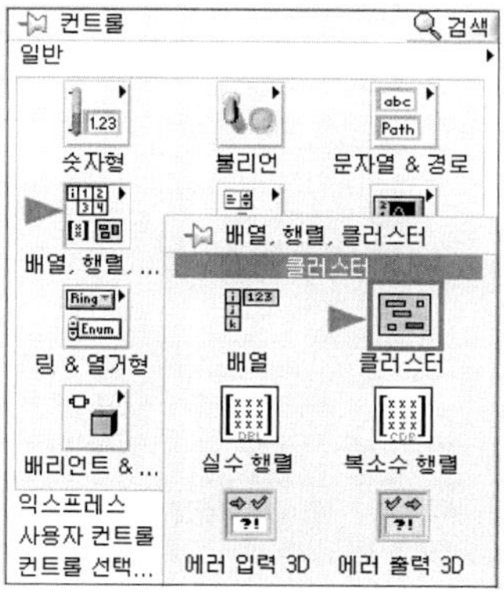

클러스터가 배치된 화면

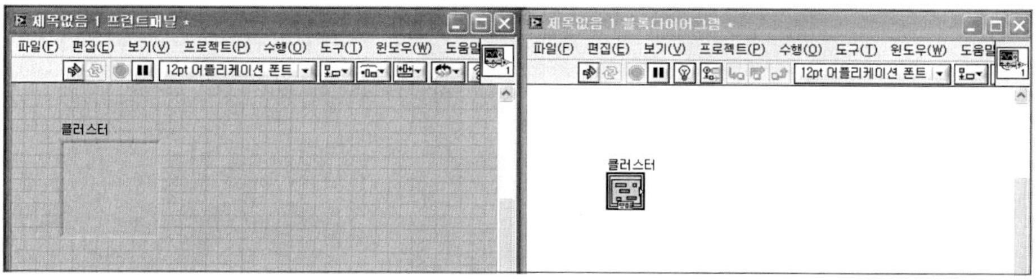

② 문자열 컨트롤을 하나 배치한다.

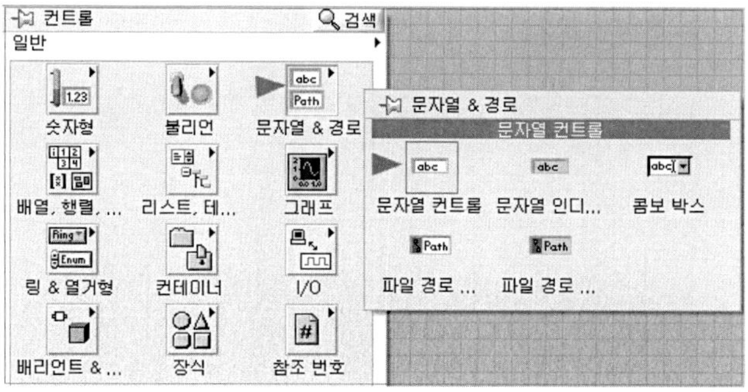

③ 숫자형 컨트롤을 배치한다.

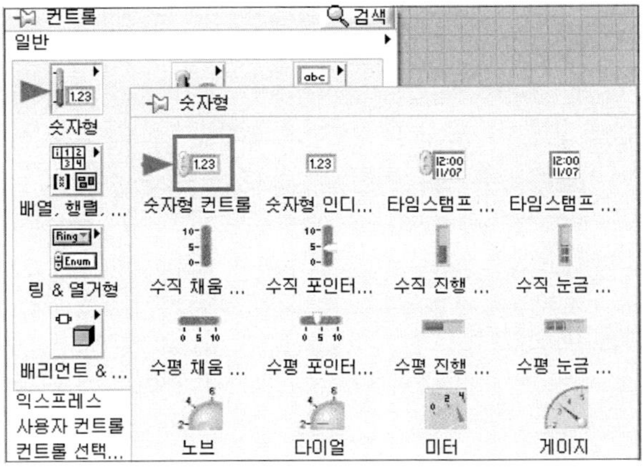

④ 불리언 수직 토글 스위치를 배치한다.

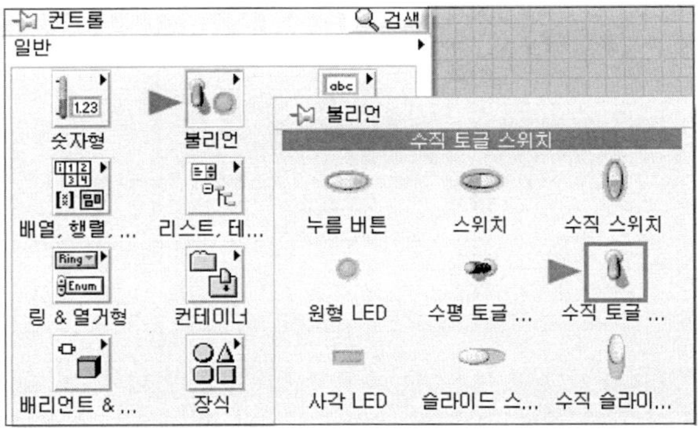

배치된 모습

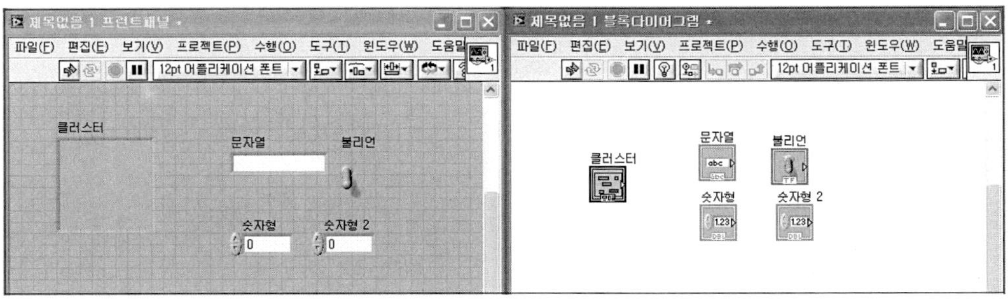

⑤ 4개의 아이템을 클러스터 안에 집어넣는다.

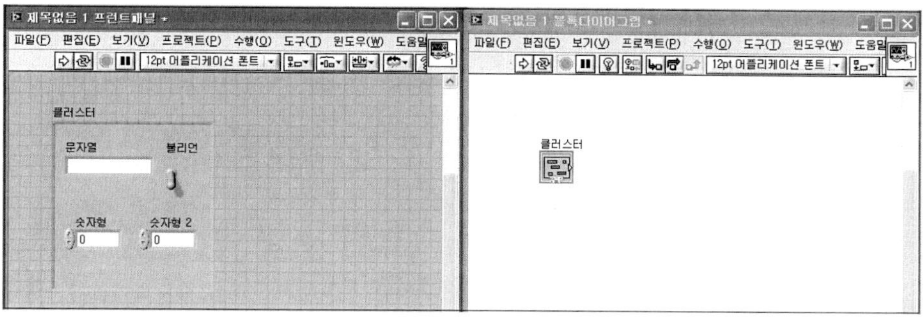

⑥ 블록다이어그램에서 이름으로 풀기를 가져다 놓는다.

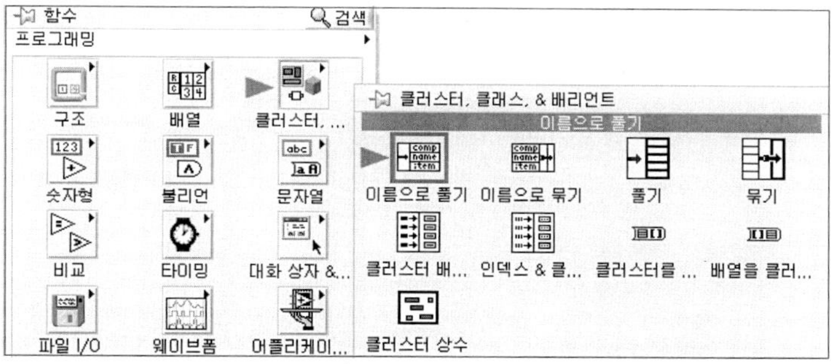

⑦ 블록다이어그램에서 묶기를 가져다 놓는다.

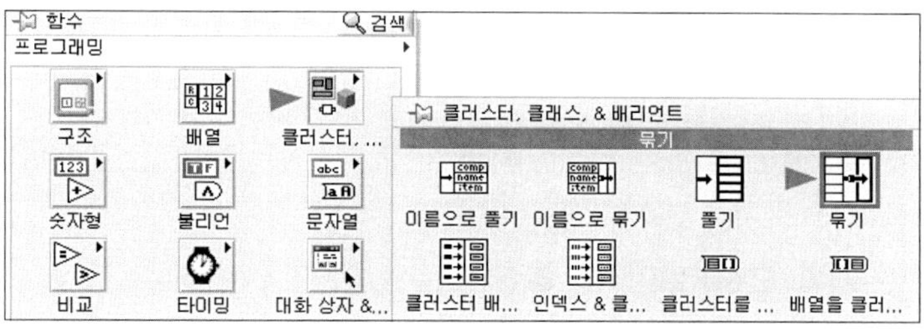

⑧ 블록다이어그램에서 복합연산을 가져다 놓는다.

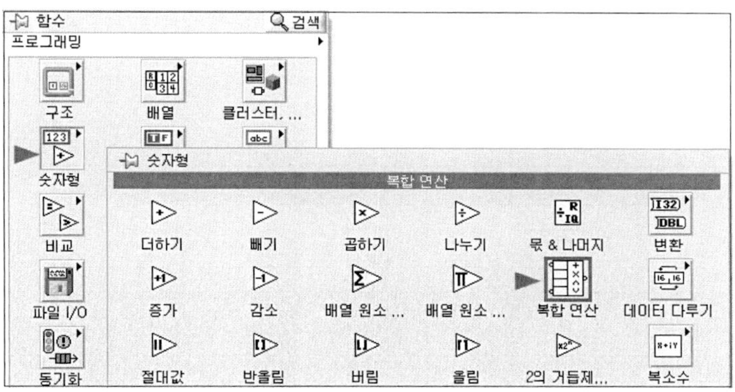

⑨ 이름으로 풀기는 처음에는 2개의 항목만 있으므로 4개로 늘린다.
늘리는 방법은 다음 그림과 같다.

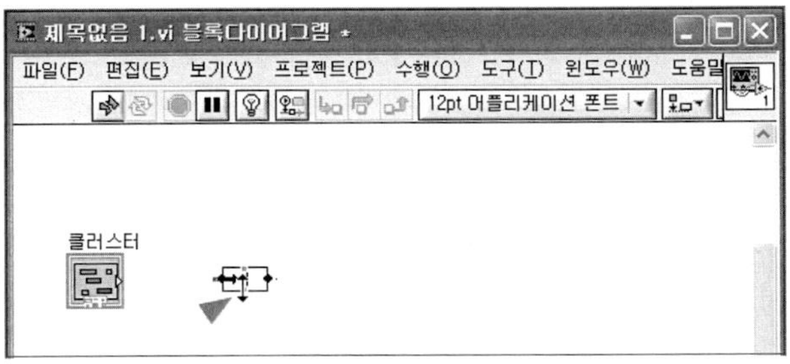

⑩ 복합연산을 배치한다. 항목이 모자라면 전과 같은 방법으로 늘린다.

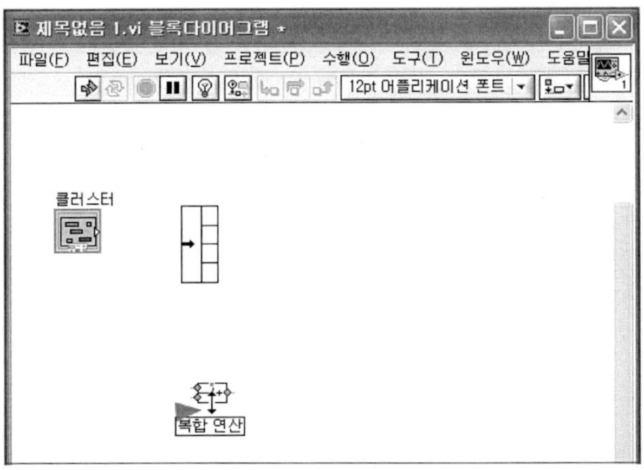

⑪ 블록다이어그램에서 묶기를 가져다 놓는다.
항목이 모자라면 전과 같은 방법으로 늘린다.

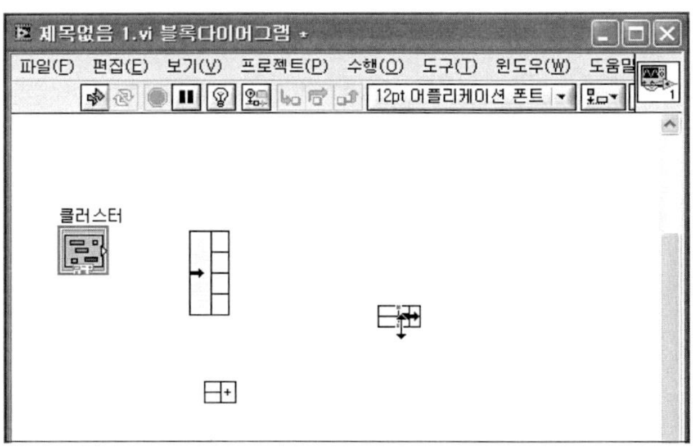

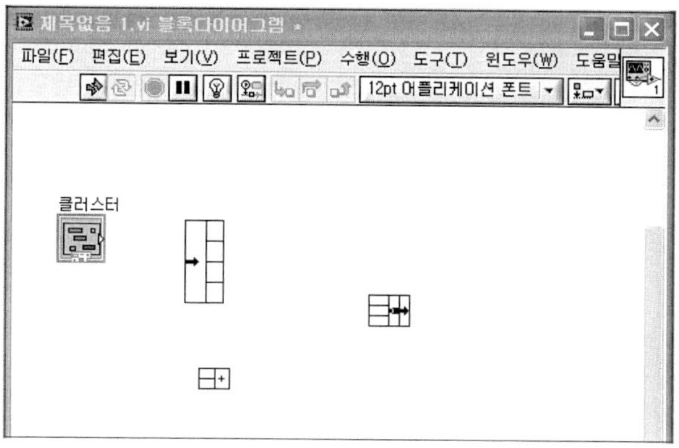

⑫ 이름으로 풀기 아이템 항목을 다음과 같이 모두 변경한다.

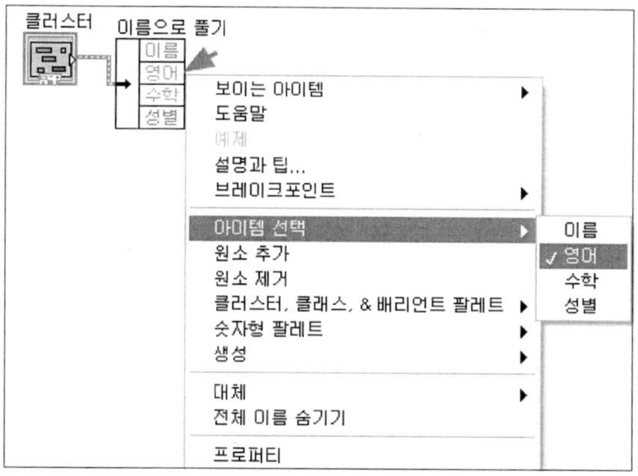

⑬ 변경한 다음에는 각 항목마다 인디케이터를 생성한다.

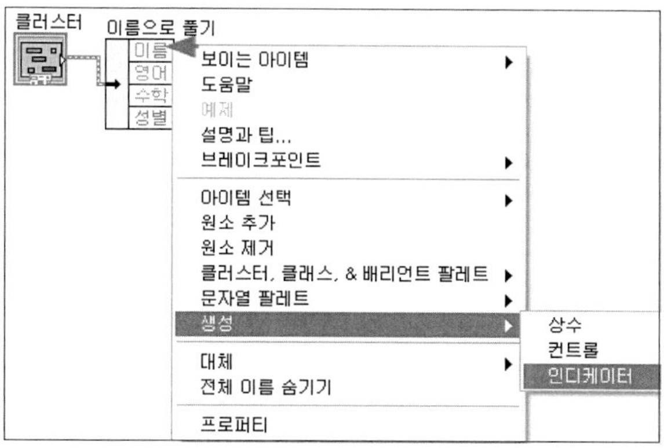

인디케이터를 생성한 모양.

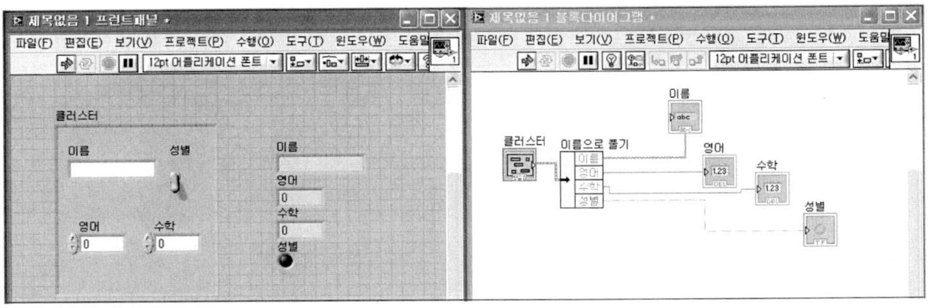

⑭ 다음에는 복합연산을 하고, 항목을 묶는다.

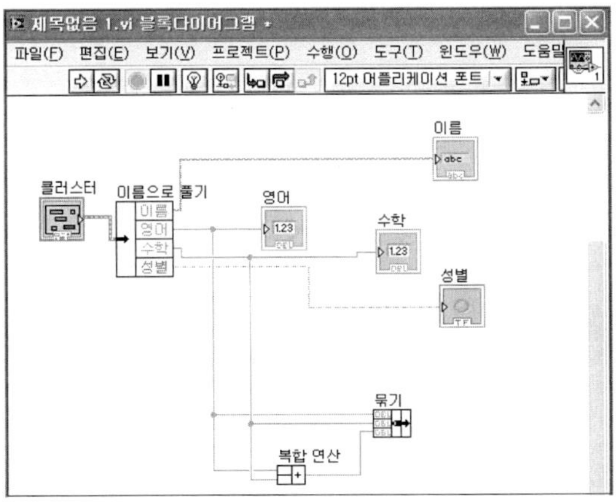

⑮ 묶기 항목에서 인디케이터를 생성한다.

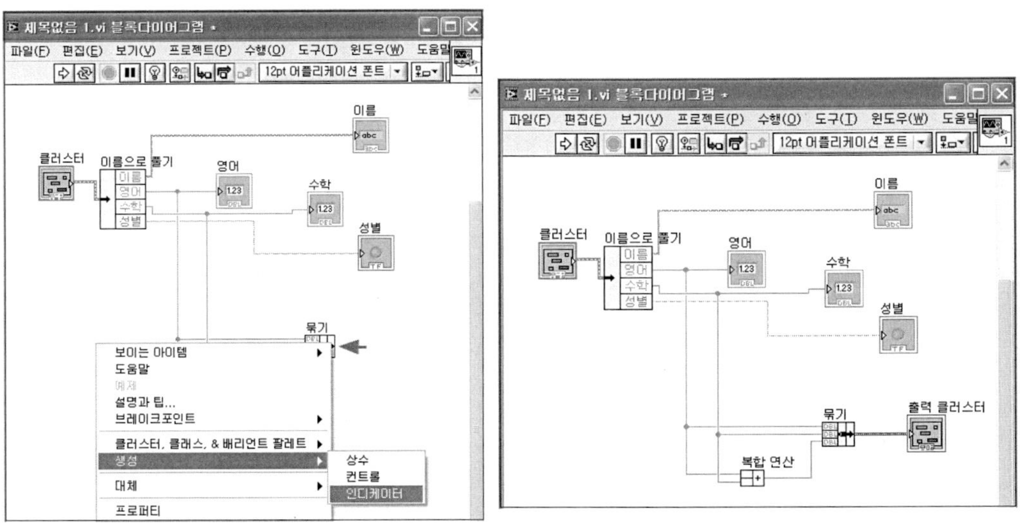

⑯ 생성된 모양

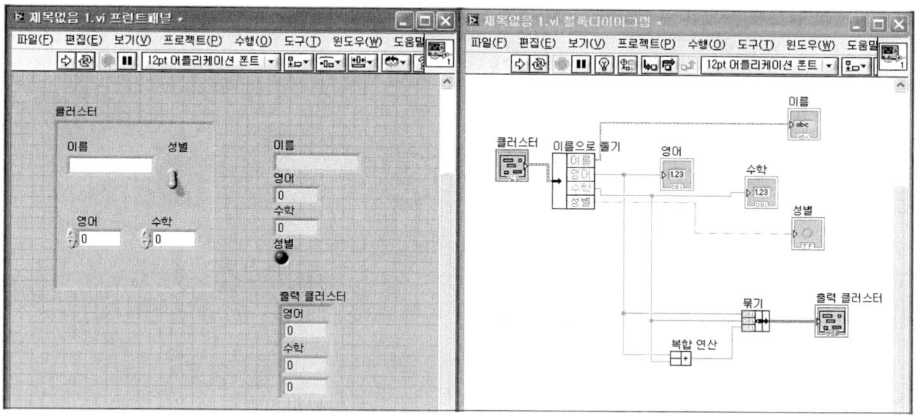

⑰ 컨트롤 항목에 다음과 같이 데이터를 입력한다.

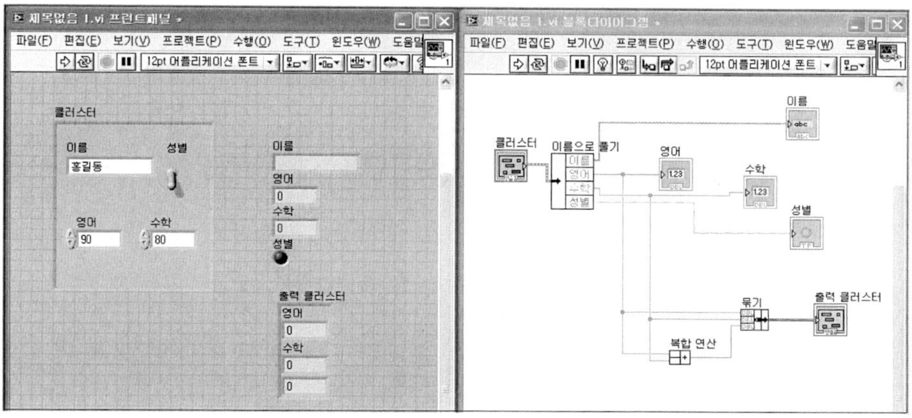

⑱ 실행을 한다.

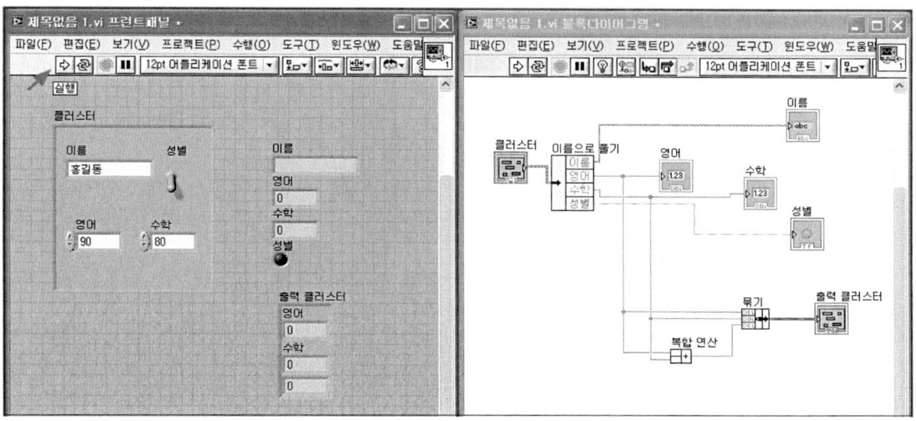

실행 결과

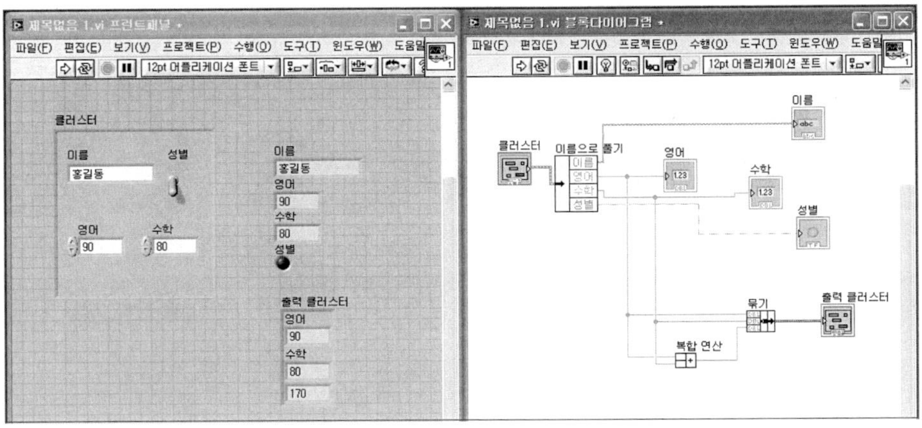

〈연습문제 4.1〉

5명의 학생의 영어 성적 관리 프로그램을 작성하시오.

✛ 프로그램의 구성은 이름, 영어성적, 학번 순으로 구성하고, 5명의 평균을 구하라.

① 프런트패널에 배열을 배치한다.

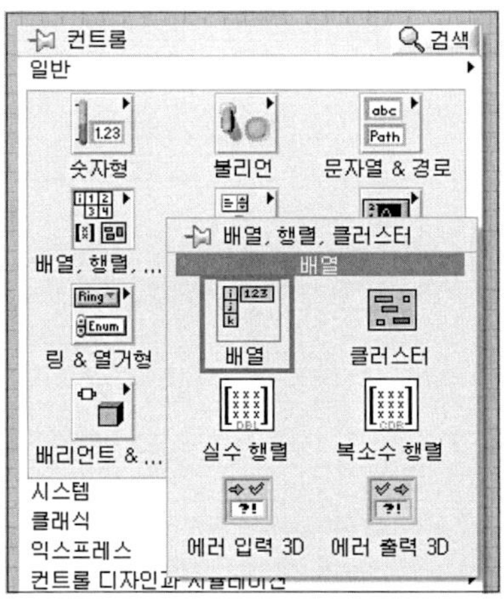

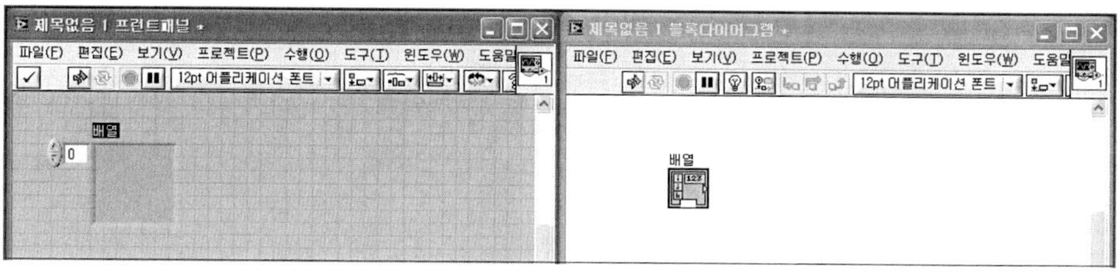

② 프런트패널에 클러스터를 배치한다.

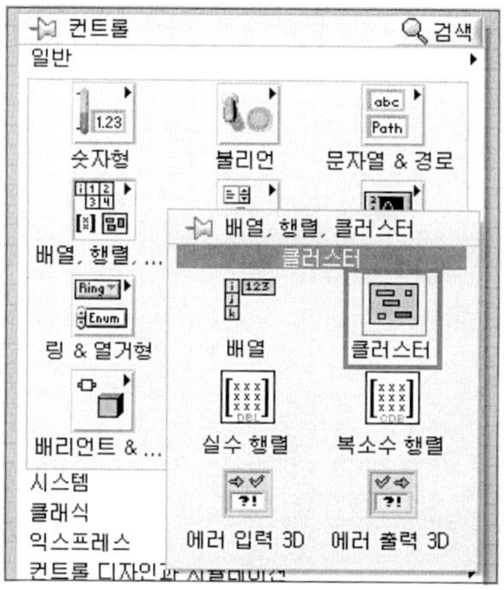

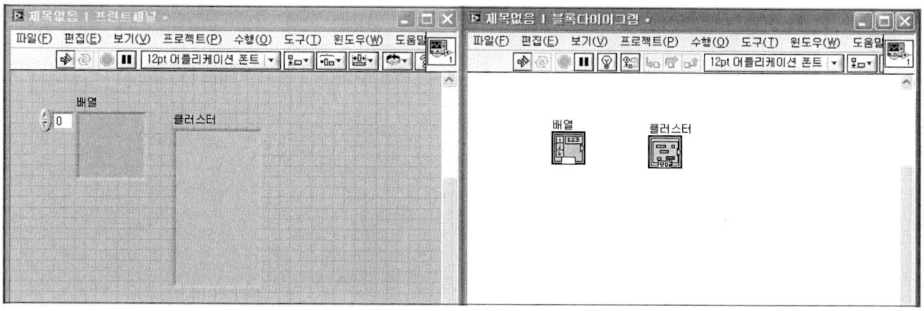

③ 프런트패널에 문자열컨트롤, 숫자형 컨트롤, 불리언을 배치한다.

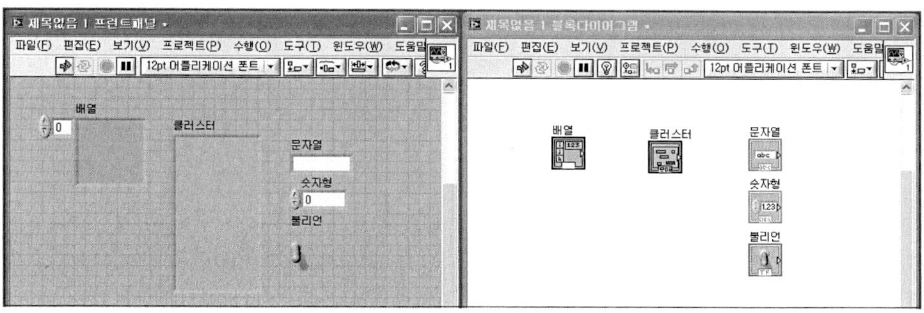

④ 3개의 컨트롤을 클러스터 안에 집어넣는다.

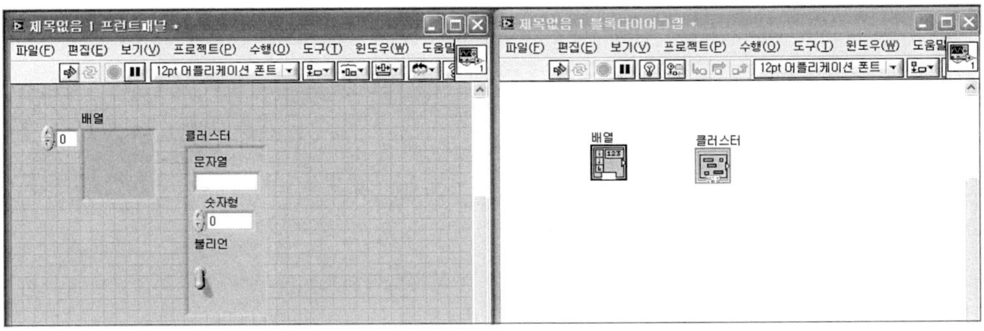

⑤ 클러스터를 배열 안에 집어넣는다.

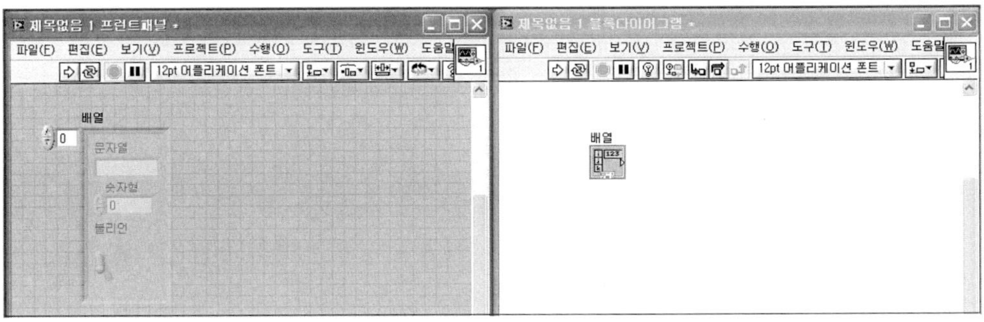

⑥ 모서리 부분의 아이콘 상태에서 우측으로 배열을 증가시킨다.

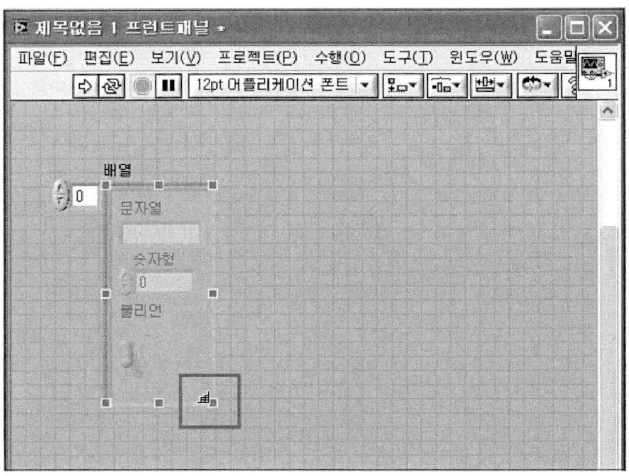

⑦ 배열의 원소에 데이터를 입력한다.

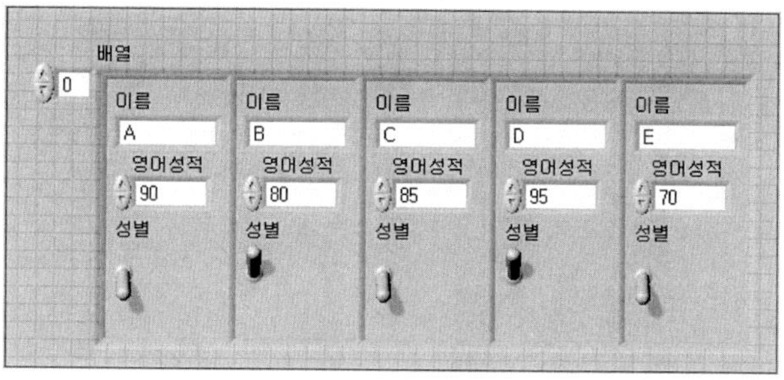

⑧ 블록다이어그램에 배열 인덱스를 배치한다.

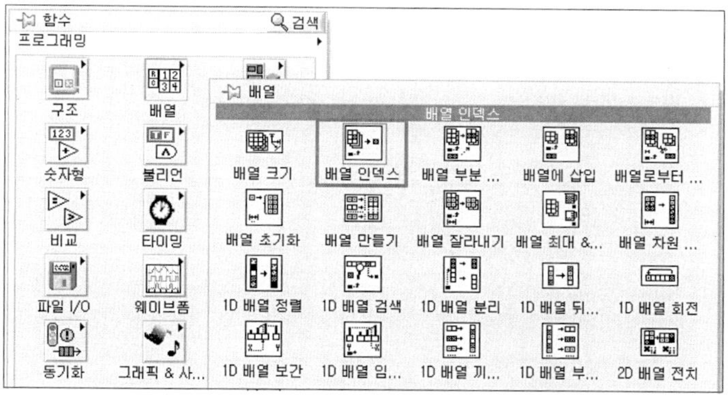

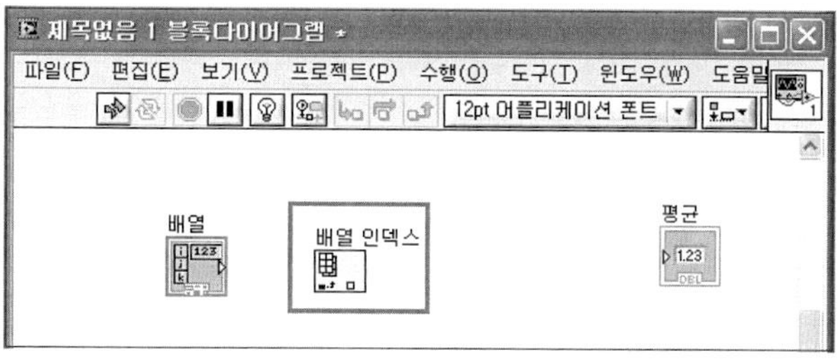

⑨ 5명의 데이터 이므로 배열 인덱스를 5개로 늘린다.
마우스가 변화된 상태에서 밑으로 늘리면 된다.

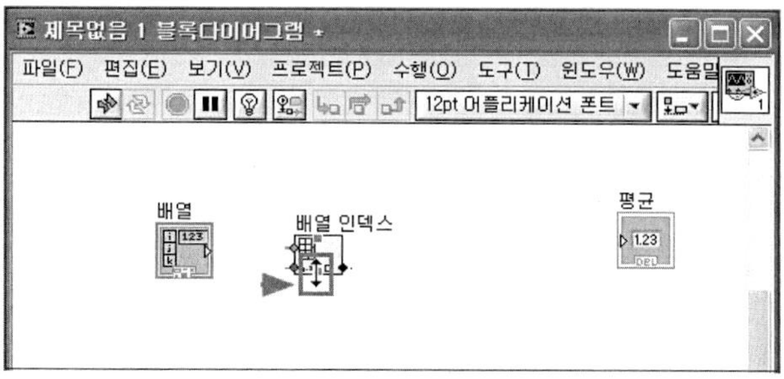

⑩ 배열 인덱스를 5개로 늘린 상태이다.
배열과 배열 인덱스를 와이어로 연결한다.

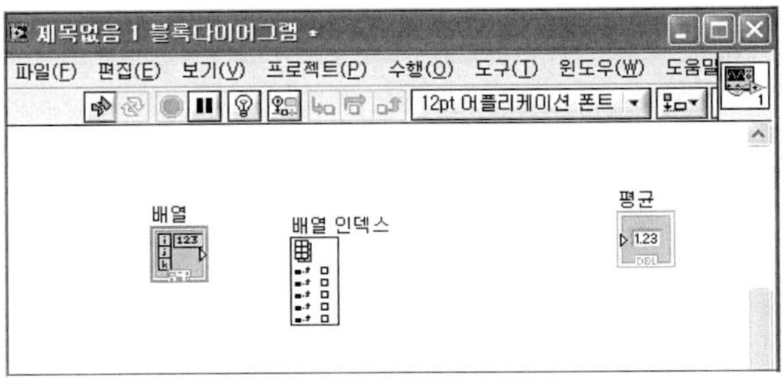

⑪ 블록다이어그램에 이름으로 풀기를 배치한다.

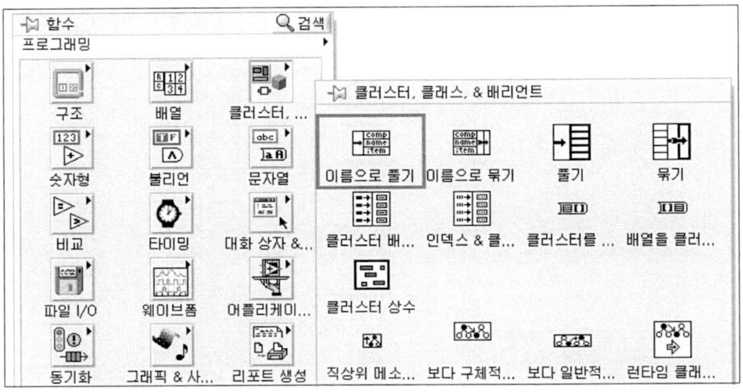

⑫ 아이템을 영어성적으로 변경한다.

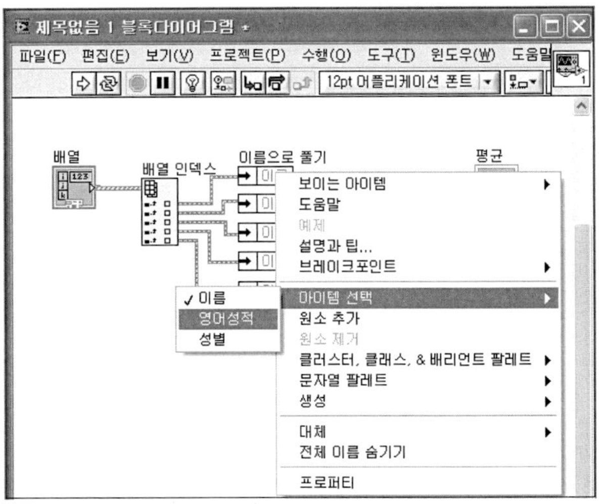

⑬ 와이어를 연결한다.

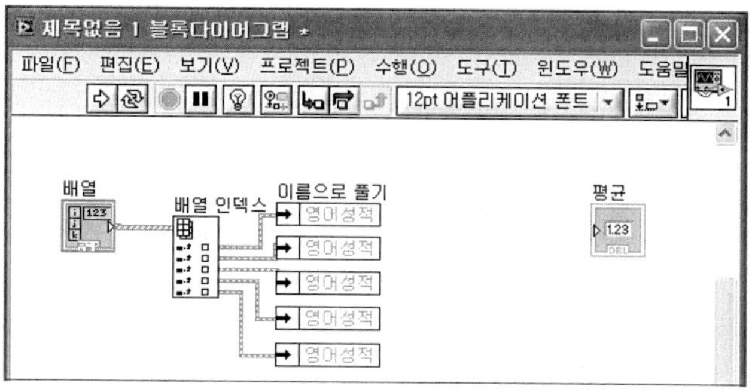

⑭ 블록다이어그램에 복합 연산을 배치한다.

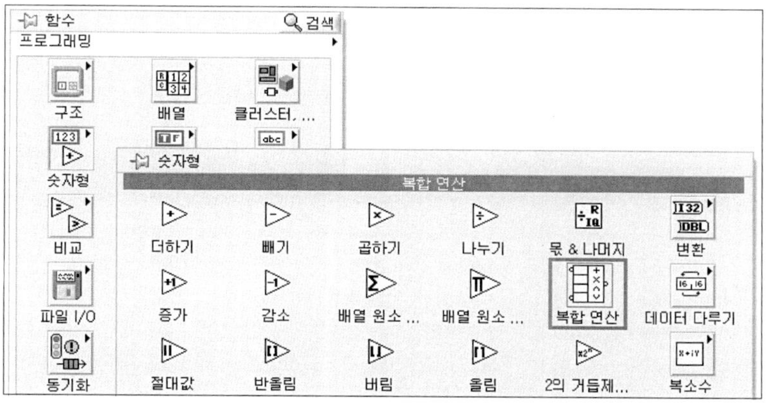

⑮ 와이어를 연결한다.

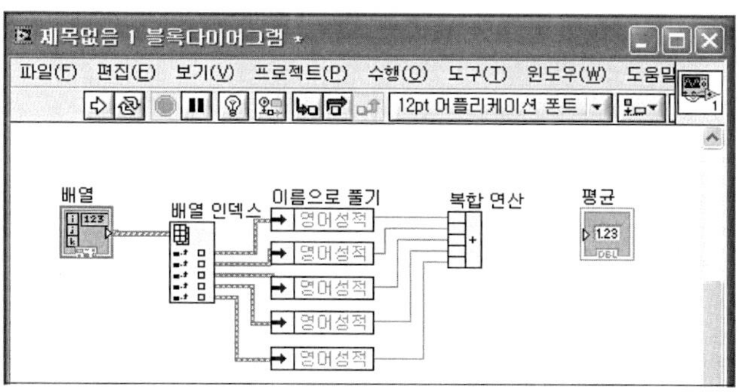

⑯ 평균을 구하기 위하여 '5'로 나눈다.

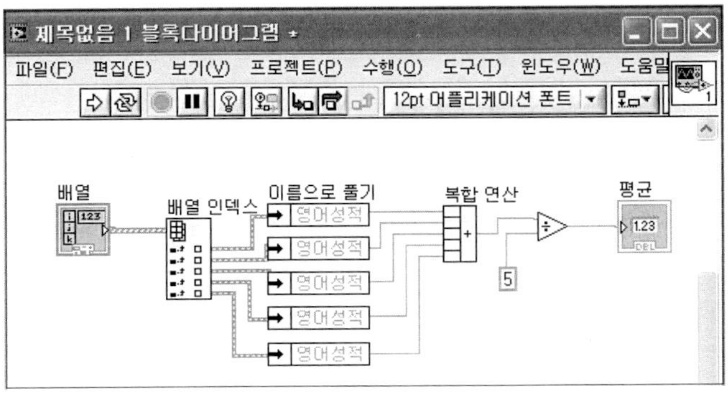

⑰ 실행을 하면 평균값이 나온다.

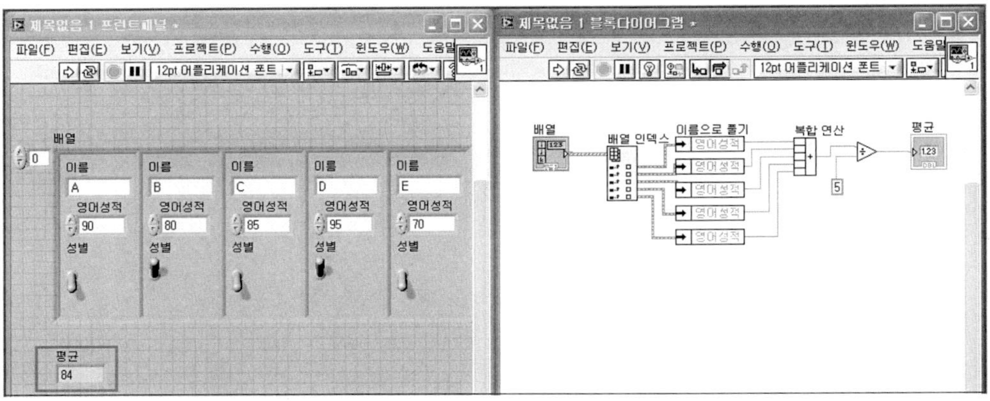

5

챠트와 그래프 (Chart & Graph)

Labview를 이용하는 일반적인 목적은 계측 분야에서 사용자가 원하는 물리량을 얻고, 그것을 분석하는 과정을 원활히 하기 위해서다.

Labview는 물리량을 얻고 그것을 표시(display)하기 위한 기능을 가지고 있다. 그것은 챠트(Chart)와 그래프(Graph) 라는 것이다.

그래프와 챠트는 데이터를 디스플레이하고 업데이트하는 방법에서 차이가 난다.

① '함수 → 구조 → while 루프'를 선택한다.

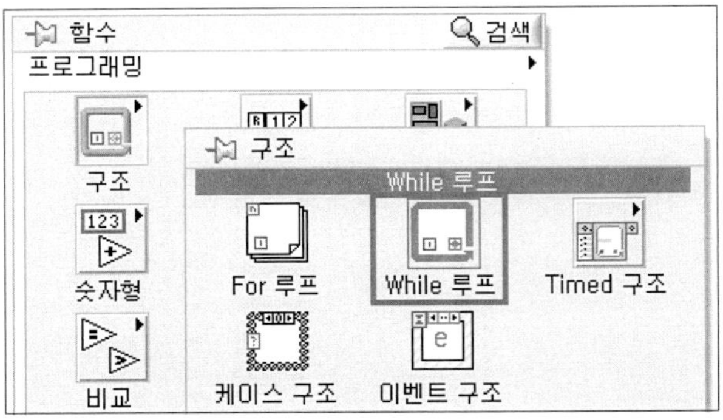

② 정지에 컨트롤 생성을 클릭한다.

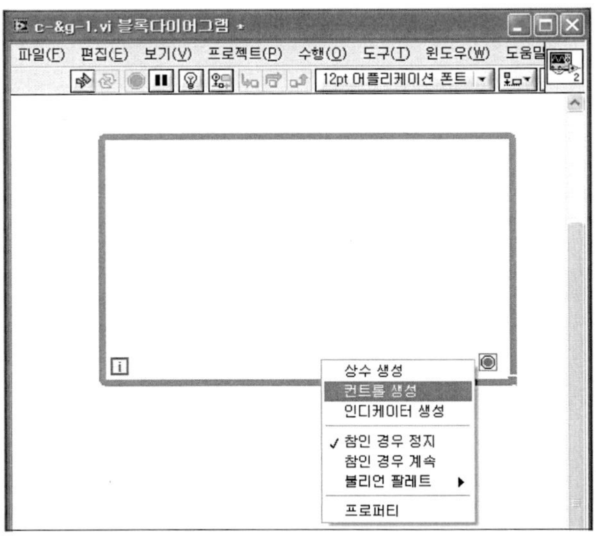

③ 다음 ms까지 기다림을 선택한다.

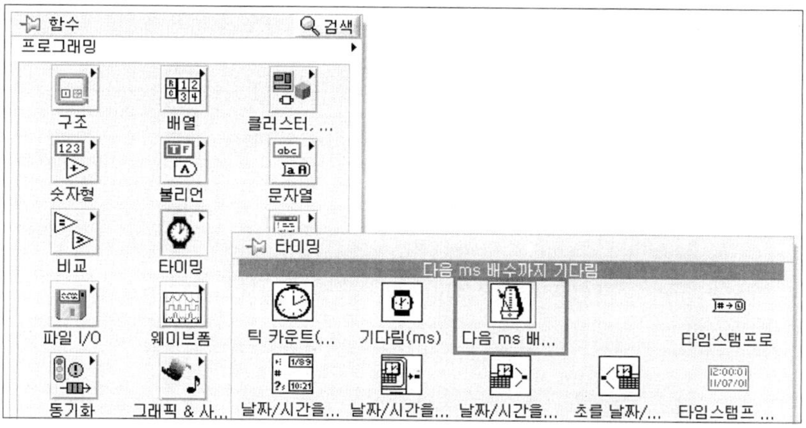

④ 기다림 상수를 생성한다.

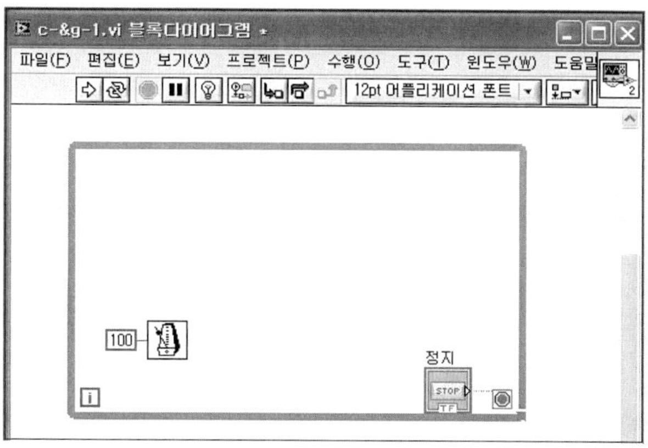

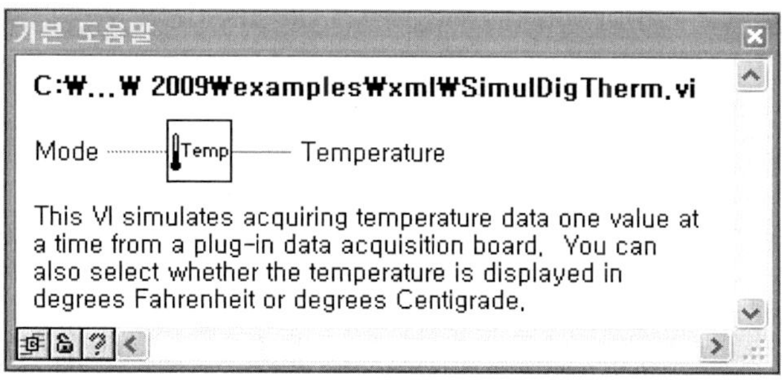

⑤ 'C 드라이브 → Program Files → National Instruments → LabVIEW 2009 → examples → xml → SimulDigTherm.vi' 를 선택한다.

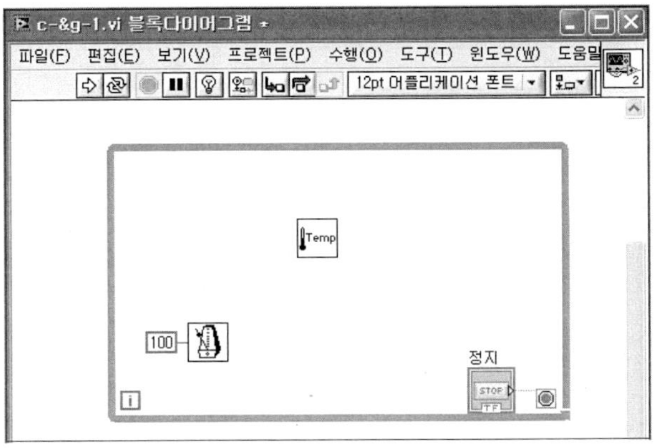

⑥ SimulDigTherm.vi 왼쪽에 컨트롤을 생성한다.

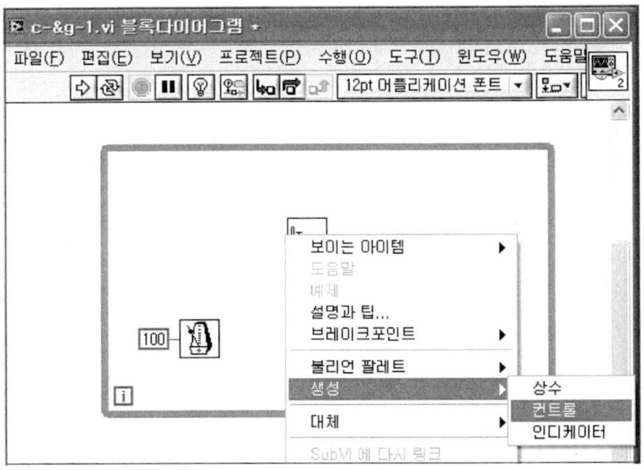

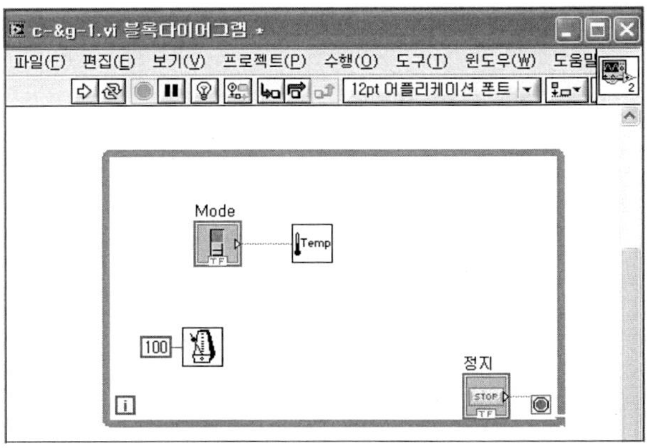

⑦ 웨이브폼 챠트를 생성한다.

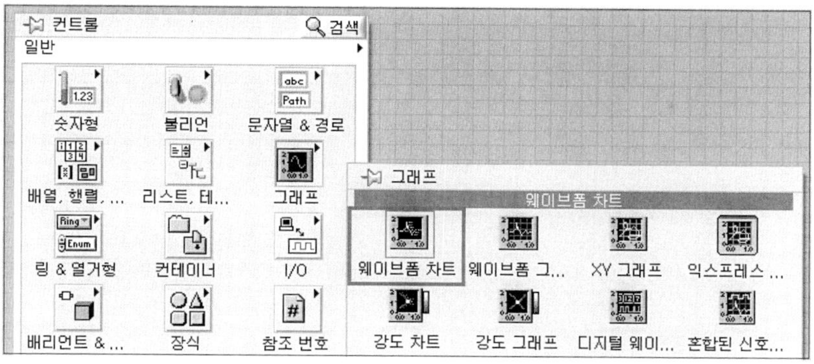

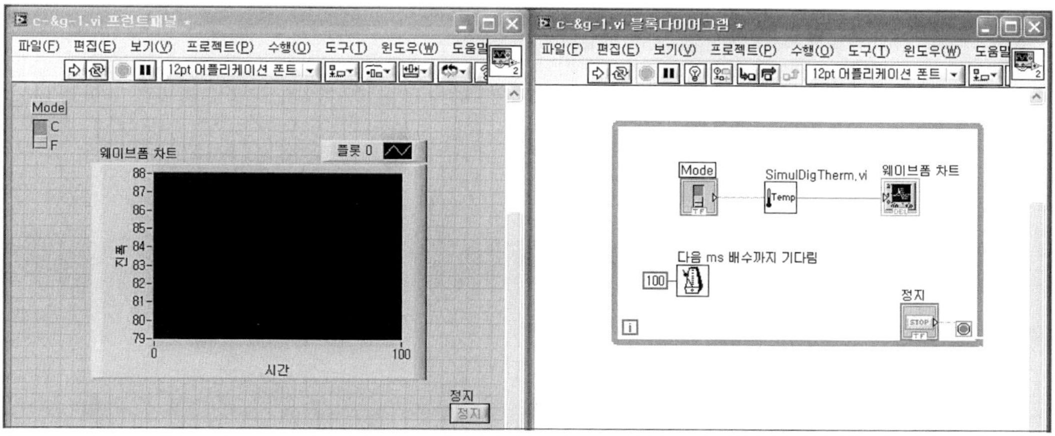

⑧ 실행 화면

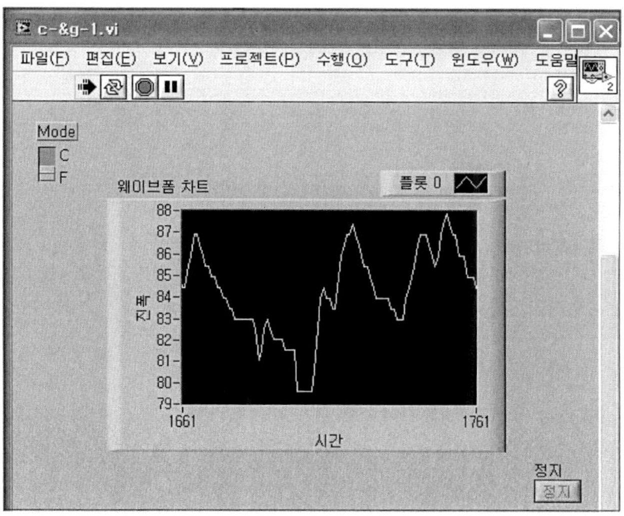

⑨ '보이는 아이템'에서 여러 항목을 선택한다.

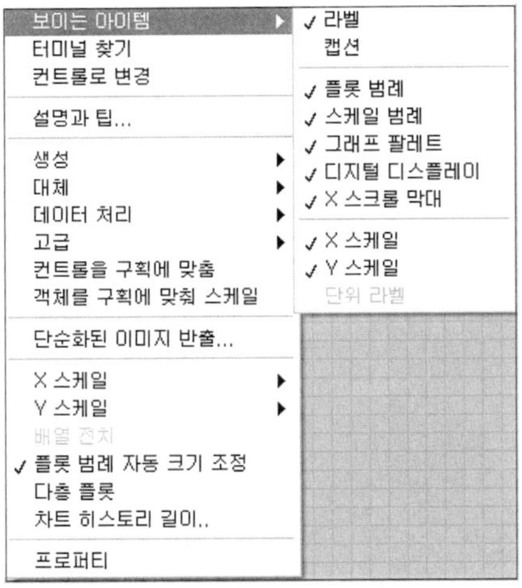

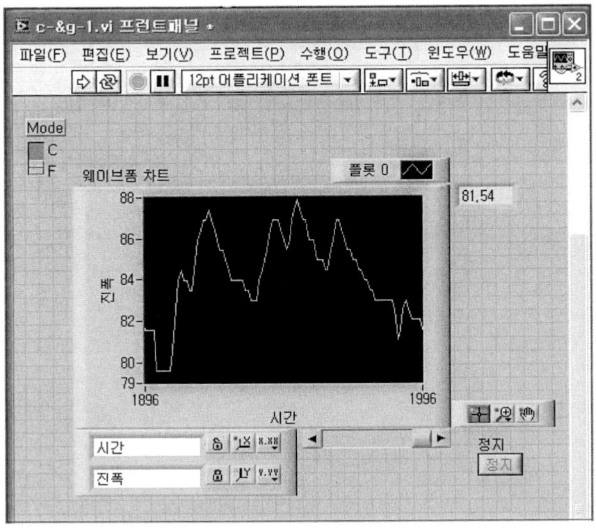

⑩ 스트립 챠트 모드로 선택한 결과이다.

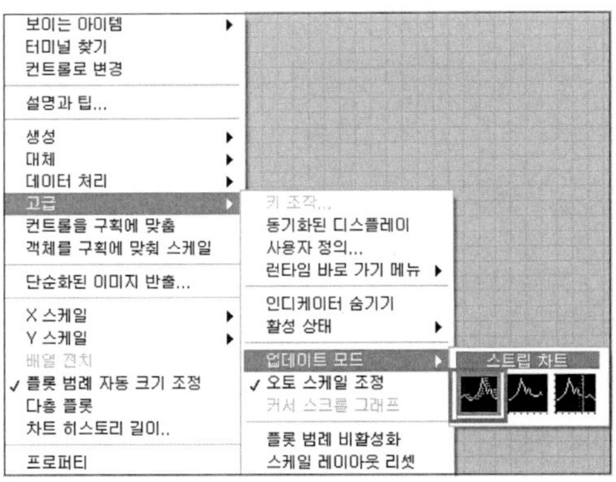

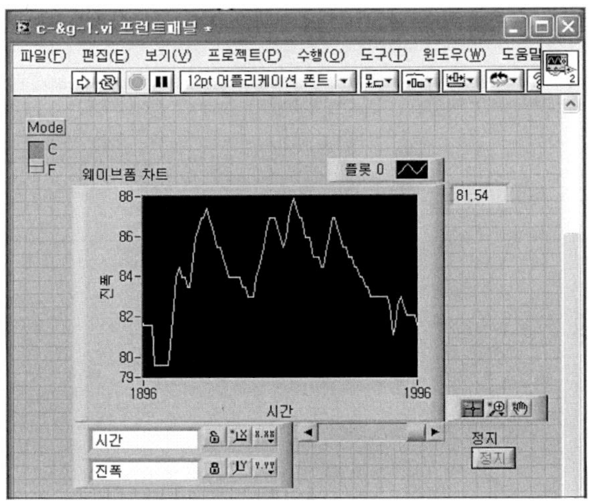

⑪ 스코프 챠트 모드로 선택한 결과이다.

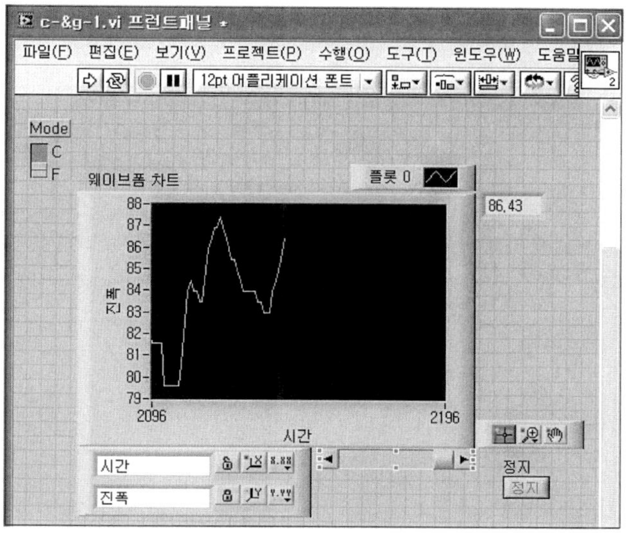

⑫ 스웹 챠트 모드로 선택한 결과이다.

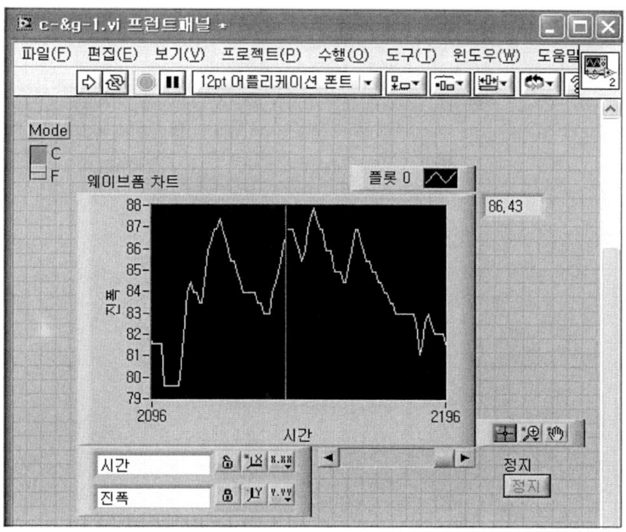

예제 5.1

✢ 다중 플롯(Multi Plot)을 위한 웨이브폼 챠트 작성하기

① '함수 → 구조 → while 루프'를 선택한다.

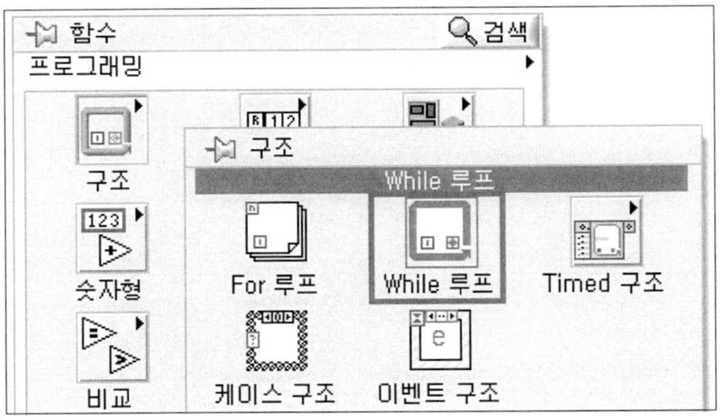

② 정지에 컨트롤 생성을 클릭한다.

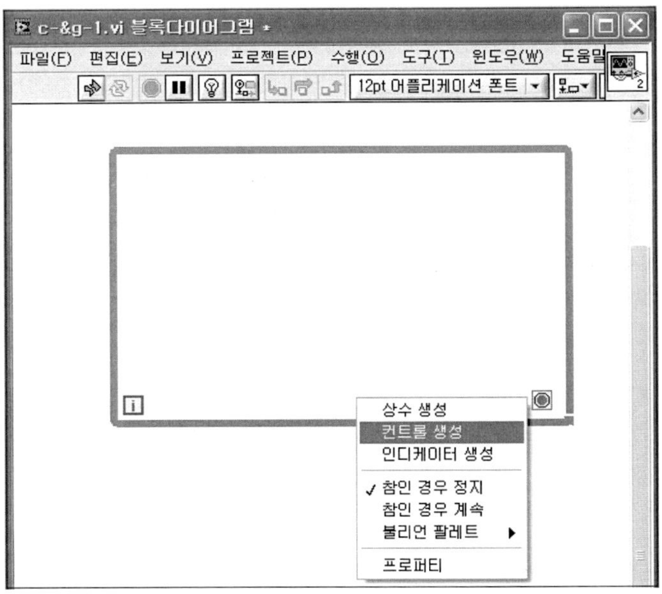

③ 다음 ms까지 기다림을 선택한다.

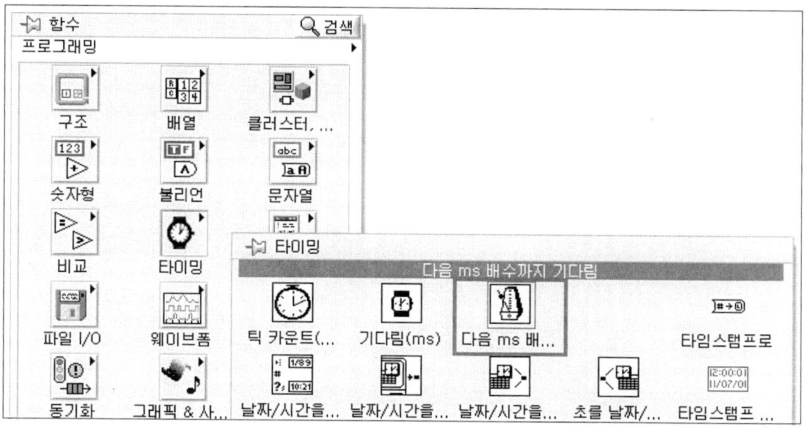

④ 기다림 상수를 생성한다.

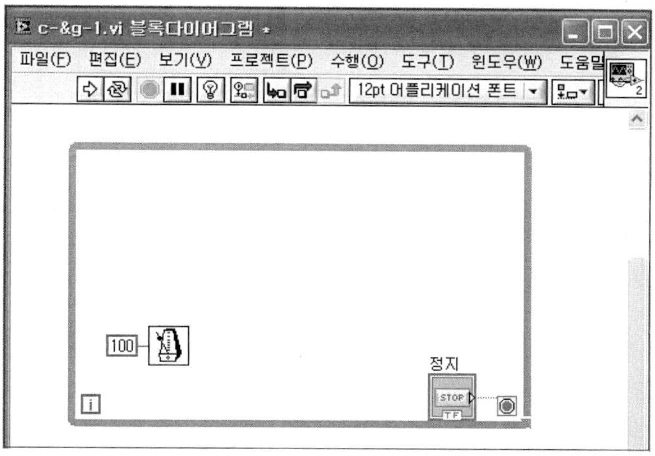

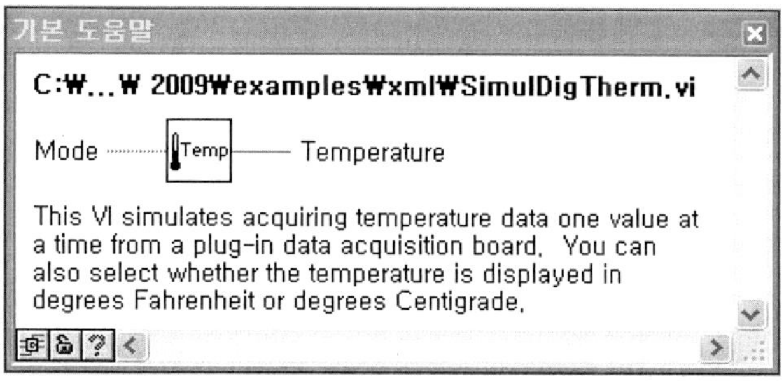

⑤ 'C 드라이브 → Program Files → National Instruments → LabVIEW 2009 → examples → xml → SimulDigTherm.vi'를 선택한다.

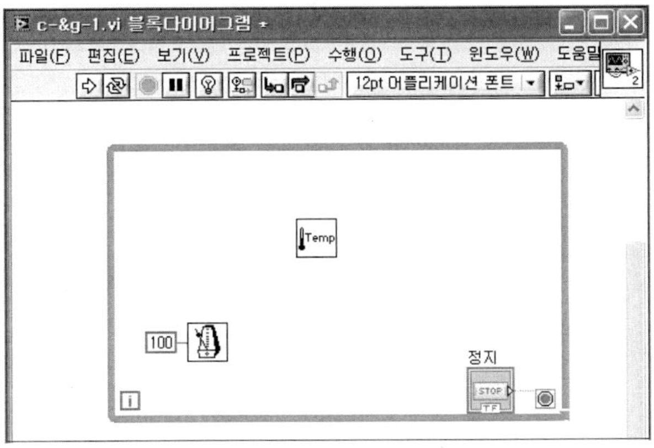

⑥ SimulDigTherm.vi 왼쪽에 컨트롤을 생성한다.

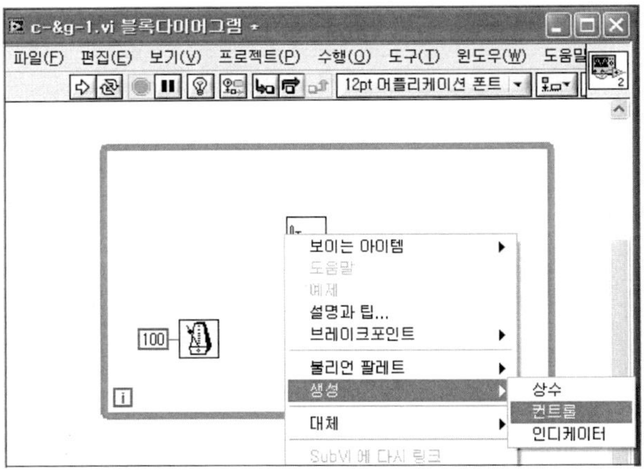

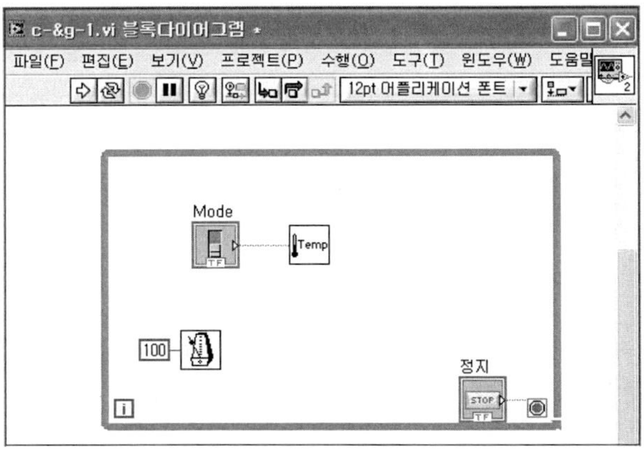

⑦ SimulDigTherm.vi 3개를 생성한다.

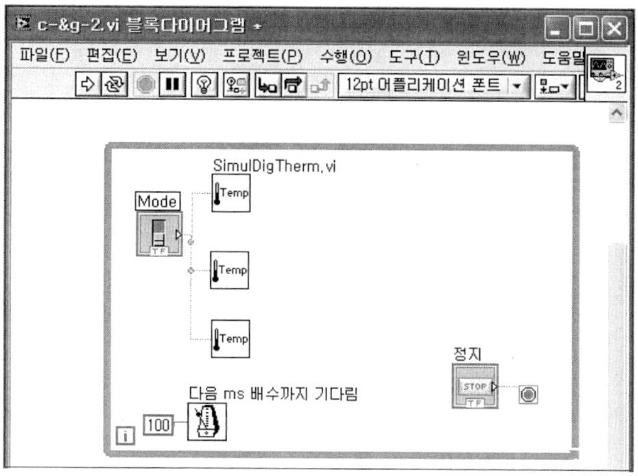

⑧ SimulDigTherm.vi 3개를 묶기 위한 묶기를 생성한다.

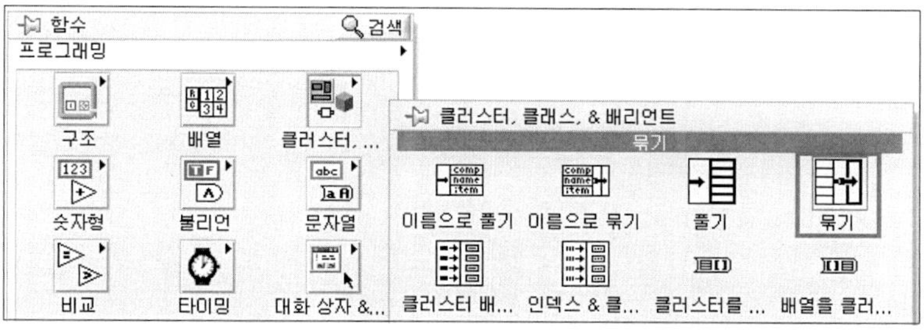

⑨ 입력이 3개이므로 묶기 입력 부분을 3개로 늘린다.

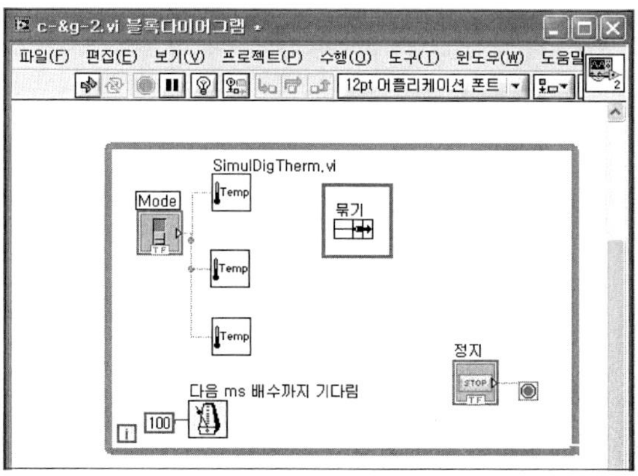

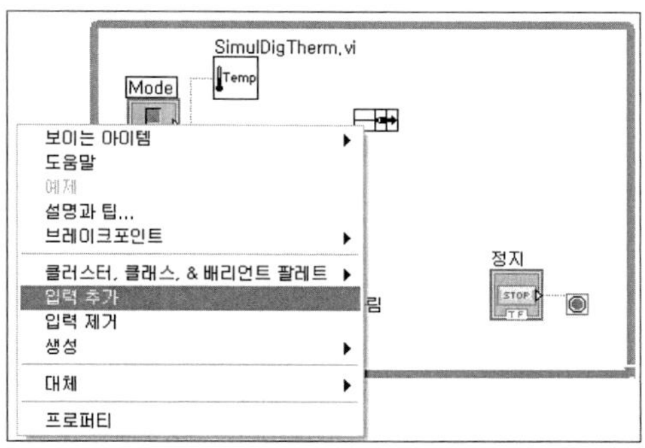

⑩ 묶기 입력을 3개로 늘린 후 와이어를 연결한다.

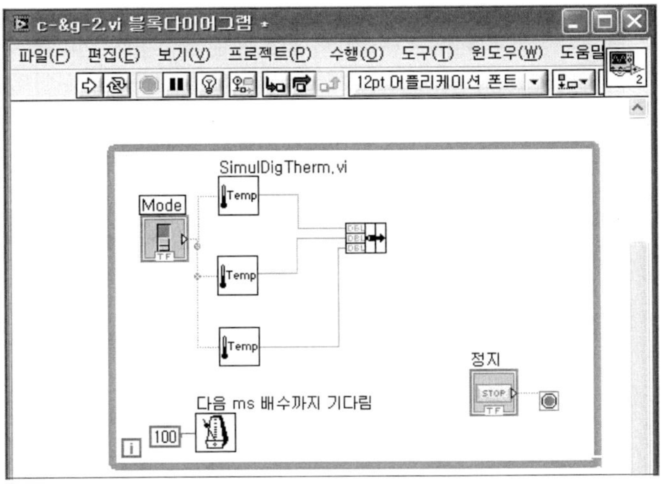

⑪ FP에서 웨이브폼 챠트를 생성한다.

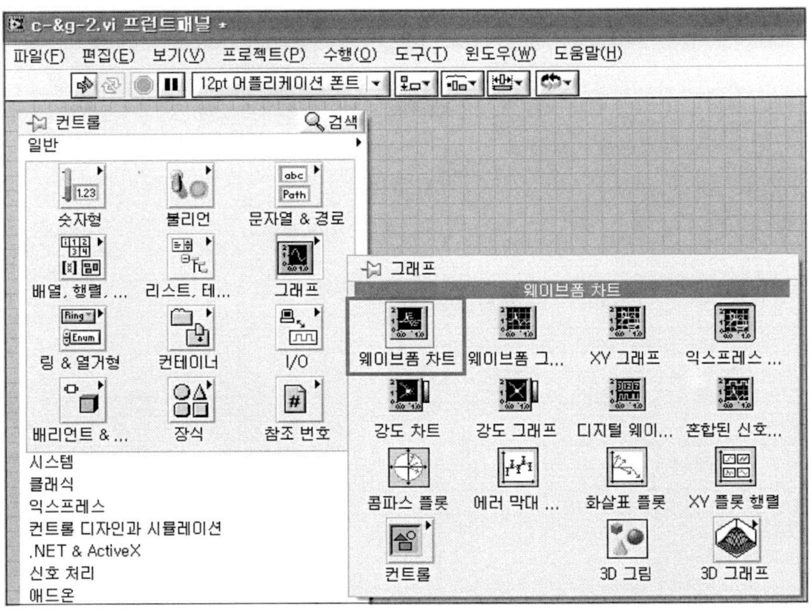

⑫ 생성된 화면

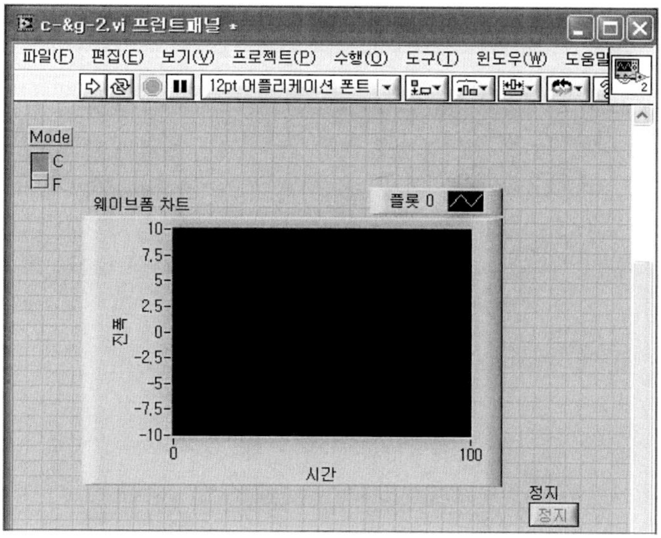

⑬ 생성 후 보이는 아이템에서 설정

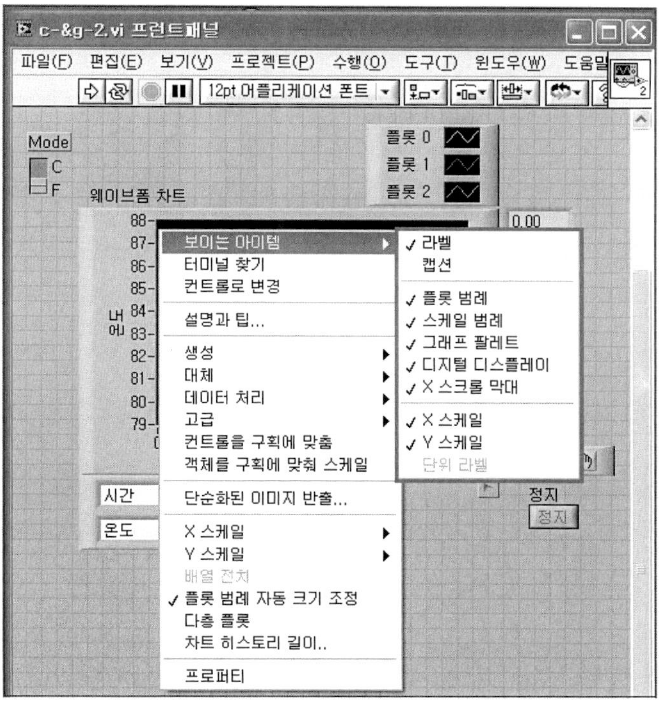

⑭ 플롯 부분은 3개로 늘려야 3개의 플롯을 볼 수 있다.
진폭은 온도로 변경한다.

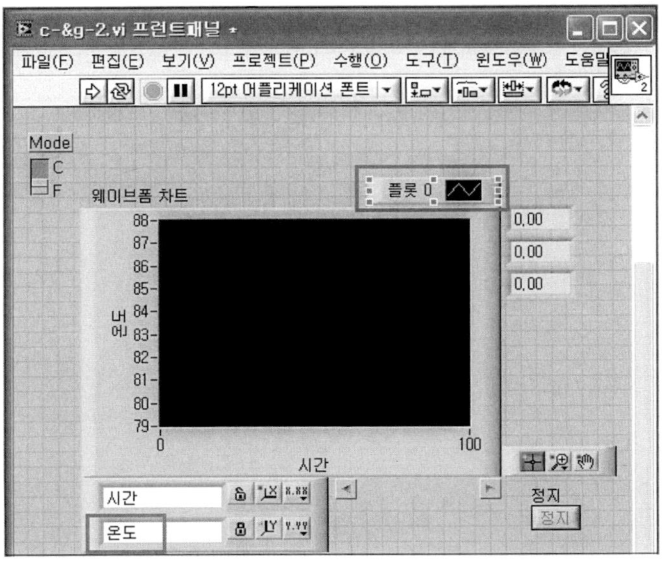

⑮ 실행 화면

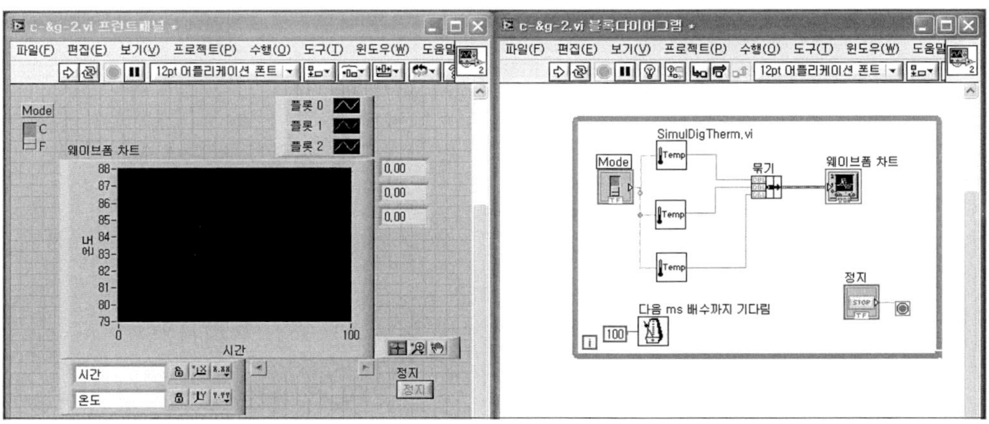

⑯ 오버레이 플롯

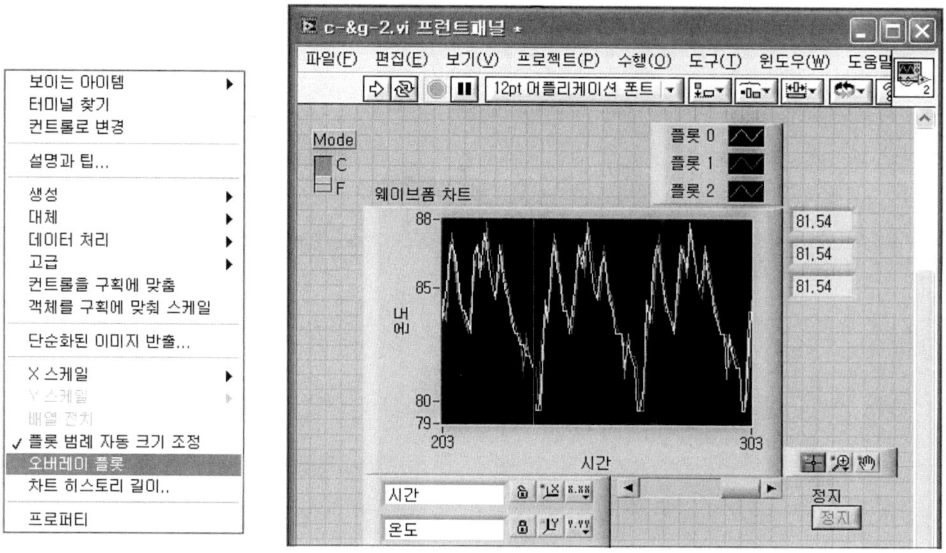

⑰ 다층 플롯

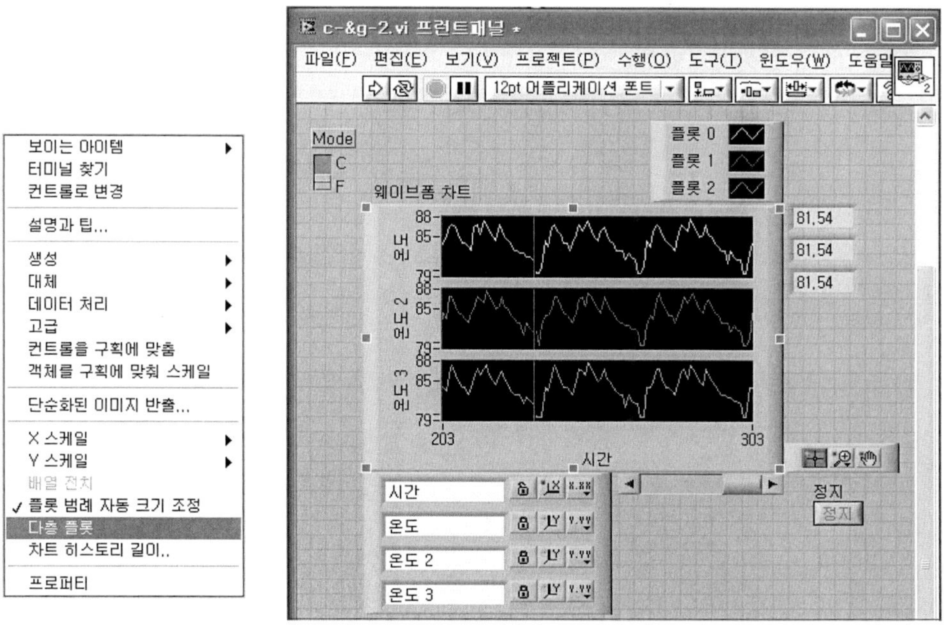

6

문자열과 경로 (String & Path)

Labview에서는 숫자 데이터는 자주 문자열로 전달되기 때문에 Labview에서는 문자열을 처리하는 많은 내장형 문자열 함수를 갖고 있다.

Labview에서는 문자열(String)과 경로(Path)의 컨트롤 또는 인디케이터를 사용하여, 문자입력 박스 또는 라벨을 시뮬레이션 하거나, 파일 또는 디렉토리의 위치를 입력하거나 불러올 수 있다.

파일로부터 데이터를 쓰고 읽는 것 또한 문자열을 이용한다.

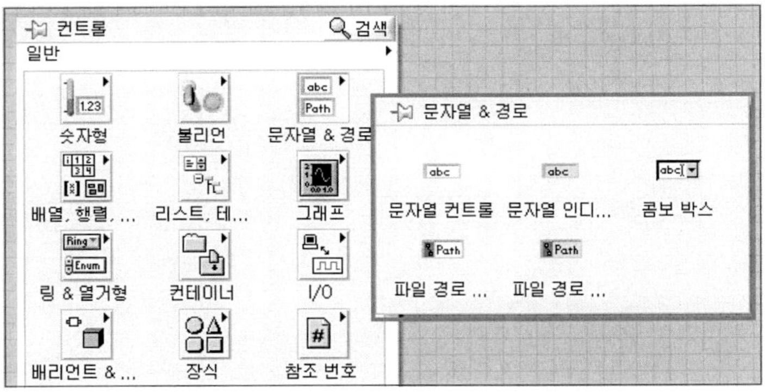

FP → [컨트롤] → [문자열 & 경로]

- 문자열(String) : 문자열(String)을 입출력 한다.
- 콤보 박스(Combo Box) : 순서화된 문자열(String) 리스트를 출력하여 Text ring이나 menu ring과 유사하다.
- 경로(Path) : 경로(Path)에 대한 문자열(String)을 입출력 한다.

자주 사용하는 함수들은 익스프레스에 있다.

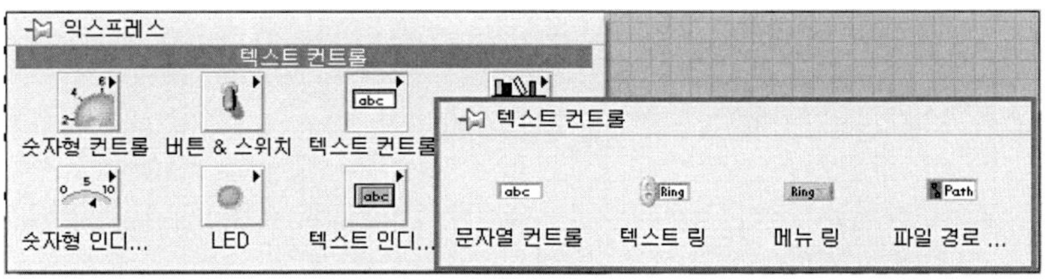

[컨트롤] → [익스프레스] → [텍스트 컨트롤]

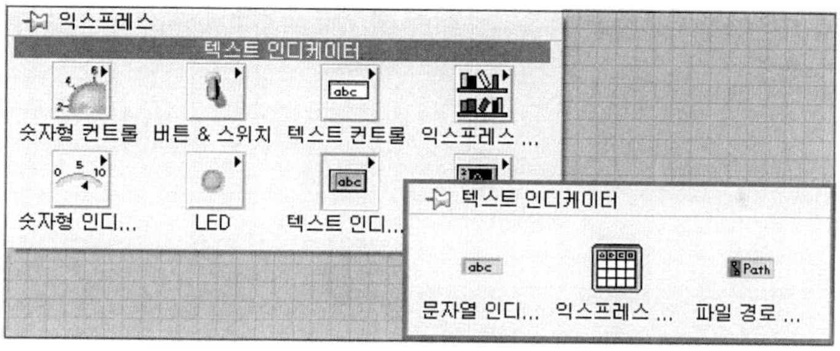

[컨트롤] → [익스프레스] → [텍스트 인디케이터]

6.1 문자열 (String)

· 문자열(String) : [컨트롤] → [일반] → [문자열 & 경로]
· 문자열 상수(String Constant) : [함수] → [프로그래밍] → [문자열] → [문자열 상수]

Operating 도구와 Labeling 도구를 이용하여 프런트 패널의 문자열에 텍스트를 입력하거나 수정 할 수 있다.

기본적으로, 새로운 텍스트 또는 입력 변경된 텍스트는 편집 세션을 끝내기 전까지는 변화가 블록 다이어그램으로 전달되지 않도록 기본 설정으로 되어 있다.

편집 세션을 끝내는 방법에는 패널의 다른 부분을 클릭하거나, 다른 윈도우로 전환하거나, 도구모음의 입력버튼을 클릭하거나, 또는 숫자 패드의 〈Enter〉를 누르는 방법 등이 있다.

키보드의 〈Enter〉키를 누르면 자동으로 캐리지 리턴(\r)이 입력된다.

이러한 문자열(String)은 다음과 같은 기능을 가지고 있다.

먼저 단순 문자 메시지를 만들어 숫자 데이터를 문자열로 바꾸어 인스트루먼트에 전달한 다음, 다시 문자열을 숫자로 변환하기도 한다. 또한, 숫자 데이터를 디스크에 저장한다.

이때 숫자를 ASCII 파일로 저장하기 위해서, 디스크 파일에 숫자를 쓰기 전에 숫자를 문자열로 변환해 주어야 된다. 문자열의 표시 방법에는 다음과 같은 4가지 모드(mode)가 있다.

문자열을 선택하고 마우스 오른쪽을 클릭하여 메뉴를 보면, 기본모드(Default)인 일반 디스플레이 모드(Normal Display), '\' 코드 디스플레이 모드(Code Display), '*'로 표시되는 암호 디스플레이 모드(Password Display), 그리고 16진수 디스플레이 모드(Hex Display) 등이 있다.

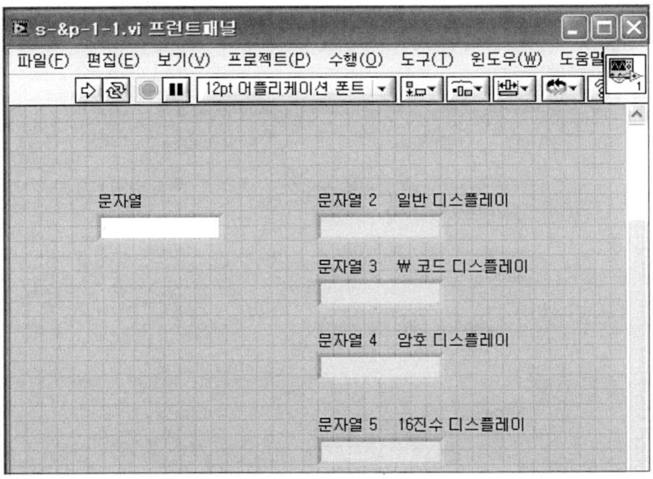

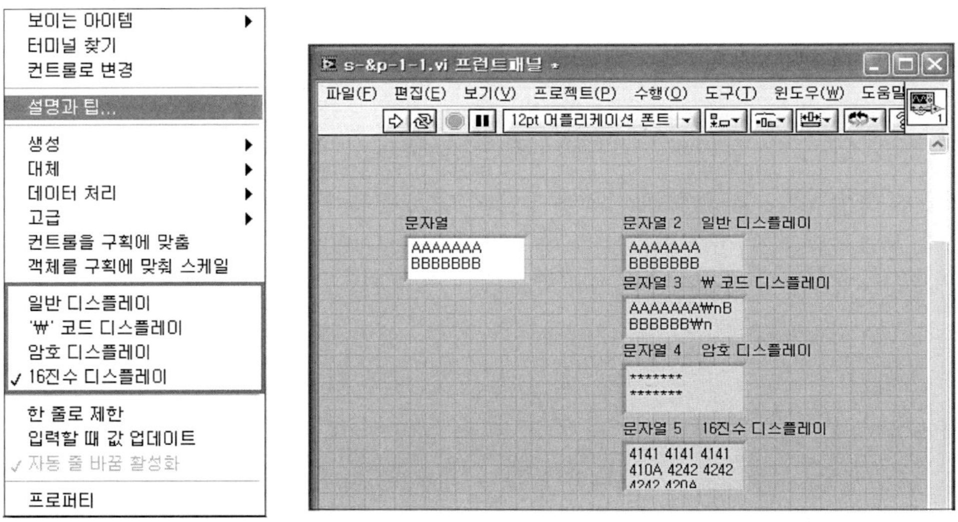

6.2 콤보박스 (Combo Box)

콤보박스 컨트롤을 사용하여 Fp에서 순환할 수 있는 문자열 리스트를 생성한다. 콤보박스 컨트롤은 텍스트 또는 메뉴 링 컨트롤과 유사하다.

하지만 콤보박스 컨트롤의 값과 데이터 타입은 링 컨트롤과 같은 숫자가 아니라 문자열이다.

콤보박스 컨트롤에서 마우스 오른쪽을 클릭한 후, 바로가기 메뉴에서 아이템 편집을 선택하여 컨트롤에서 선택할 수 있는 리스트에 문자열을 추가한다. 또한, 콤보박스 프로퍼티 대화상자의 아이템 편집 페이지에 있는 문자열의 순서는 바로 컨트롤의 문자열 순서를 결정한다.

기본적으로 콤보박스 컨트롤은, 사용자가 컨트롤에 이미 정의된 문자열의 리스트에 있지 않은 문자열 값을 입력하도록 허용한다.

콤보박스 컨트롤에서 마우스 오른쪽을 클릭한 후, 정의되지 않은 문자열 허용 바로가기 메뉴 아이템 옆의 확인 표시를 제거하여 사용자가 컨트롤에 정의되지 않은 문자열 값을 입력하는 것을 방지한다.

실행 중에 콤보박스 컨트롤에 문자열을 입력하면, LabVIEW는 입력한 문자로 시작하는 첫 번째 가장 짧은 문자열을 선택한다. 입력한 문자와 일치하는 문자열이 없고, 컨트롤이 정의되지 않은 문자열 값을 허용하지 않는 경우, LabVIEW는 컨트롤에 입력한 문자를 받아들이거나 디스플레이 하지 않는다.

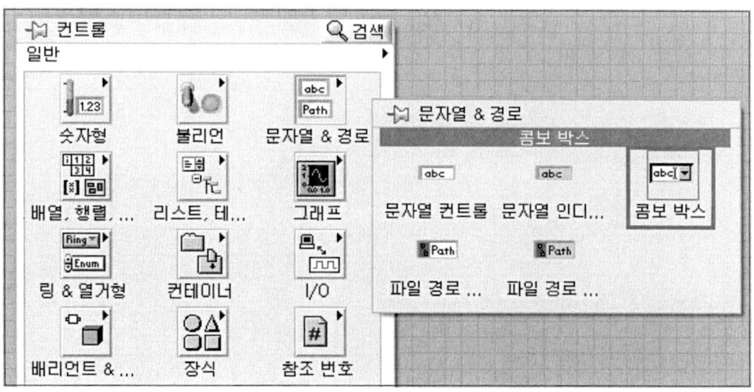

FP → [컨트롤] → [일반] → [문자열 & 경로]

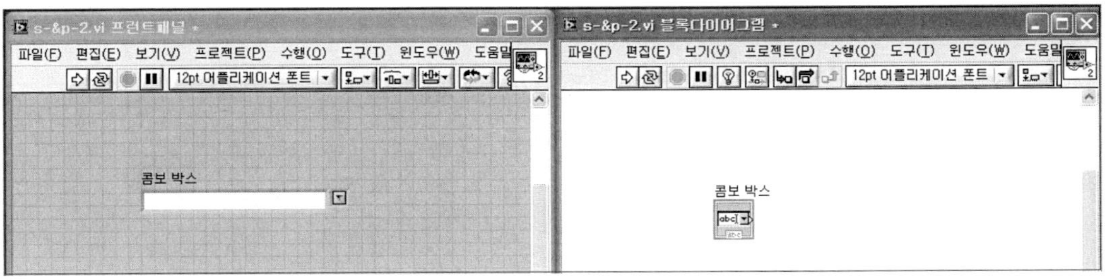
s-&p-2.vi 프런트패널
파일(F) 편집(E) 보기(V) 프로젝트(P) 수행(O) 도구(T) 윈도우(W) 도움말
12pt 어플리케이션 폰트
콤보 박스
s-&p-2.vi 블록다이어그램
콤보 박스

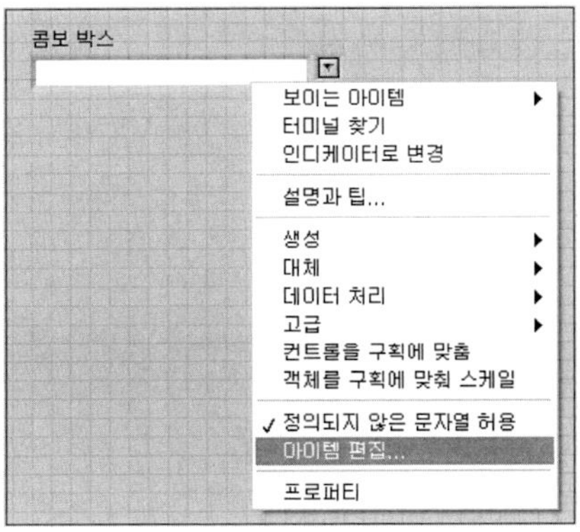
콤보 박스
보이는 아이템
터미널 찾기
인디케이터로 변경
설명과 팁...
생성
대체
데이터 처리
고급
컨트롤을 구획에 맞춤
객체를 구획에 맞춰 스케일
정의되지 않은 문자열 허용
아이템 편집...
프로퍼티

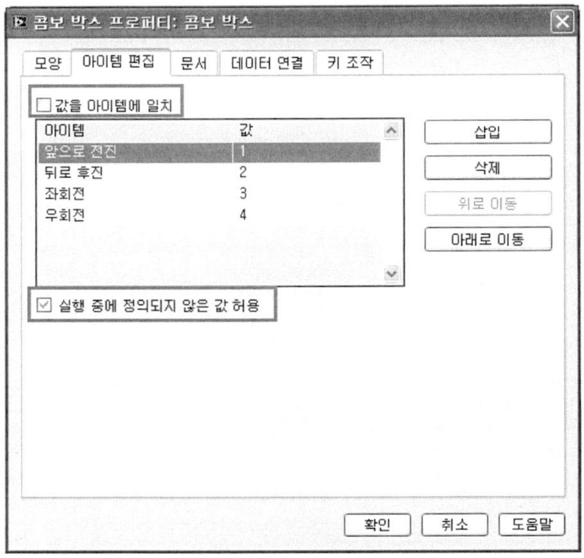
콤보 박스 프로퍼티: 콤보 박스
모양
아이템 편집
문서
데이터 연결
키 조작
값을 아이템에 일치
아이템
값
앞으로 전진 1
뒤로 후진 2
좌회전 3
우회전 4
삽입
삭제
위로 이동
아래로 이동
실행 중에 정의되지 않은 값 허용
확인
취소
도움말

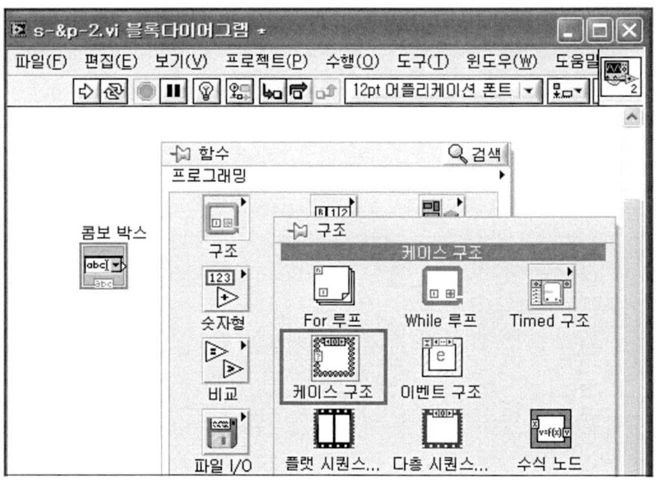
s-&p-2.vi 블록다이어그램
파일(F) 편집(E) 보기(V) 프로젝트(P) 수행(O) 도구(T) 윈도우(W) 도움말
12pt 어플리케이션 폰트
함수
검색
프로그래밍
콤보 박스
구조
숫자형
비교
파일 I/O
구조
케이스 구조
For 루프
While 루프
Timed 구조
케이스 구조
이벤트 구조
플랫 시퀀스...
다층 시퀀스...
수식 노드

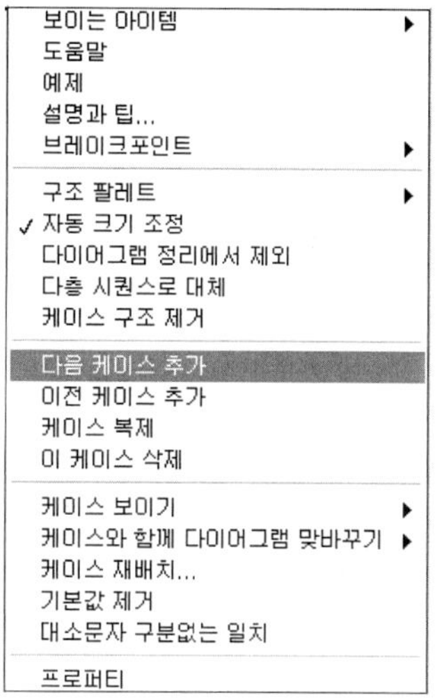
보이는 아이템
도움말
예제
설명과 팁...
브레이크포인트
구조 팔레트
자동 크기 조정
다이어그램 정리에서 제외
다층 시퀀스로 대체
케이스 구조 제거
다음 케이스 추가
이전 케이스 추가
케이스 복제
이 케이스 삭제
케이스 보이기
케이스와 함께 다이어그램 맞바꾸기
케이스 재배치...
기본값 제거
대소문자 구분없는 일치
프로퍼티

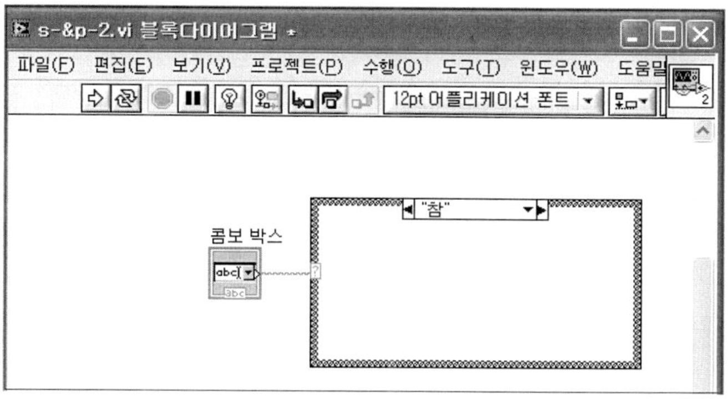
s-&p-2.vi 블록다이어그램 *
파일(F) 편집(E) 보기(V) 프로젝트(P) 수행(O) 도구(T) 윈도우(W) 도움말
12pt 어플리케이션 폰트
"참"
콤보 박스

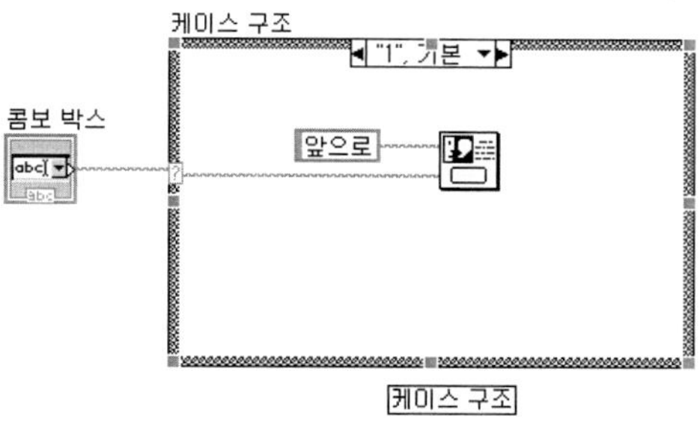
케이스 구조
"1", 기본
콤보 박스
앞으로
케이스 구조

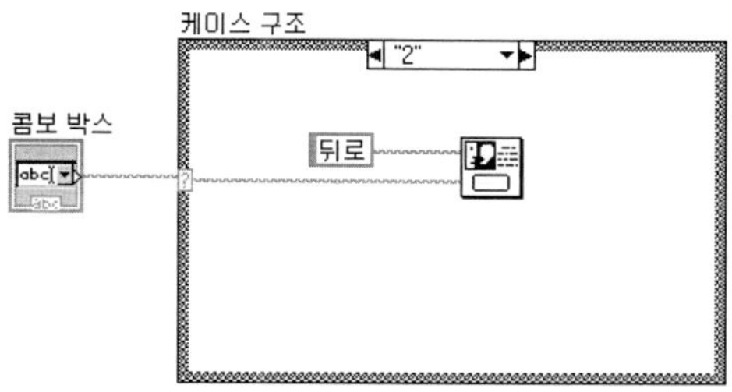
케이스 구조
"2"
콤보 박스
뒤로

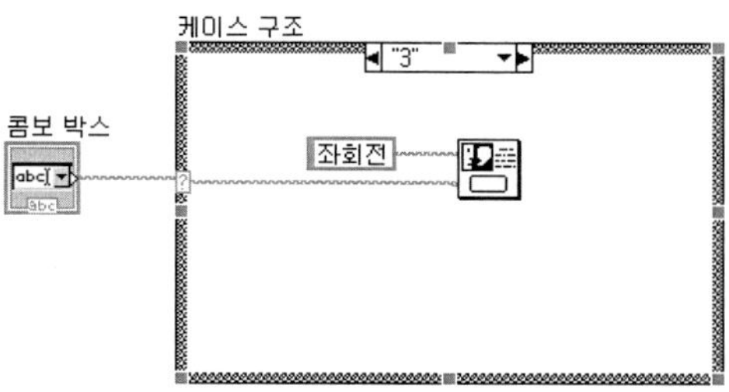
케이스 구조
"3"
콤보 박스
좌회전

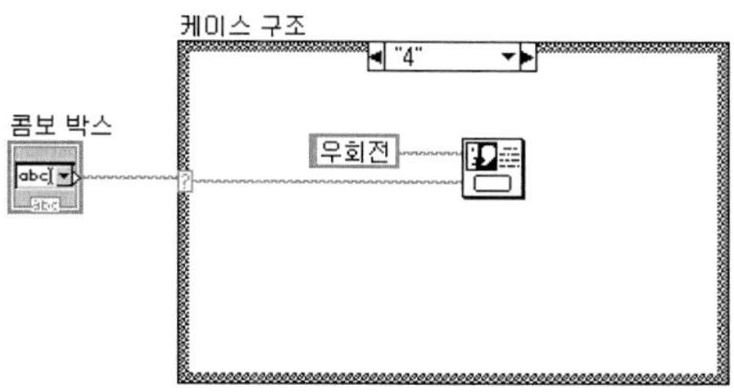
케이스 구조
"4"
콤보 박스
우회전

문자열 상수 입력

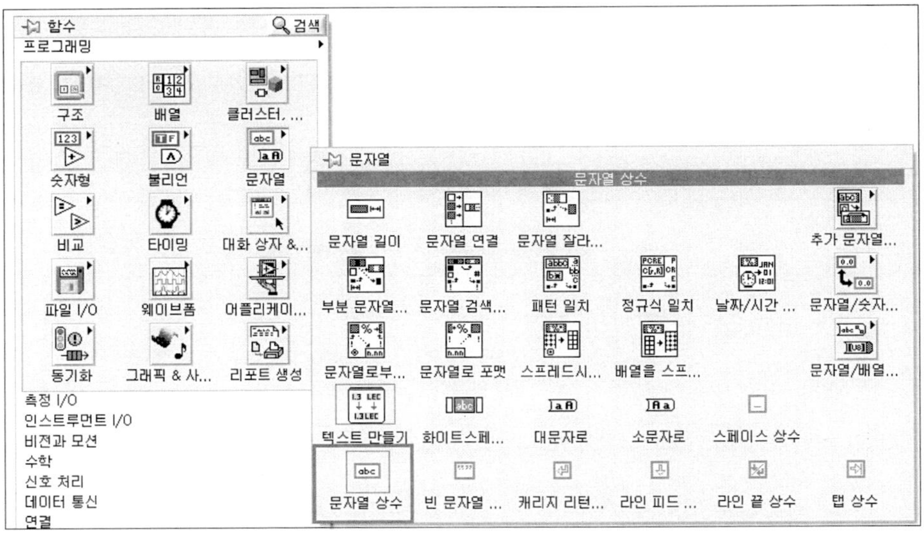

실행화면

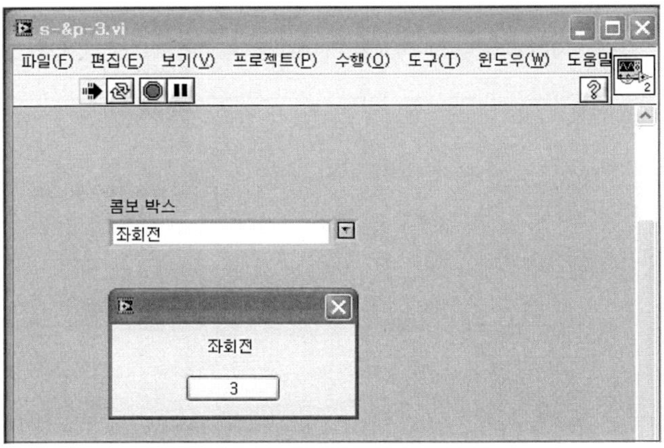

6.3 경로 (Path)

파일 경로 컨트롤과 파일 경로 인디케이터를 사용하여 파일 또는 디렉토리의 위치를 입력하거나 반환한다.

또한, 실행 중 놓기가 활성화 되어 있는 경우, 윈도우 탐색기에서 경로, 폴더, 그리고 파일을 끌어와 파일 경로 컨트롤에 놓을 수 있다.

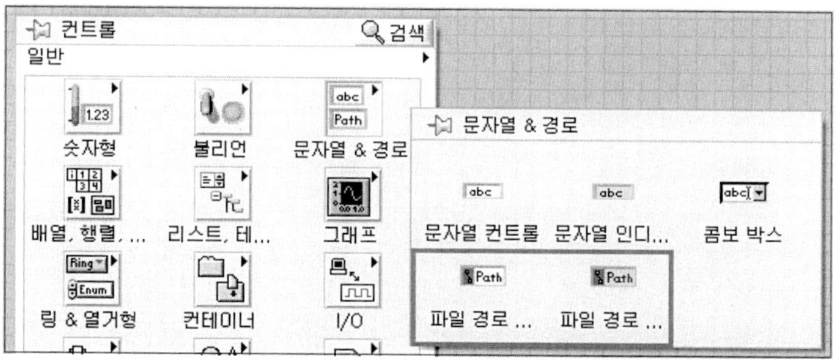

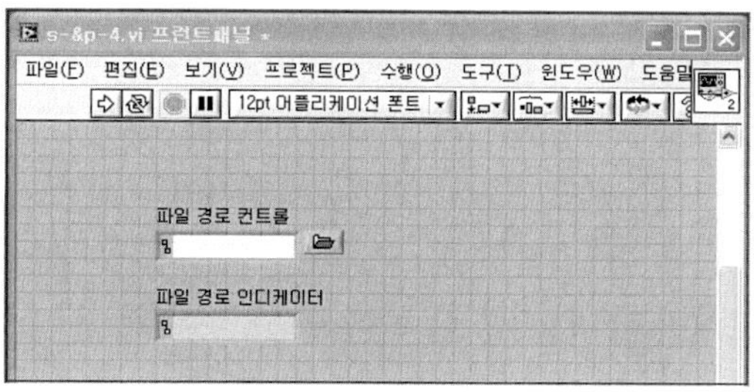

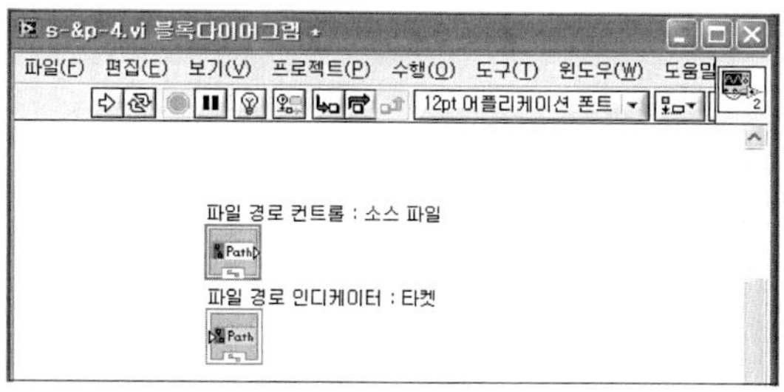

7

File 입·출력

파일이란 "관련되어 있는 정보의 모임"이라고 정의된다. 파일의 광의적인 정의는 접어두고, 단순히 데이터를 넣은 주머니를 파일이라고 생각하자.

파일 입출력(File I/O)은 어떠한 장치를 통해서 얻어진 데이터를 파일로 저장하고, 저장된 데이터를 다시 읽어서 사용하는 방법을 설명한다. 파일 입출력의 기본 형식은 파일을 열고, 새로운 데이터를 이 파일에 쓰거나 저장된 파일을 읽고, 파일을 닫는 과정으로 이루어진다.

7.1 파일 (File)

✢ 파일 열기 → 파일 쓰기/파일 읽기 → 파일 닫기

① 텍스트 파일 쓰기

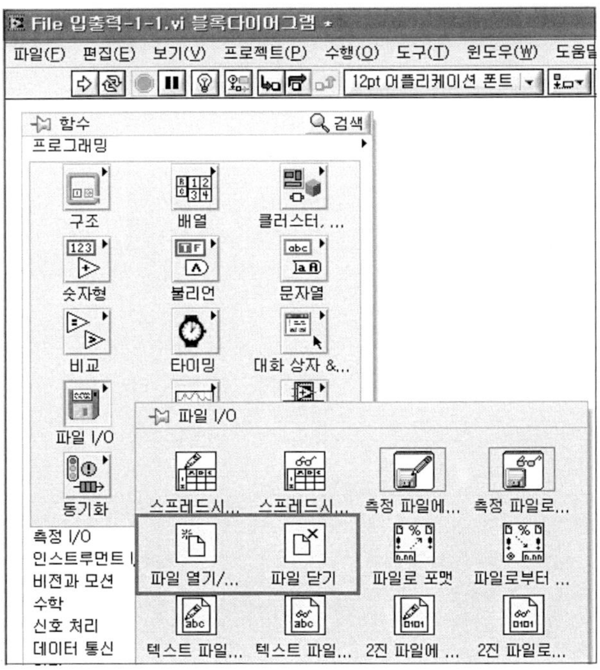

⇩

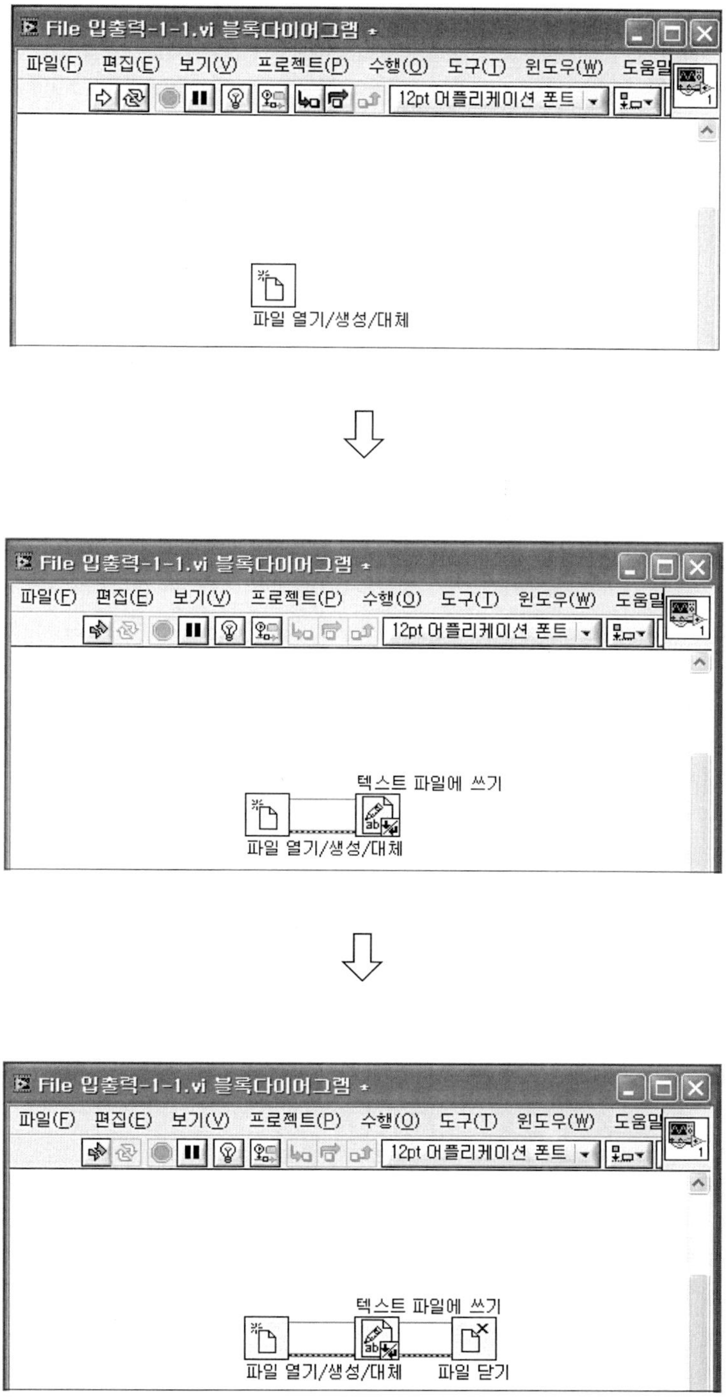
File 입출력-1-1.vi 블록다이어그램 *
파일(F) 편집(E) 보기(V) 프로젝트(P) 수행(O) 도구(T) 윈도우(W) 도움말
12pt 어플리케이션 폰트
파일 열기/생성/대체
텍스트 파일에 쓰기
파일 닫기

② 파일 열기 아이콘의 좌측 1번 단자에서 '[생성] → [컨트롤]'로 파일 경로를 생성한다.

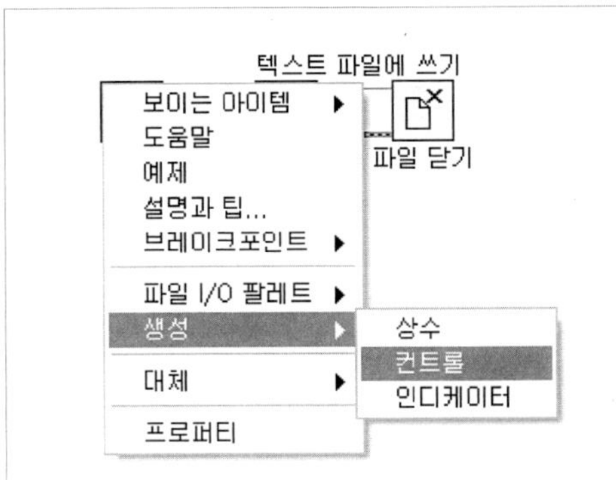

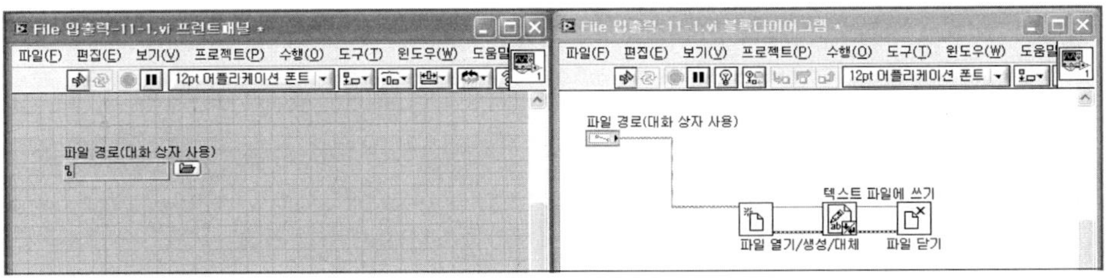

③ 파일 열기 아이콘의 좌측 2번 단자에서 '[생성] → [상수]'로 파일 열기의 "open or create"를 생성한다.

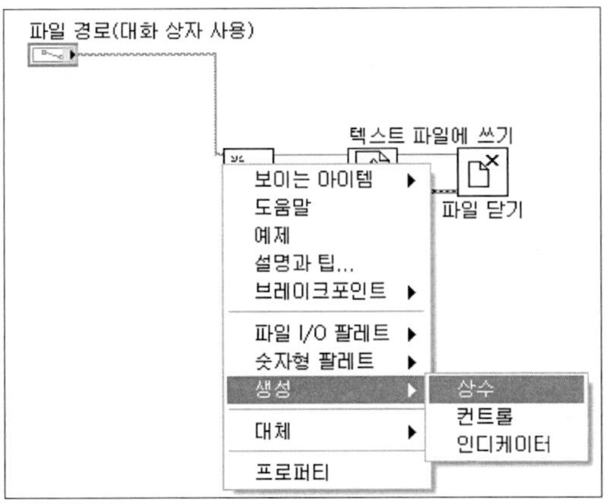

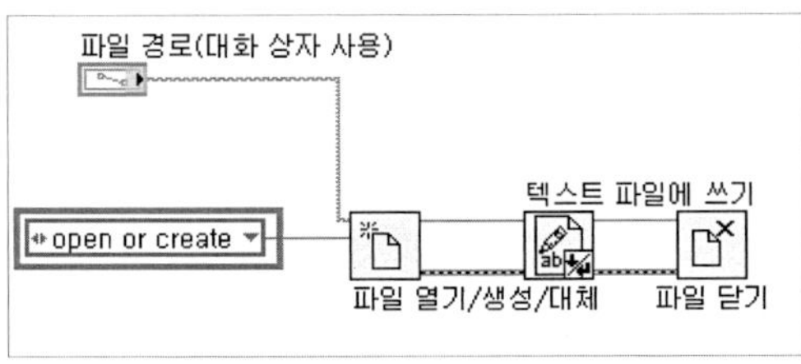

④ 'open → open or create'로 변경한다.

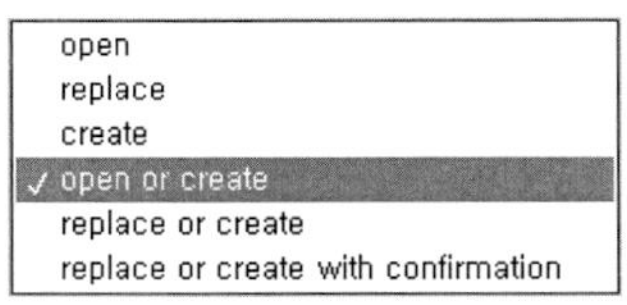

변경된 화면

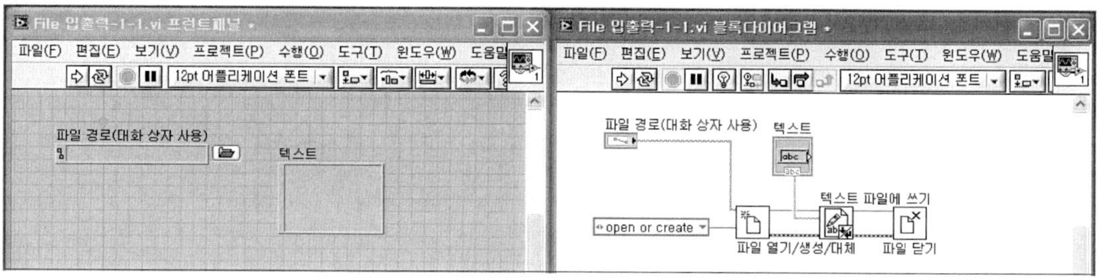

⑤ 단일 버튼을 추가한다.

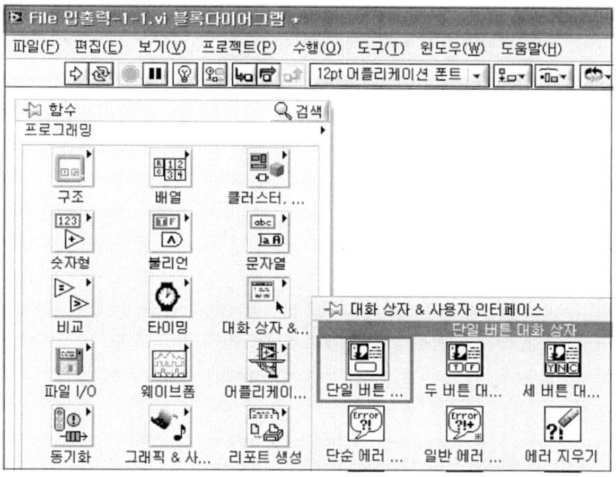

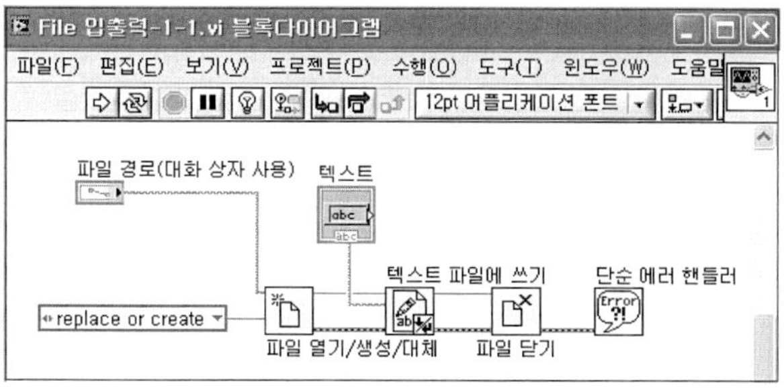

⑥ 정리된 화면

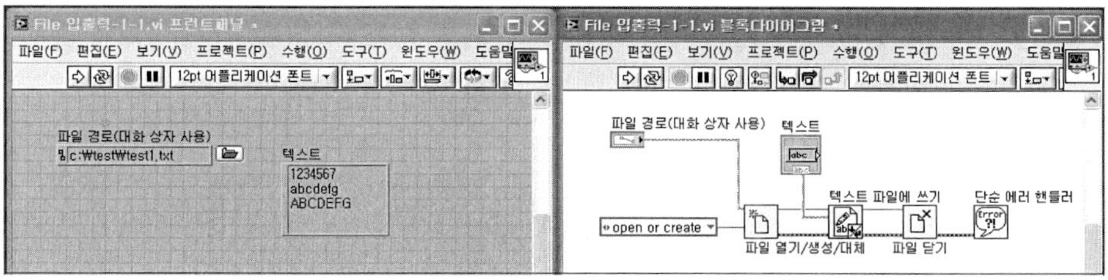

⑦ 실행 전 C 드라이브 루트 디렉토리에 test 디렉토리를 미리 생성하여야 한다.

생성된 test1.txt 파일의 내부 내용

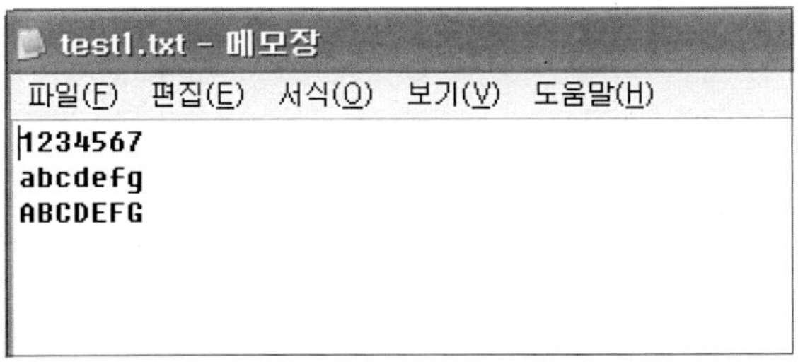

⑧ 텍스트 파일 읽기

변화된 부분은 텍스트 파일에 쓰기가 읽기로 변경되었다.

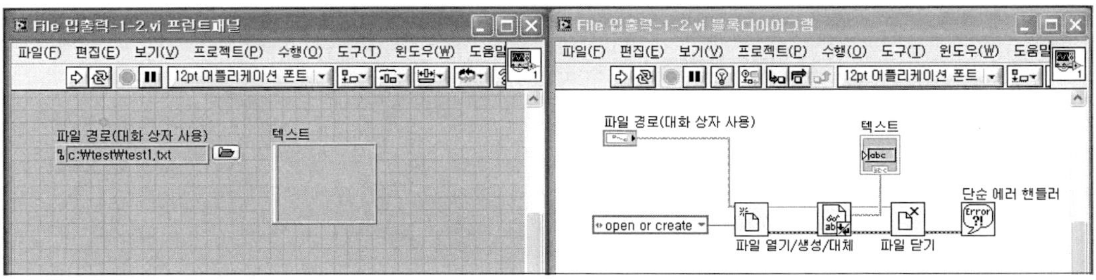

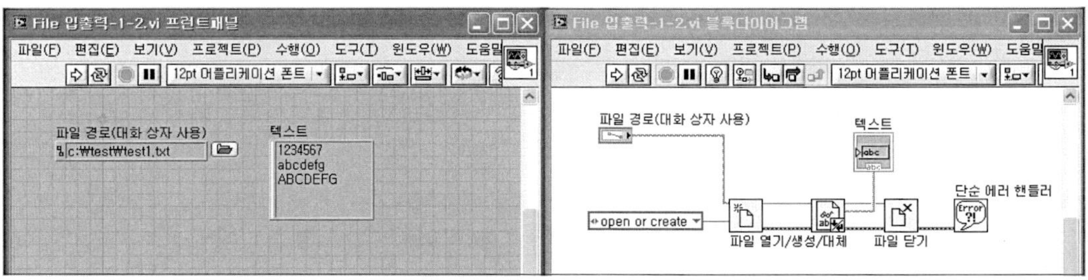

7.2 아스키(ASCII) 파일 입·출력

아스키 포맷으로 데이터를 저장하는 프로그램을 할 때 **파일 열기/생성/대체**에서 동작 파라미터에 'replace or create'로 설정하여 기존 파일이 있으면 대체하거나 새롭게 생성할 수 있도록 설정한다.

그리고 **텍스트 파일 쓰기**는 항상 문자열 데이터 타입만 연결할 수 있다.

예제 7.1

✢ 랜덤 숫자 100개를 아스키 포맷 파일로 저장하라.

① 기본 생성

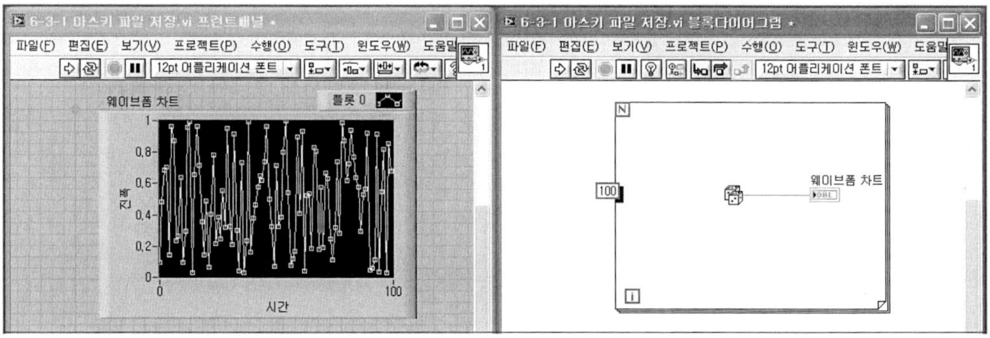

② 파일 열기 및 닫기를 선택한다.

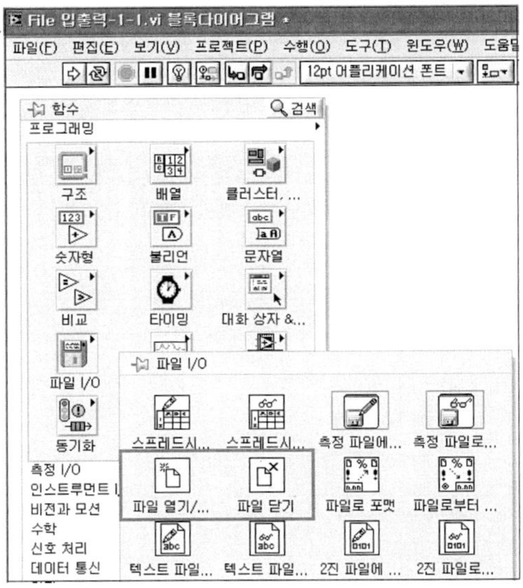

③ 파일 읽기, 쓰기, 닫기, 단순에러 핸들러를 생성한다.

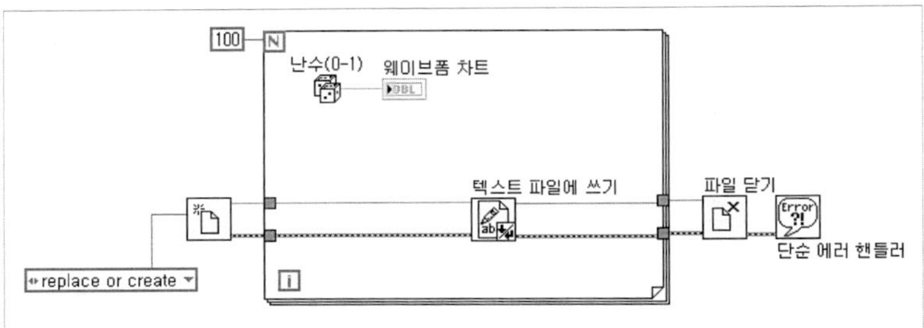

루프 터널에서 인덱스 비활성화 선택

④ 파일 열기 파라미터에서 '**생성 → 상수**'를 선택하여 'replace or create'를 설정한다.

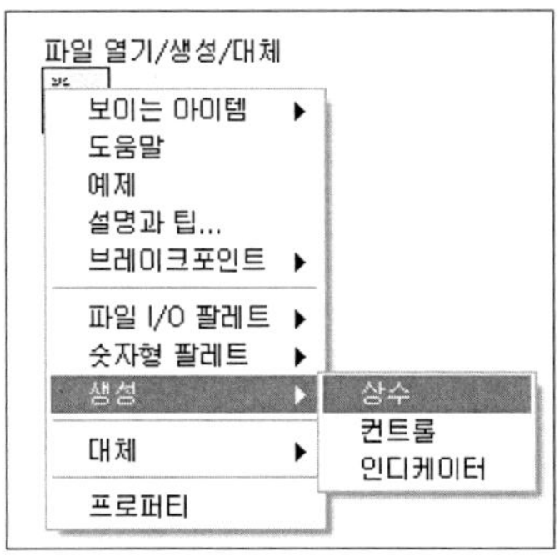

⑤ 파일 열기 파라미터에서 '생성 → 상수'를 선택하여 '파일경로'를 설정한다.

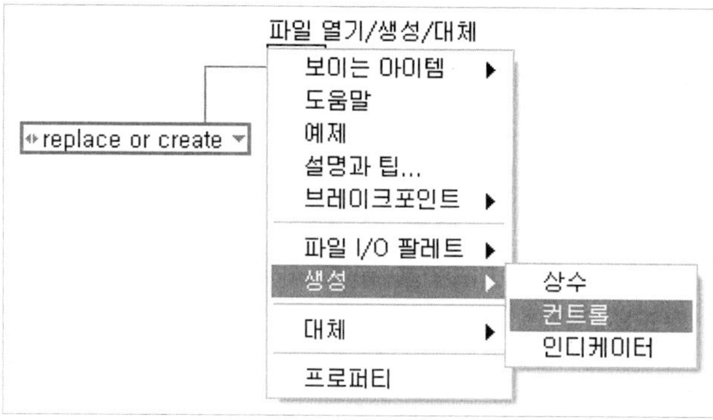

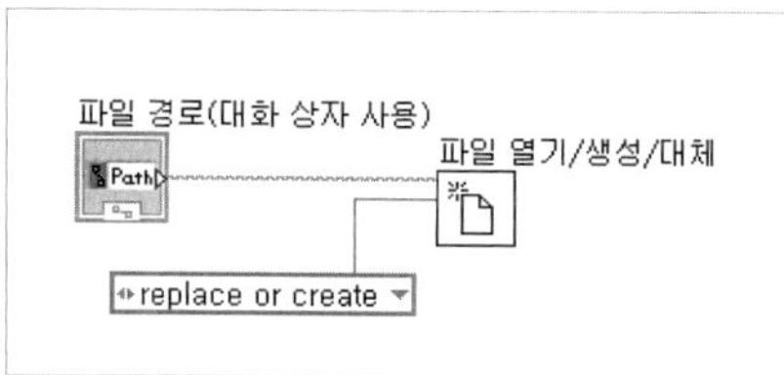

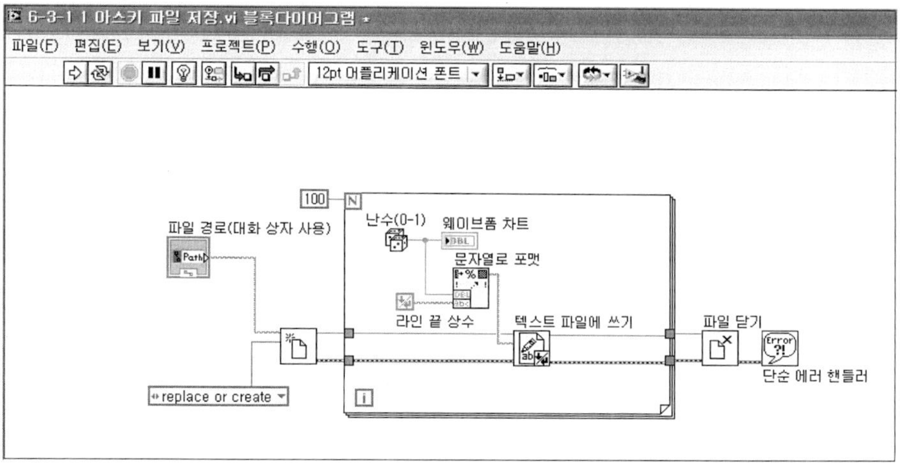

⑥ 문자열로 포맷에서 주의할 점은 처음 상태는 입력이 1개 밖에 없기 때문에 마우스로 늘리거나, 마우스 조작이 어려우면 마우스 우측을 눌러 파라미터 추가를 선택하도록 한다.

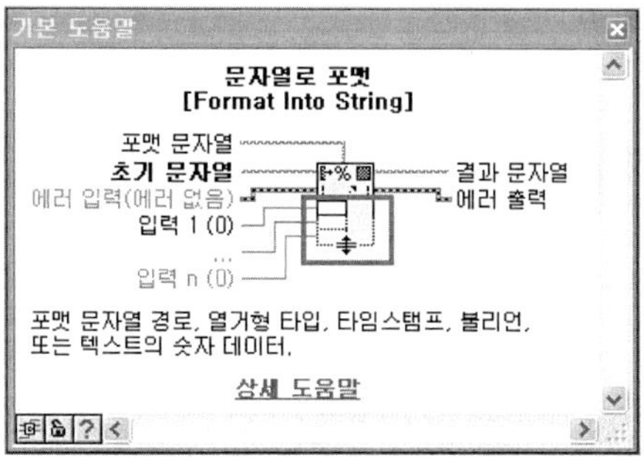

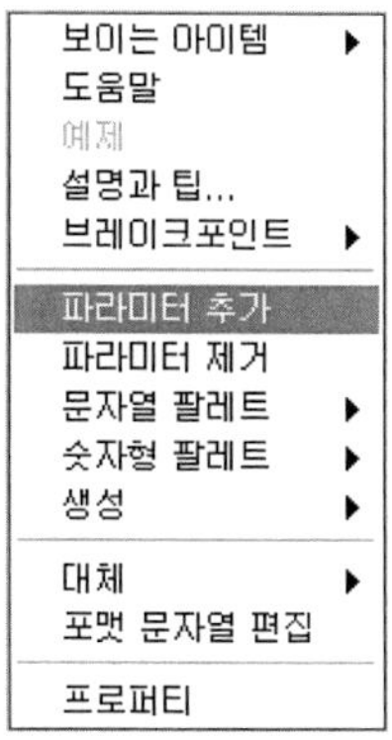

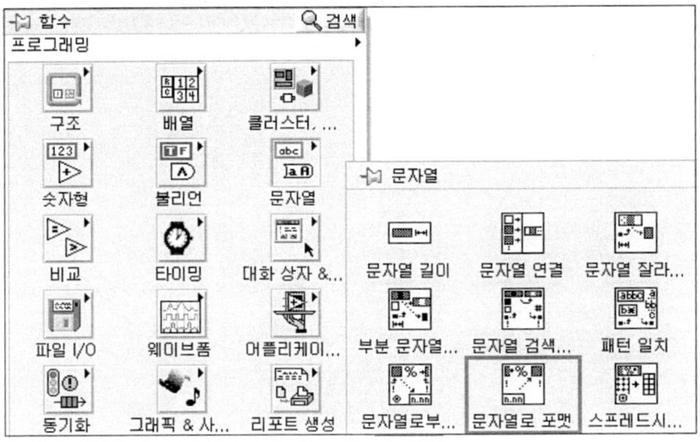

⑦ 문자열로 포맷은 숫자를 문자로 만들고, 입력된 값들을 연결해 주는 두 가지 역할을 한꺼번에 해주는 노드이다.

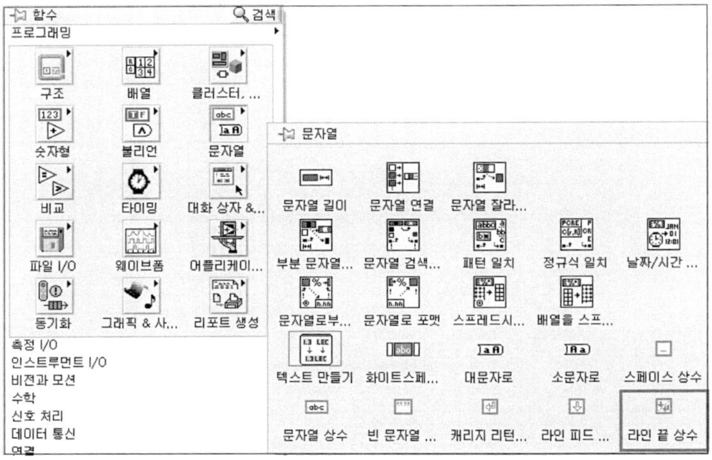

⑧ 실행화면

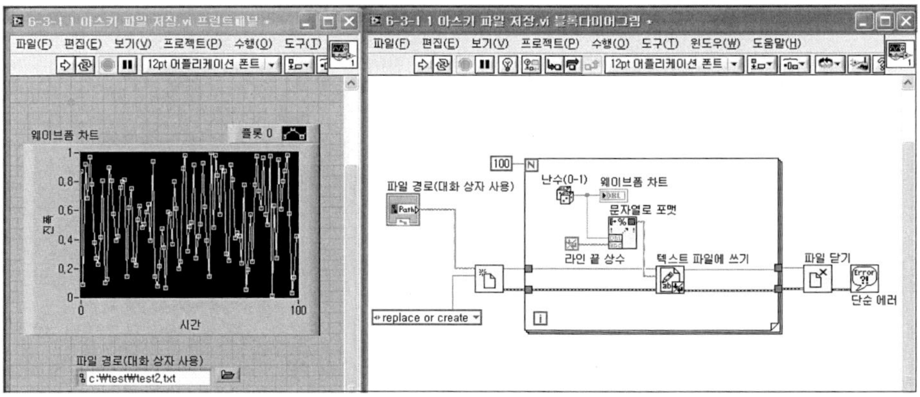

실행을 하면 파일 경로를 입력하는 창이 나타나고, 파일명을 입력 해주면 그림과 같이 파일이 생성된다.

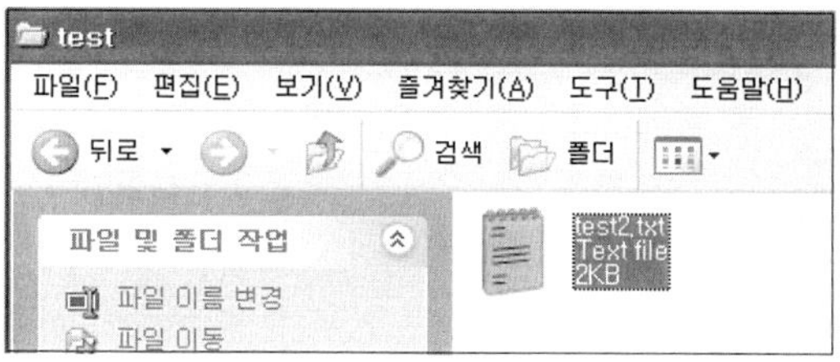

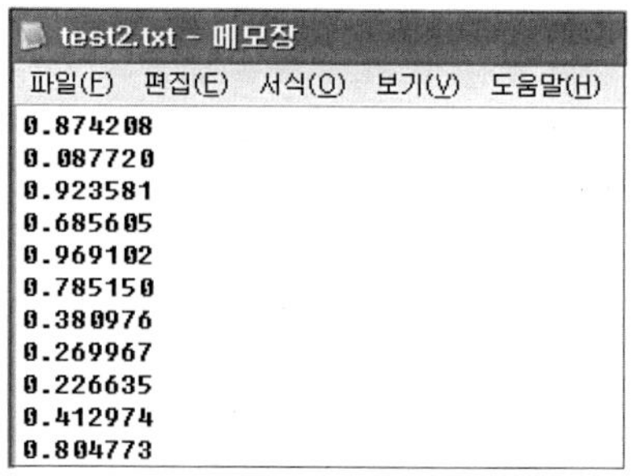

7.3 바이너리(Binary) 파일 입 • 출력

바이너리 포맷은 아스키 포맷과는 달리 어떠한 데이터 타입도, 데이터 변환 없이 2진 파일 쓰기에 바로 연결한다.

2진 파일 쓰기에서 배열 또는 문자열의 크기를 앞에 추가 〔?〕파라미터는 2진 파일 쓰기에 연결되는 데이터 타입이 배열 또는 문자열인 경우 '참'값을 설정하면 이들의 크기를 자동으로 추가해준다.

예제 7.2

✢ 랜덤 숫자 100개를 바이너리(Binary) 포맷 파일로 저장하라.

① 기본 생성

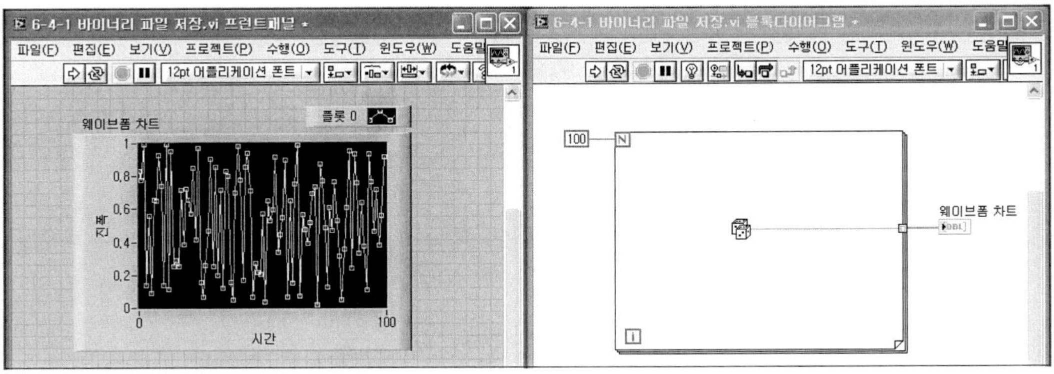

② 파일 열기 및 닫기를 선택한다.

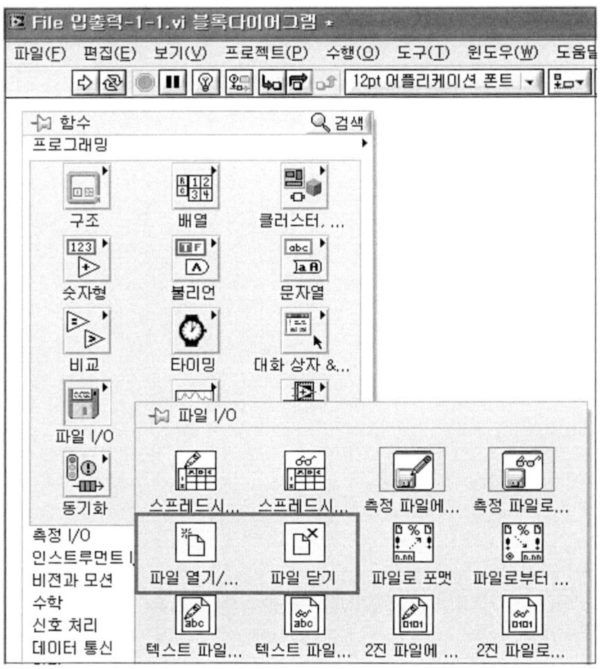

③ 파일 읽기, 2진 파일에 쓰기, 닫기, 단순에러 핸들러를 생성한다.

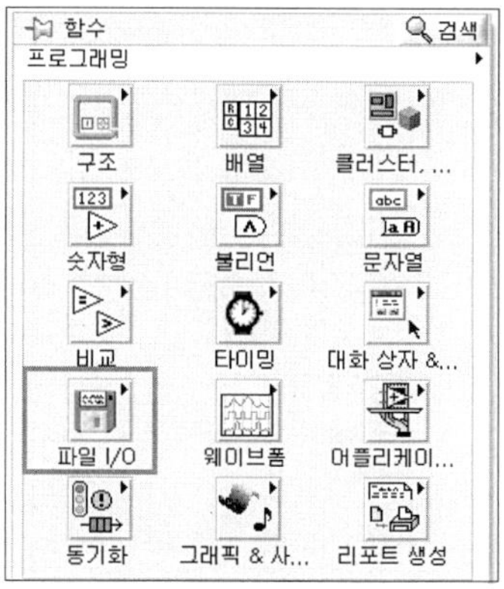

파일 읽기

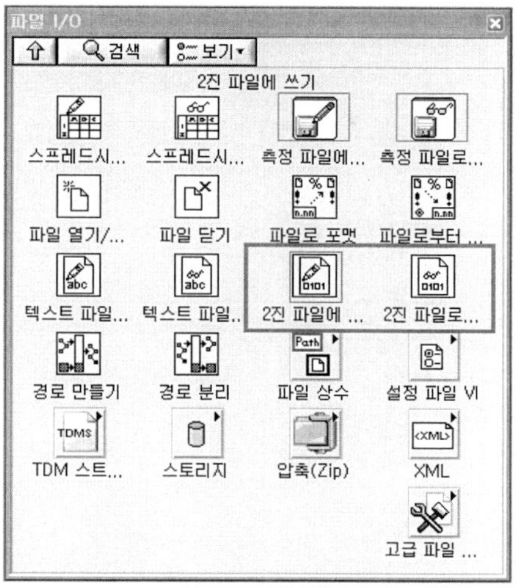

2진 파일에 쓰기 및 닫기

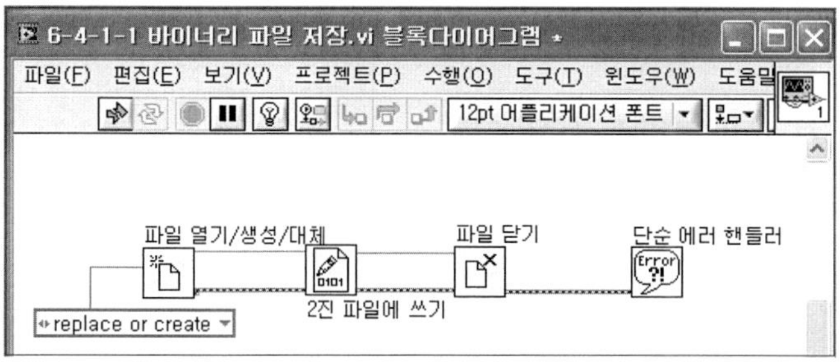

단순에러 핸들러

④ 파일 열기 파라미터에서 '생성 → 상수'를 선택하여 'replace or create'를 설정한다.

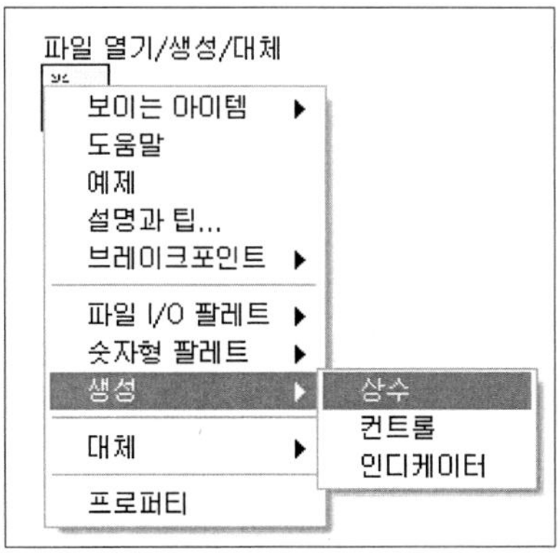

⑤ 실행을 하면, 파일 경로를 입력하는 창이 나타나고, 파일명을 입력한다.

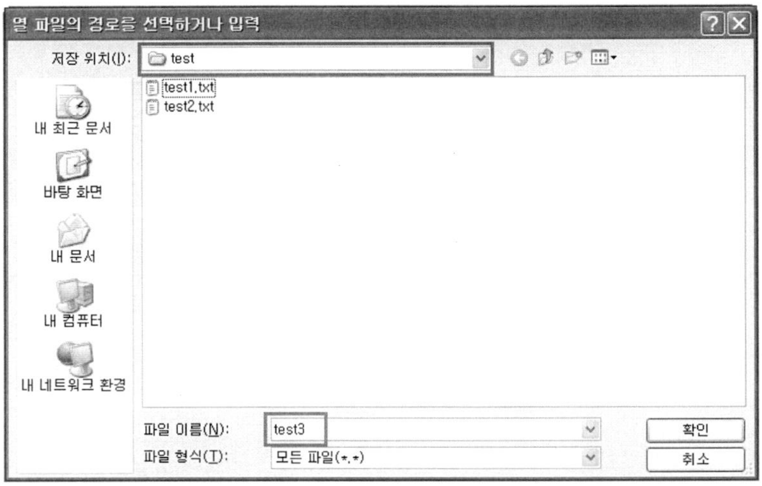

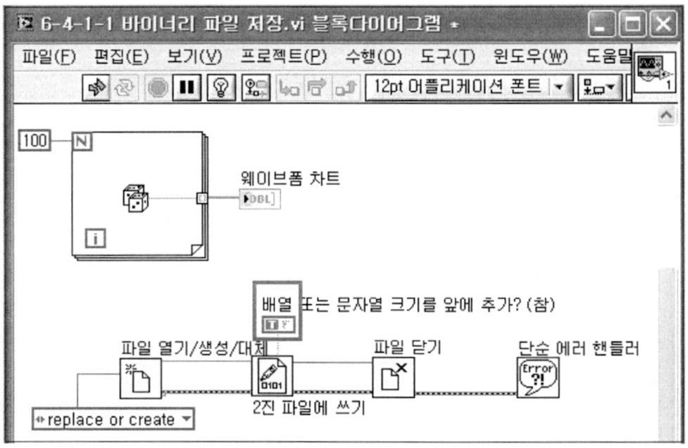

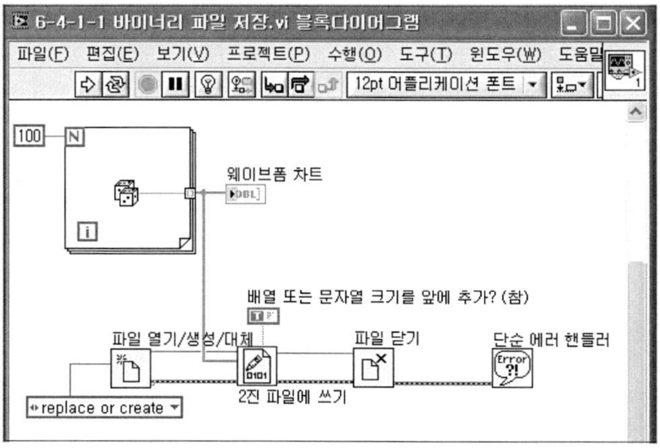

⑥ 실행 화면

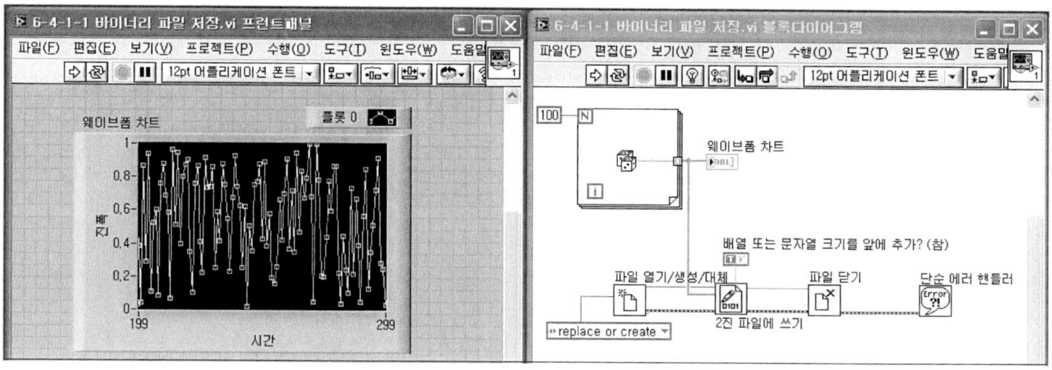

예제 7.3

✛ 랜덤 숫자 100개를 바이너리(Binary) 포맷 파일로 저장된 파일로 읽어라.

① 기본 생성

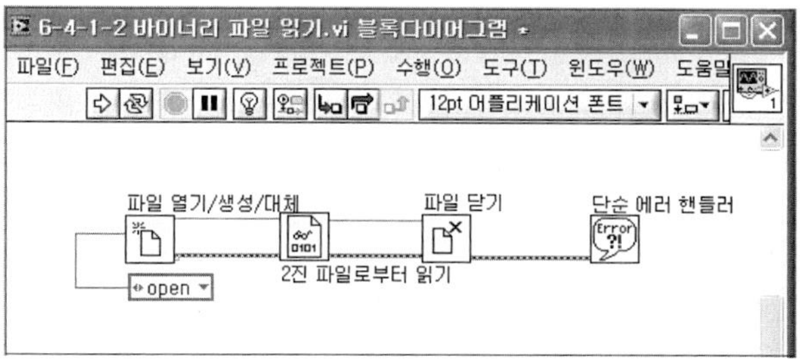

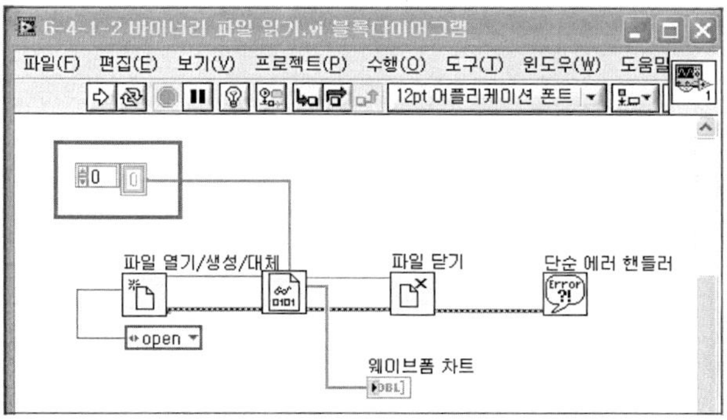

② Programming → Array → Array Constant

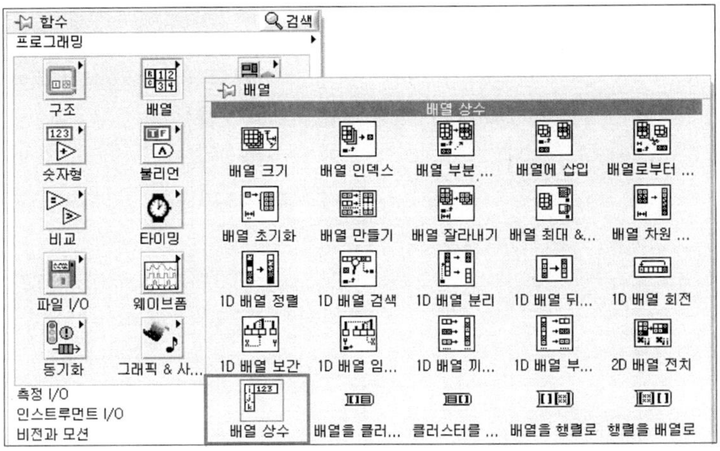

③ Programming → Numeric → Numeric Constant

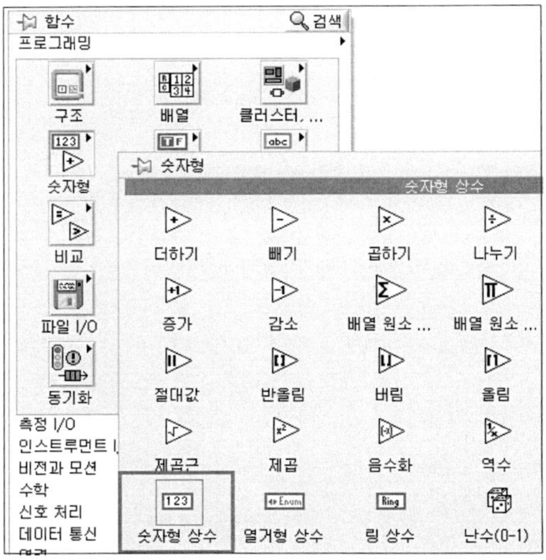

숫자형 상수를 배열 안으로 끌어넣는다.

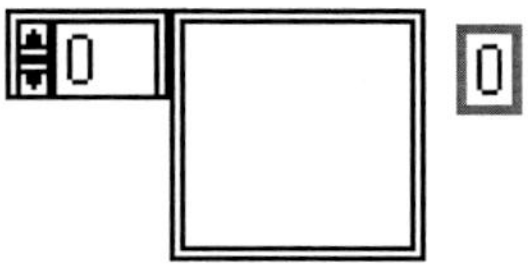

default numeric datatype is an integer (I32)

Representation → DBL

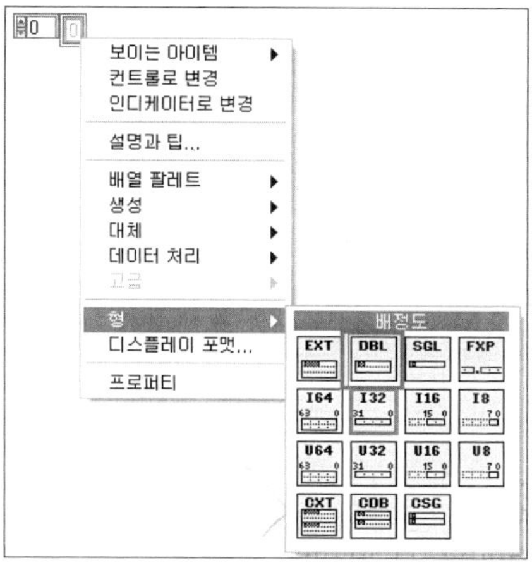

④ 경로 설정

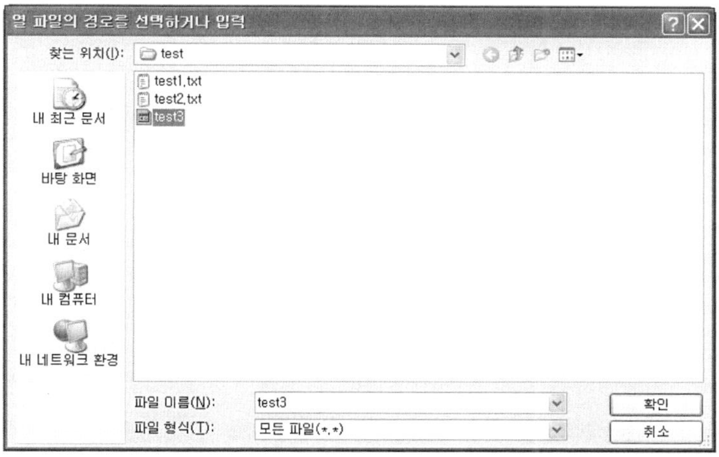

⑤ 실행

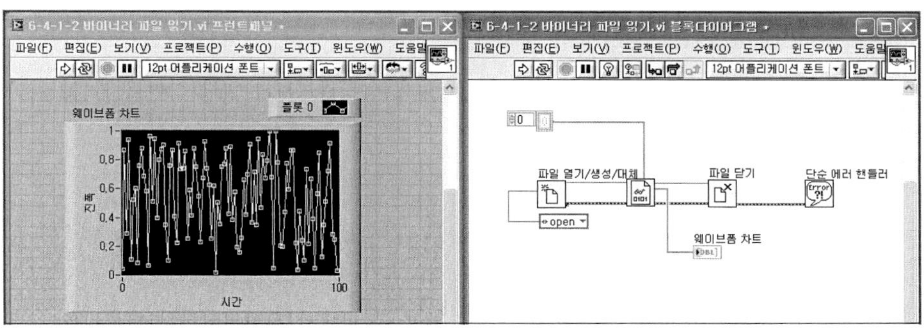

7.4 스프레드 시트 파일에 쓰기 읽기

BD → 함수 → 프로그래밍 → 파일 I/O

2D/!d의 배정도 수(Double -precision number)를 문자열로 저장하며, 대부분의 스프레드시트에서 읽을 수 있다. 또한, 문자열을 새로운 파일에 추가하거나 기존 파일에 추가한다.

✣ 스프레드시트 파일로 부터 읽기

BD → 함수 → 프로그래밍 → 파일 I/O

텍스트 파일을 offset이 지정한 위치에서 라인 또는 행 수 만큼 읽어 들이고, 이 데이터를 2D 배정도 수(Double—precision number) 배열로 변환하여 반환한다. 작성되는 텍스트 파일은 대부분 스프레드시트의 어플리케이션에서 사용 가능하다.

예제 7.4

✢ For 루프 2개 생성 후, 난수 생성하는 프로그램을 작성하시오.

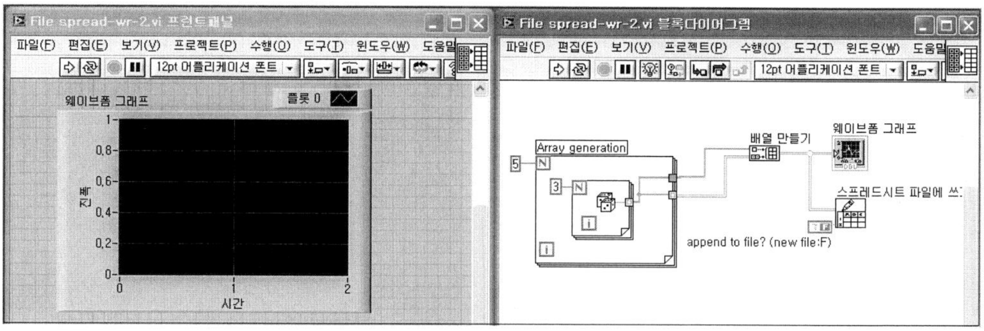

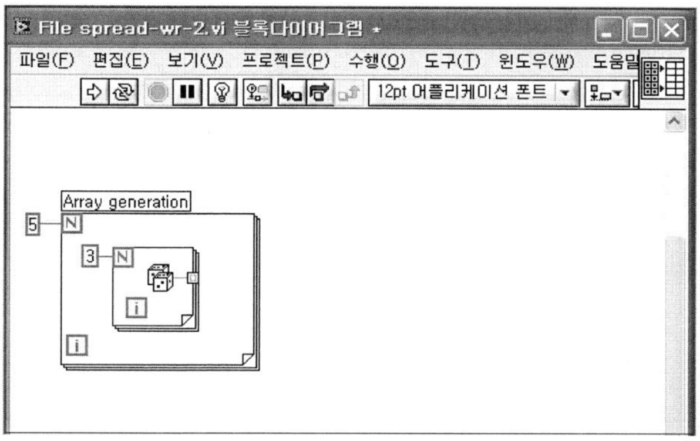

① 배열 만들기를 생성한다.

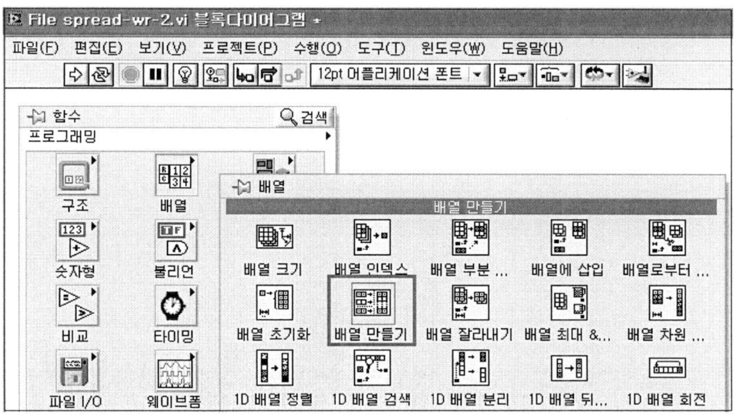

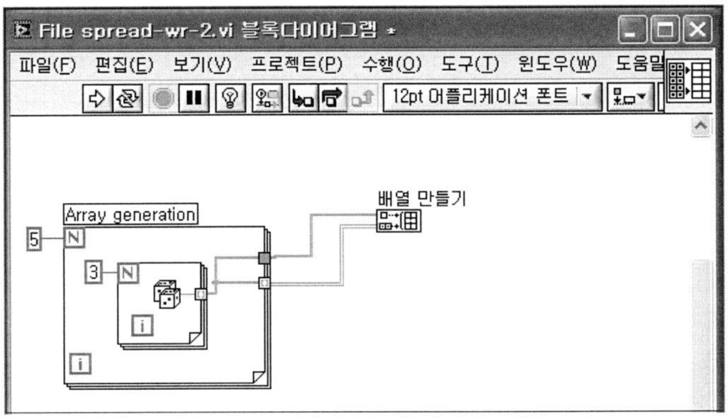
File spread-wr-2.vi 블록다이어그램 *
파일(F) 편집(E) 보기(V) 프로젝트(P) 수행(O) 도구(T) 윈도우(W) 도움말
12pt 어플리케이션 폰트
배열 만들기
Array generation
5
N
3
N
i
i

② 웨이브폼 그래프

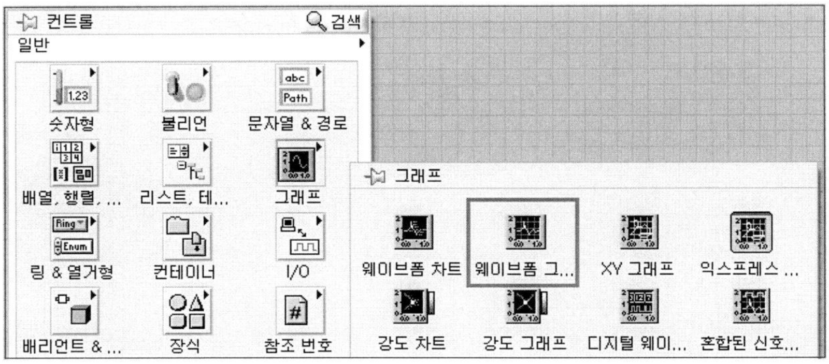
컨트롤
검색
일반
1.23
숫자형
불리언
abc
Path
문자열 & 경로
배열, 행렬, ...
리스트, 테...
그래프
Ring
Enum
링 & 열거형
컨테이너
I/O
배리언트 & ...
장식
#
참조 번호
그래프
웨이브폼 차트
웨이브폼 그...
XY 그래프
익스프레스 ...
강도 차트
강도 그래프
디지털 웨이...
혼합된 신호...

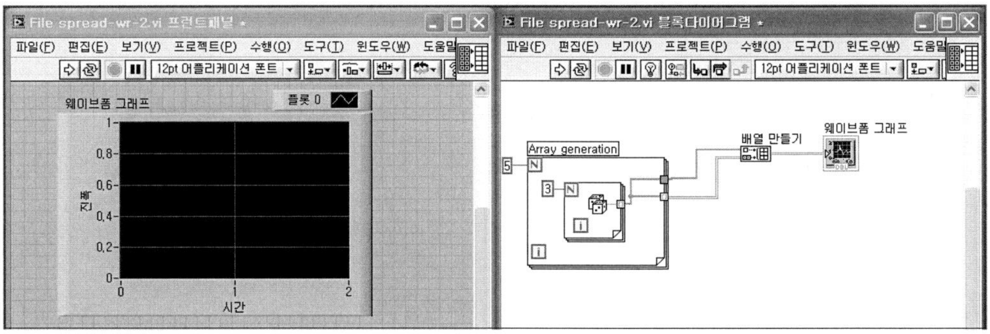
File spread-wr-2.vi 프런트패널 *
파일(F) 편집(E) 보기(V) 프로젝트(P) 수행(O) 도구(T) 윈도우(W) 도움말
12pt 어플리케이션 폰트
웨이브폼 그래프
플롯 0
1
0.8
0.6
0.4
0.2
0
진폭
0
1
2
시간
File spread-wr-2.vi 블록다이어그램 *
파일(F) 편집(E) 보기(V) 프로젝트(P) 수행(O) 도구(T) 윈도우(W) 도움말
12pt 어플리케이션 폰트
웨이브폼 그래프
배열 만들기
Array generation
5
N
3
N
i
i

③ 스프레드시트 파일에 쓰기

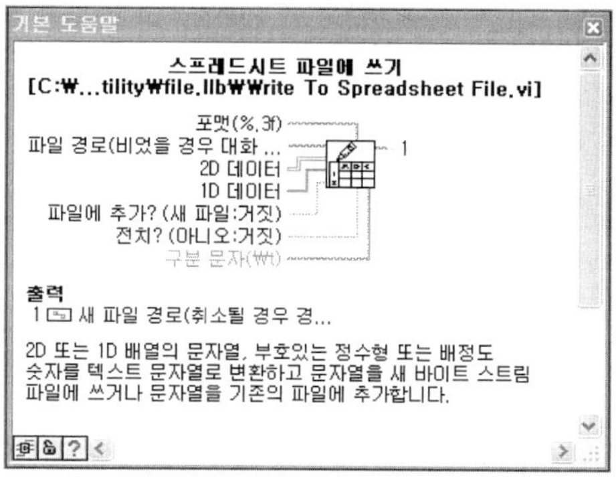

스프레드 파일에 쓰기(Write To Spreadsheet File)는 2D나 1D의 배정도 수(Double — precision number)의 배열을 문자(Text)로 변환하고, 문자열을 새로운 파일 또는 기존 파일에 추가한다.

사용할 때 주의 할 점은 1D 와 2D의 배열을 동시에 연결하면 안 된다는 것과 작성되는 파일은 Text 파일 형식을 가진다는 것이다. 따라서 대부분 스프레드시트의 어플리케이션(Excel, Lotys123)에서 사용 가능하다.

④ 이때 전치(Transpose)를 참(True)으로 설정하여 행과 열을 바꾸어 저장한다.

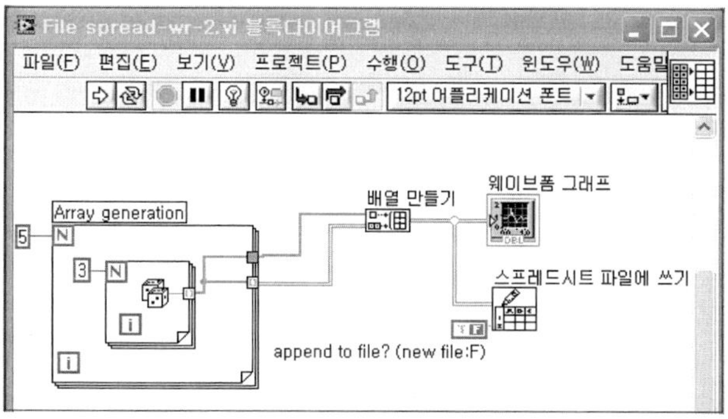

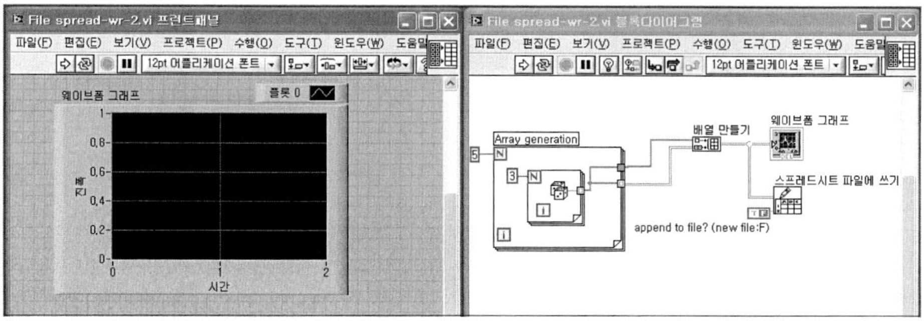

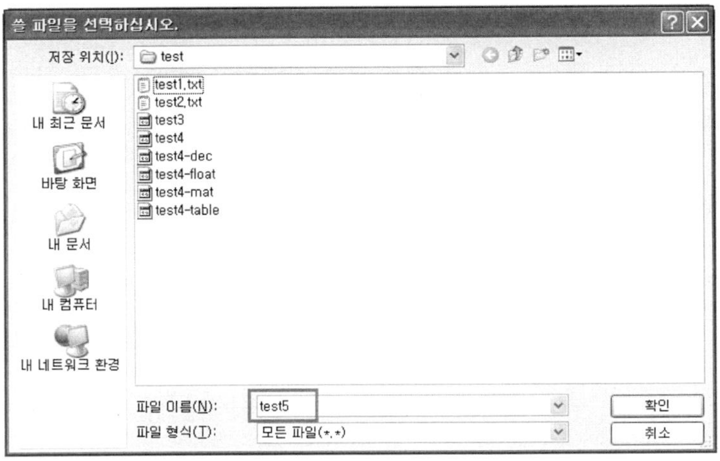

⑤ 스프레드시트 파일을 읽기

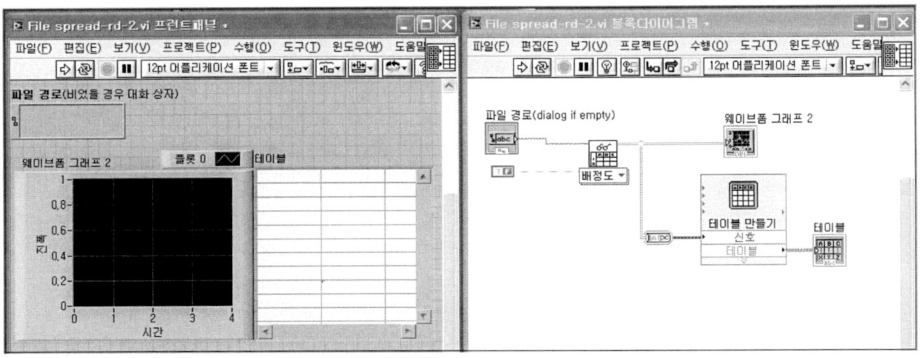

완성된 화면

⑥ BD → 프로그래밍 → 파일 I/O → 스프레드시트 파일로부터 읽기

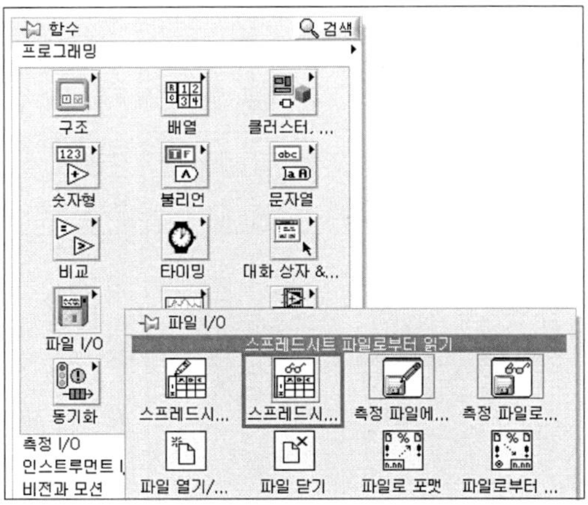

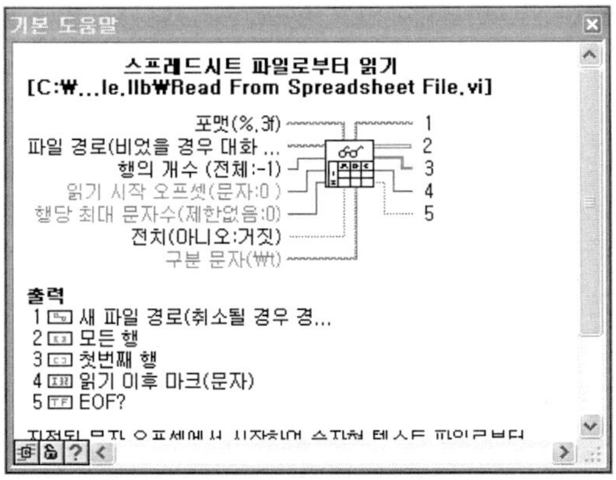

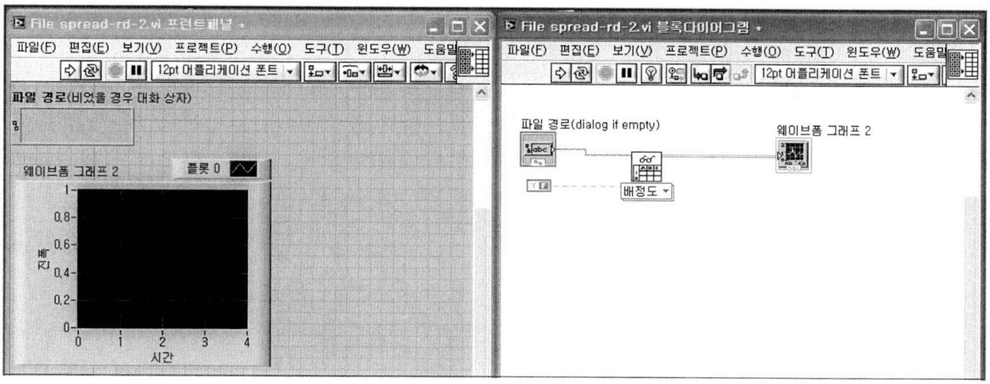

스프레드시트 파일을 읽기에서 '좌측 마우스 오른쪽 클릭 → 생성 → 컨트롤'을 선택하면 파일경로가 생성된다.

'스프레드시트 파일로부터 읽기(Read From Spreadsheet File)'를 블록다이어그램에 놓고 경로(Path)를 설정한 후 저장할 때 전치(Transpose)를 True로 설정하였으므로 이 파일 역시 True로 설정 한다.

스프레드시트 파일로부터 읽기(Read From Spreadsheet File)는 지정된 라인 또는 행 수만큼 Text 파일에서 읽고, 데이터를 2D의 배정도(Double Precision) 배열로 변환할 수 있다. 전치(Transpose)를 사용하여 선택적으로 2D 데이터를 행과 열을 바꿀 수 있다.

웨이브 폼 그래프

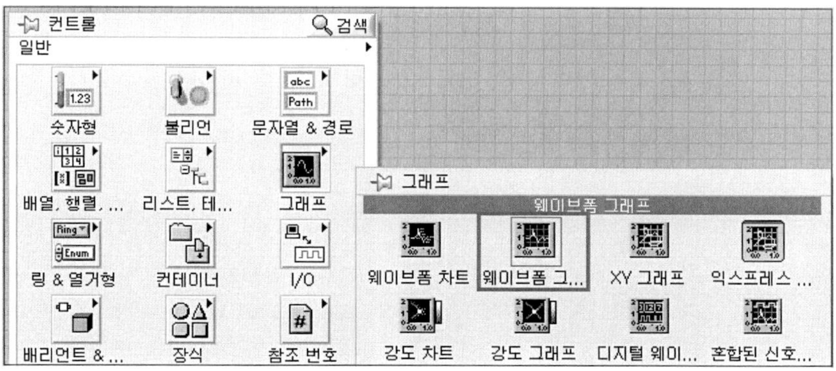

⑦ '[컨트롤] → [익스프레스] → [텍스트 인디케이터] → [테이블]'을 선택한다.

와이어링 도구를 사용하여 연결하면 자동으로 다이나믹 데이터로 변환(Convert to Dynamic Data)이 생성 되면서 연결된다.

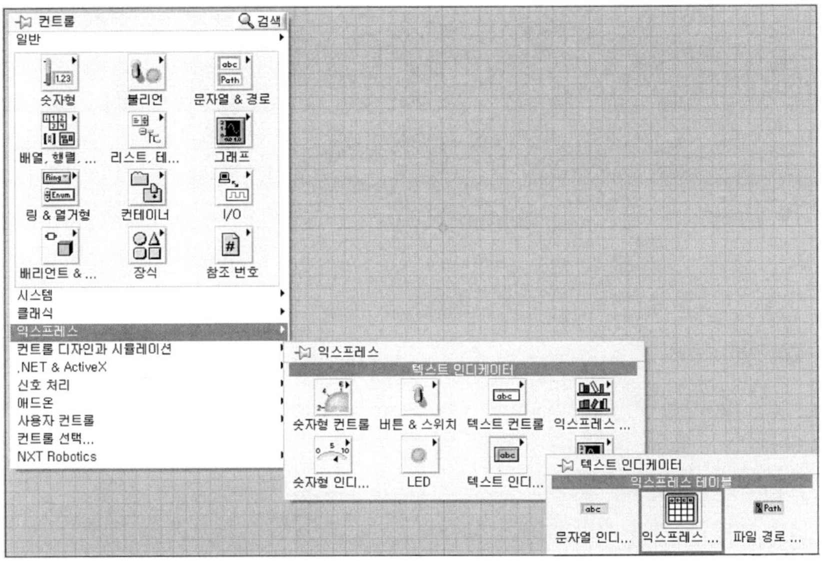

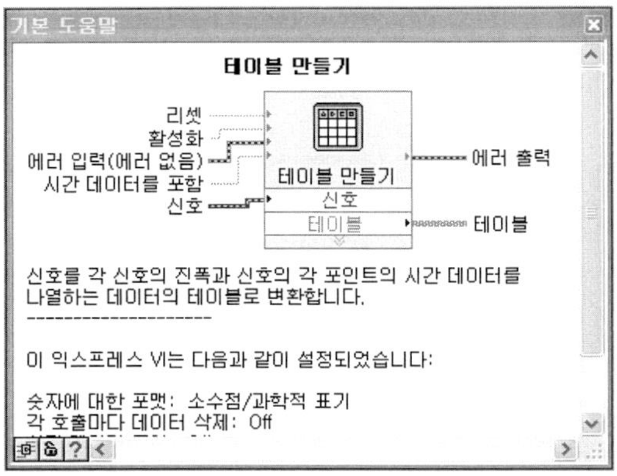

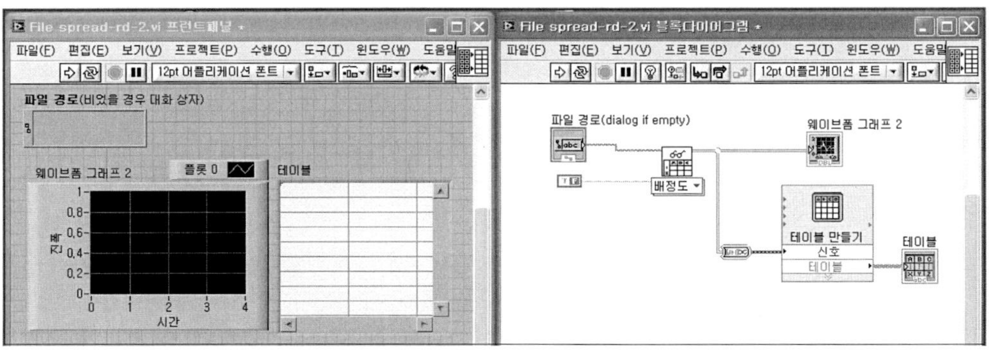

⑧ 파일 열기

⑨ 실행 화면

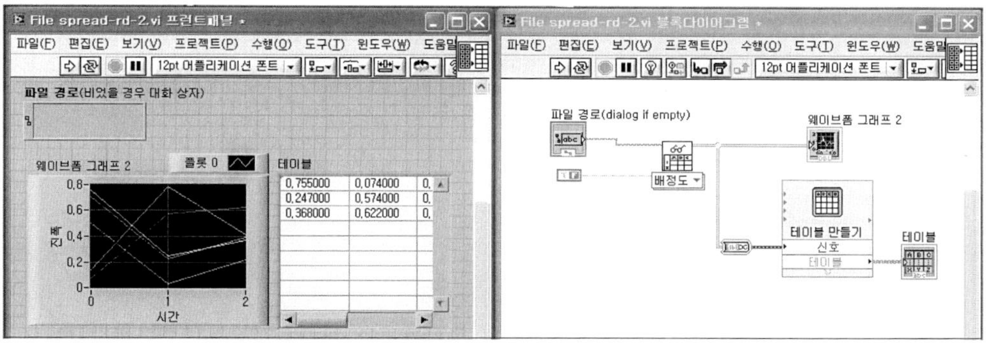

스프레드 파일에 쓰기(Write To Spreadsheet File)와 스프레드시트 파일로부터 읽기(Read From Spreadsheet File)는 구분자(delimiter)를 사용하므로, 열(Column)은 tab이나 comma를 사용하여 구분하고, 행(Row)은 둥 of line 즉, \r(carriage return), \n(New line), 혹은 \r\n으로 구분 한다.

일반적으로 spreadsheet field는 구분자(delimiter)로 콤마(comma: ,)를 사용하기에, CSV(Comma Separated Values) 파일로서 이 파일은 Text 파일 저장 방식과 다르다. 이러한 파일 형식은 MS Excel이나 다른 스프레드시트 에서도 인식한다. 확장자가 XLS 파일 형식은 Binary file 형식으로 저장된 것을 말한다.

8

NXT 프로그래밍 기초

8.1 NXT 기본 하드웨어의 이해

CPU	32bit ARM7 Processor
동작 클럭	48MHz
RAM	64KB
Flash Memory	256KB
전송방법	USB / Bluetooth 통신 지원
입력포트	4
출력포트	3
구동	충전식 배터리

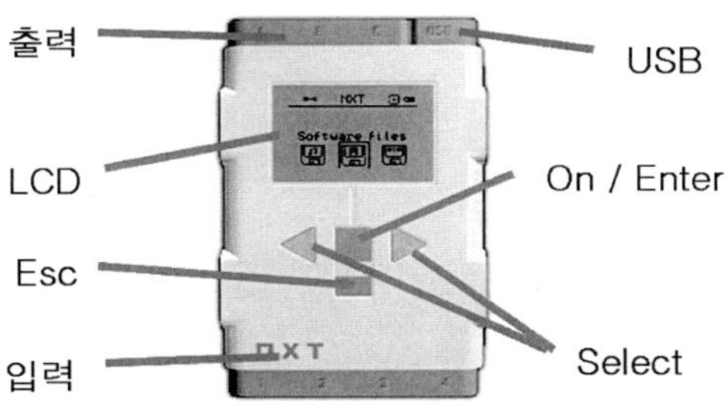

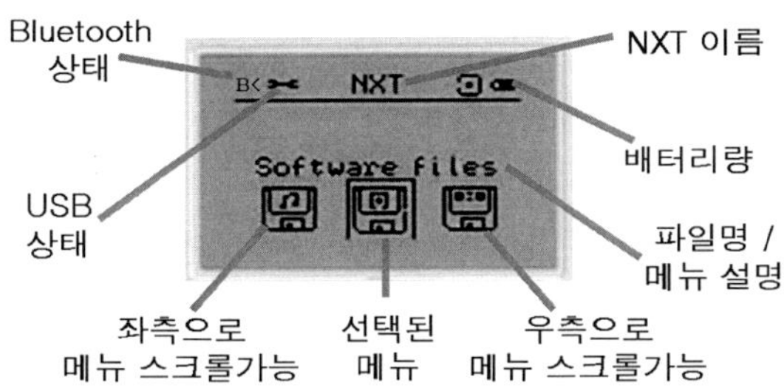

NXT는 상단에 출력 포트, 하단에 입력 포트가 위치하며, 출력은 A, B, C, 입력은 1, 2, 3, 4로 각각 나뉜다.

〈각 버튼 동작 설명〉

- ■ : 꺼진 상태 : 전원 켜기
  : 켜진 상태 : 가운데 메뉴 실행
- ◁ : 좌측의 메뉴로 넘어감

- ▷ : 우측의 메뉴로 넘어감
- ■ : 계층식 메뉴의 상위로 올라감. 최상위 메뉴에서는 '끄기' 메뉴 호출.

NXT에서 사용할 수 있는 센서와 엑츄에이터는 다음과 같다.

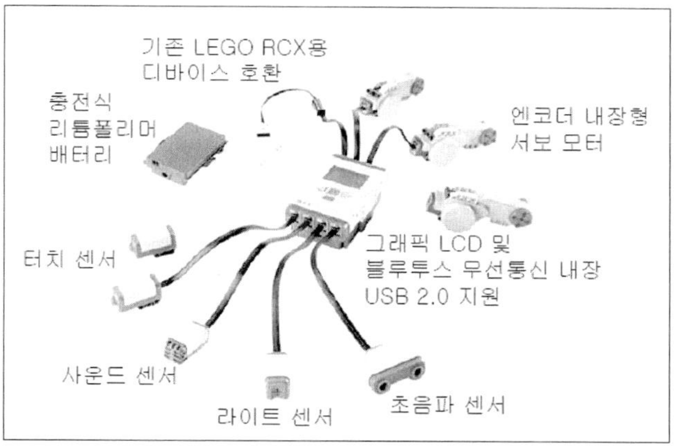

NXT 하드웨어 시스템 내부구조

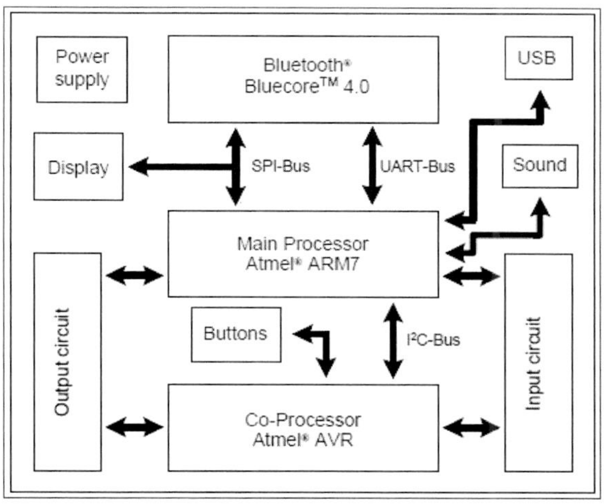

8.2 NXT 내부 메뉴 설명

메뉴 아이콘 설명

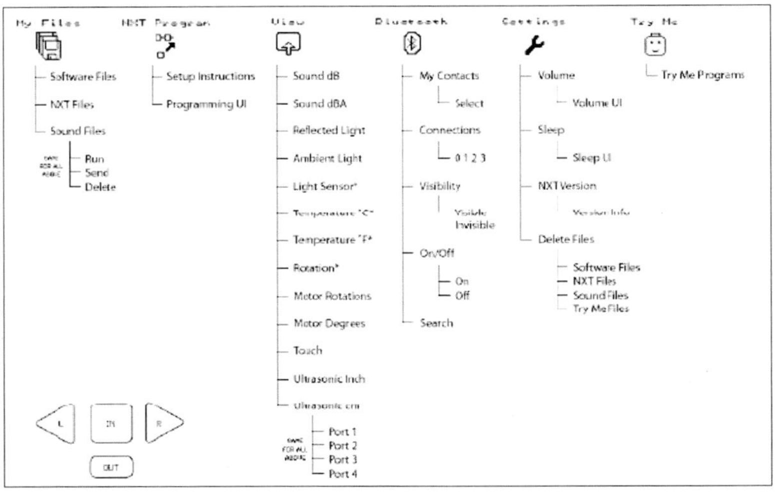

〈My Files : 파일 저장〉

- 

  : 사용자가 개발환경에서 작성한 파일이 저장되는 폴더
- 

  : NXT 프로그램으로 작성한 파일이 저장되는 폴더
- 

  : NXT에 내장되거나 사용자가 직접 작성한 소리 파일이 저장되는 폴더

〈Settings : 기본 설정〉

- 

  : 스피커의 소리 조절기능(범위 : 0~4)

- Sleep : NXT의 자동 전원 Off 명령으로 6개 명령(Never, 2분, 5분, 10분, 30분, 및 60)이 있다.
- NXT Version : 현재 사용 중인 NXT Firmware, AVR, BC3, Build, ID 등 정보를 확인할 수 있다.
- Delete files : NXT에 저장된 아래 폴더의 모든 파일을 삭제한다.

Software files	NXT files
Sound files	Try me files

〈View : 센서의 실시간 측정값 디스플레이〉

- Sound dB : 소리 측정
- Sound dBA : 소리 측정
- Reflected light : 간접 조명 활성화, 반사광 측정용
- Ambient light : 간접 조명 비활성화, 주변광 측정용
- Light Sensor* : RCX 겸용 및 센서 광량 측정
- Temperature °C* : RCX 겸용 섭씨 온도 측정
- Temperature °F* : RCX 겸용 화씨 온도 측정

- 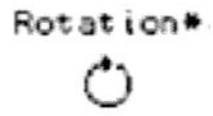

: RCX 겸용 회전각 측정
- 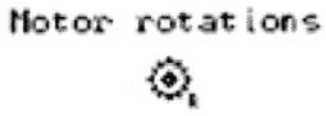

: 전동기 내장 엔코더 회전량 측정
- 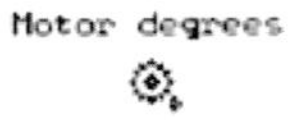

: 전동기 내장 엔코더 회전각 측정
- 

: 접촉 감지
- 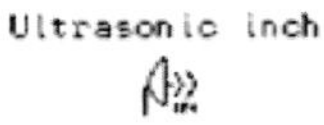

: 인치 단위 거리 측정
- 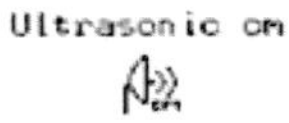

: 센치 단위 거리 측정

〈Bluetooth : 블루투스 기능 세팅〉

- 

: 이제까지 연결되었던 블루투스 장치들(PC, NXT 등)의 정보가 기록된다.
- 

: 0, 1, 2, 3 무선 통신용 주변 기기에 대한 포트를 할당한다.
- 

: Visible, Invisible, 타 기기로부터의 탐색에 반응 혹은 무반응, Visibility로 설정될 경우 LCD 상단의 B 표시 옆에 〈 표시가 생긴다.
- 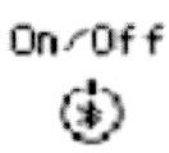

: 블루투스 기능의 On / Off, NXT LCD 좌상단에 표시로 확인할 수 있다.
- 

: NXT 주변의 무선 통신용 기기를 찾는다. PC, NXT, 핸드폰 등의 블루투스를 식별할 수 있다.

8.3 컴퓨터 타겟과 NXT 타겟 비교

✢ 컴퓨터 Target Mode

· PC와 NXT간의 연결 상태에서만 동작 가능
· NXT로의 컴파일 불가능
· LabVIEW의 다양한 함수 모두 지원

✢ NXT Target Mode

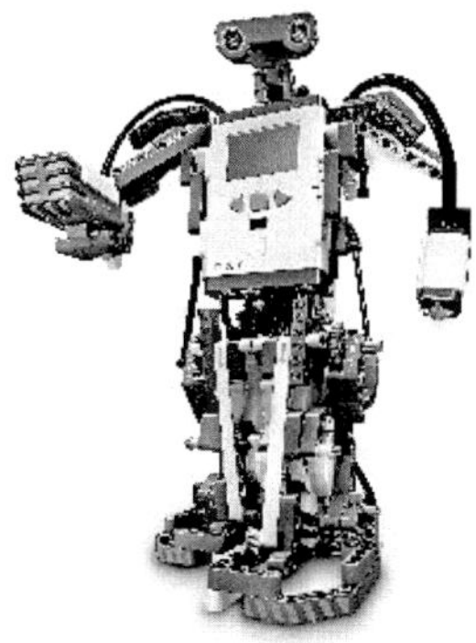

· PC에서 NXT로의 compile & download 과정을 통해 NXT가 독립적으로 동작 가능
· Toolkit 내의 한정적인 함수 사용

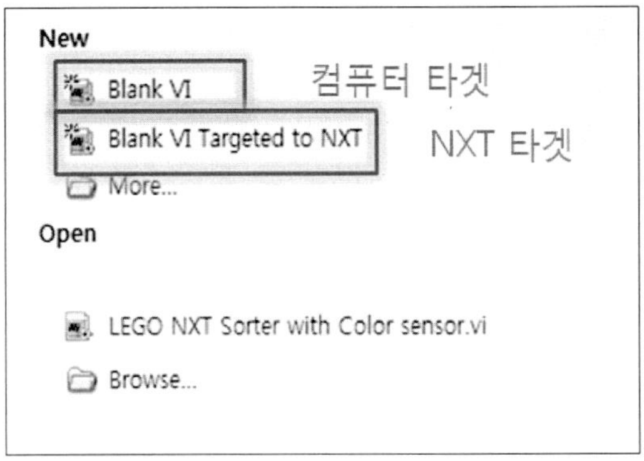

시작 메뉴에서 PC Target과 NXT Target 중 선택한다.

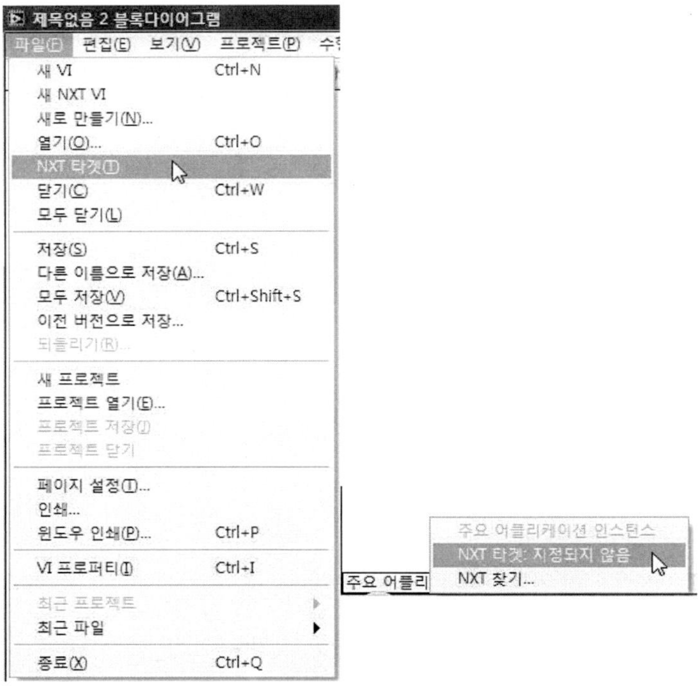

다른 Target으로 변경 시 상단메뉴 파일에서 변경하거나 좌측 하단에서 마우스 우측 클릭을 이용하여 변경이 가능하다.

8.4 기본 예제 프로그램

8.4.1. 모터제어

NXT Robotics → NXT I/O에서 Motor, Wait 선택

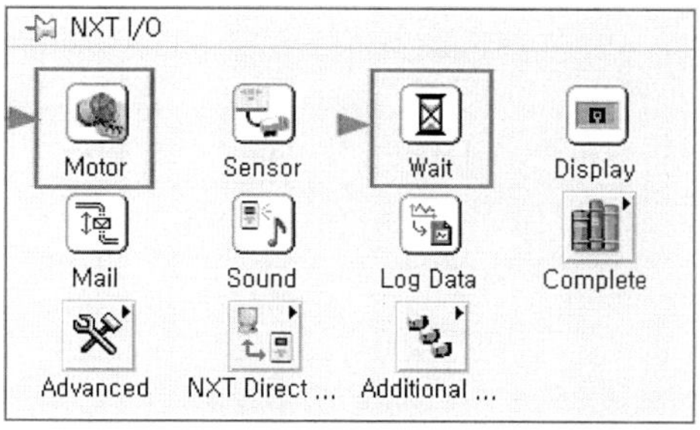

Motor 도움말

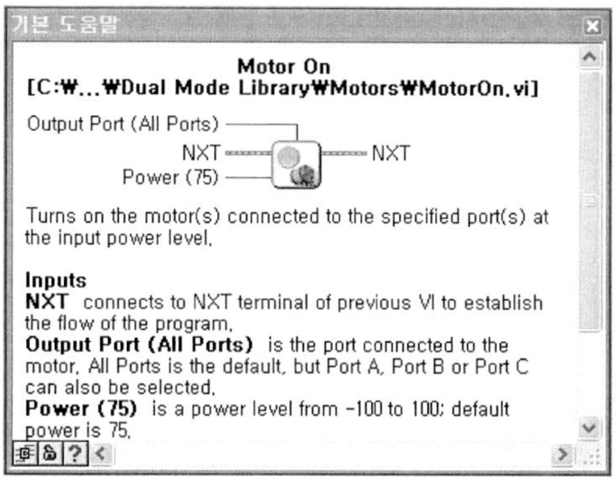

Wait(time) 도움말

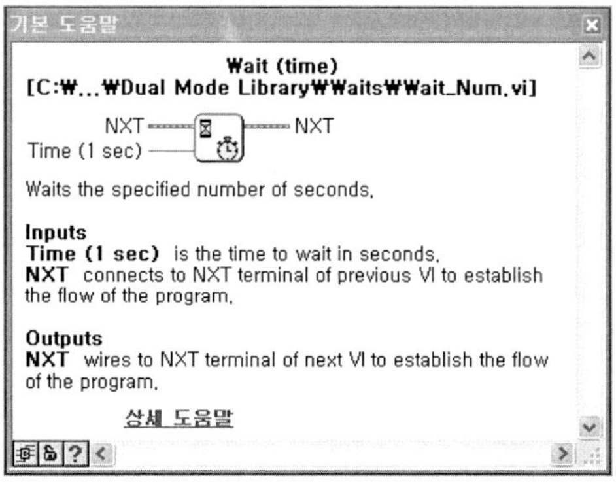

가장 기초적인 모터 구동 프로그램

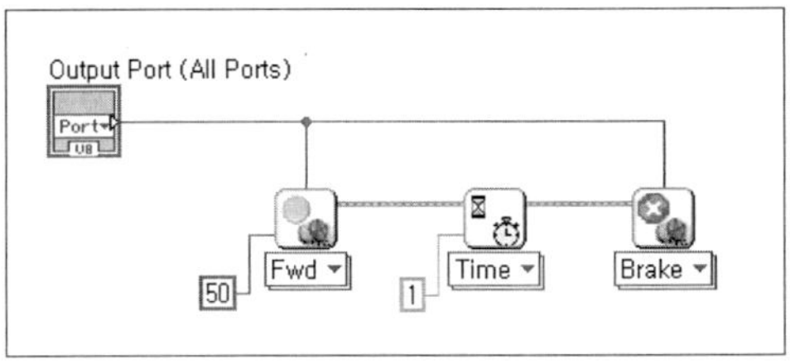

모터 세팅

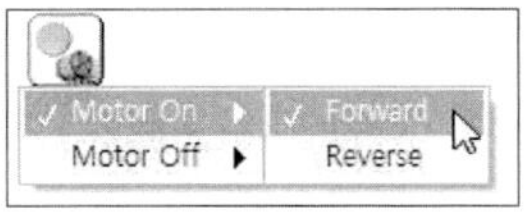

아이템 생성

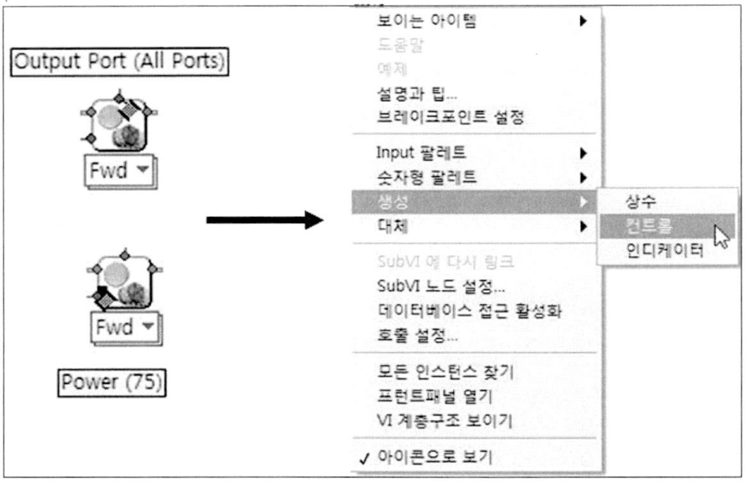

완성된 프로그램

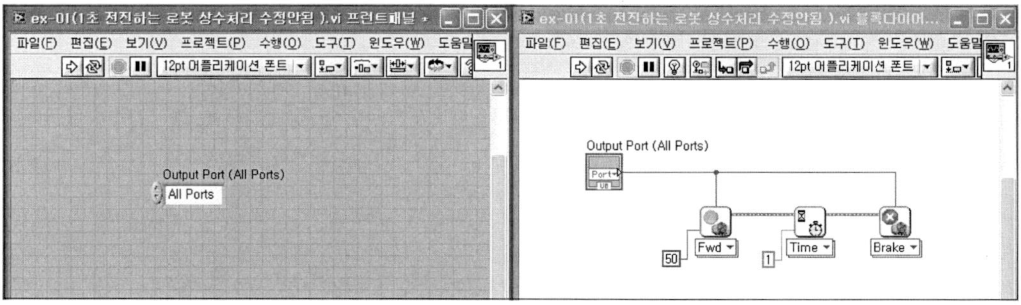

수정된 프로그램

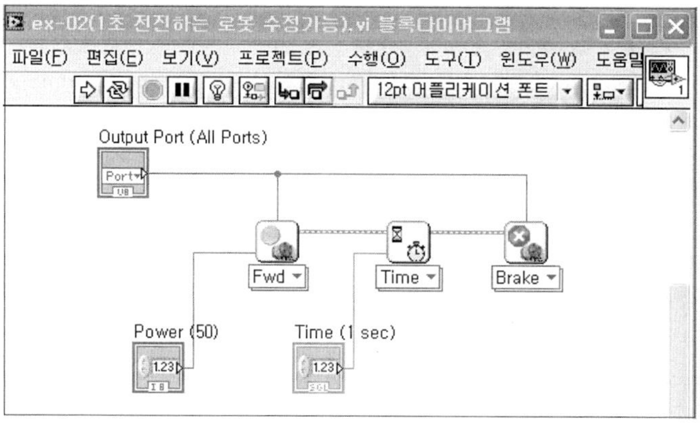

메뉴 → 편집 → 현재값을 기본값으로 설정

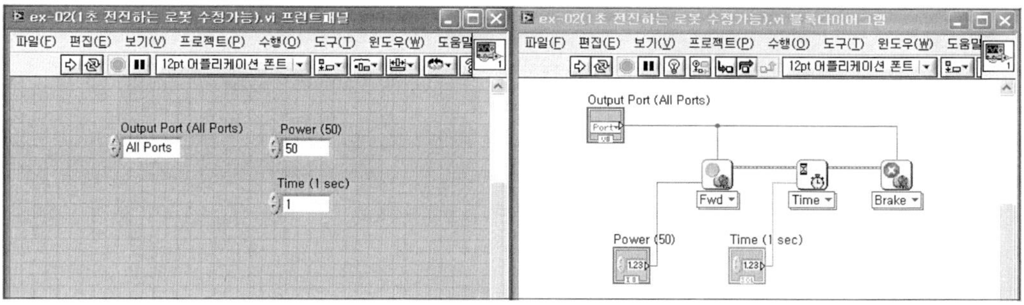

〈연습문제 8.1〉

무한히 전진하는 로봇 프로그램을 작성하시오.

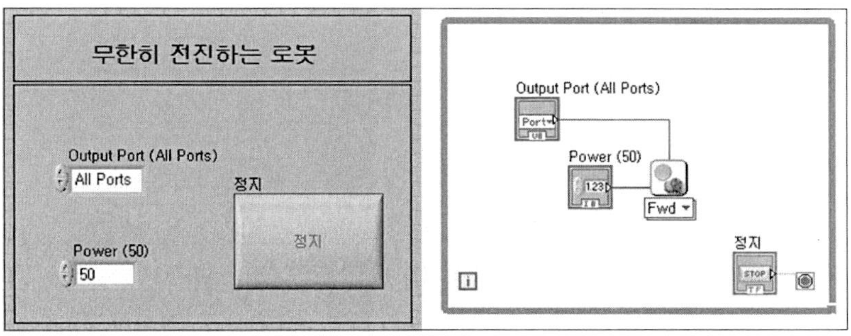

❶ Front Panel → NXT Robotics → Decorations → 평평한 상자

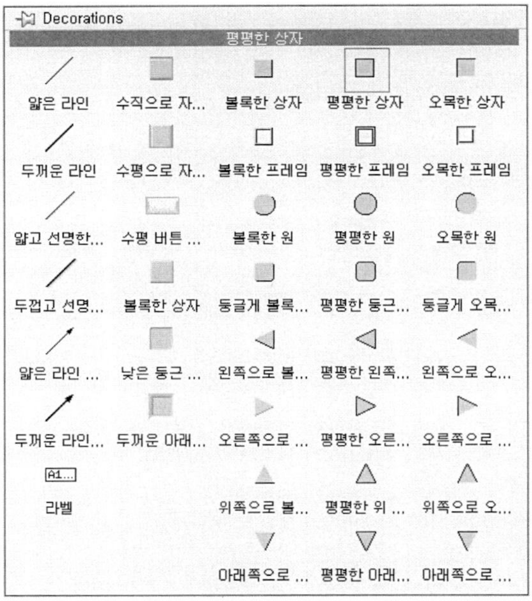

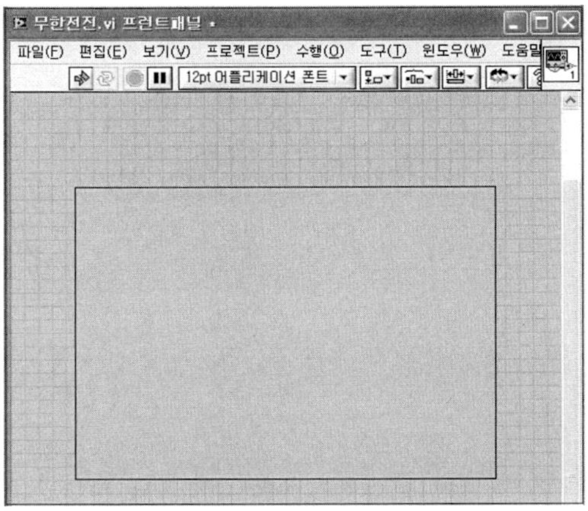

❷ Block Diagram → NXT Robotics → NXT Programming → Structures → While 루프

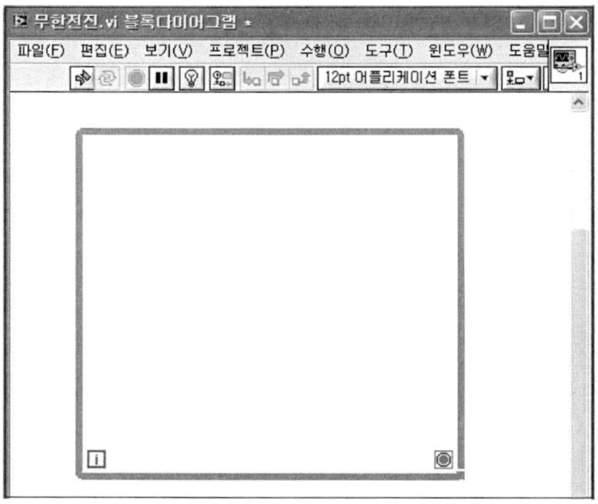

❸ Block Diagram → NXT Robotics → NXT I/O → Motor

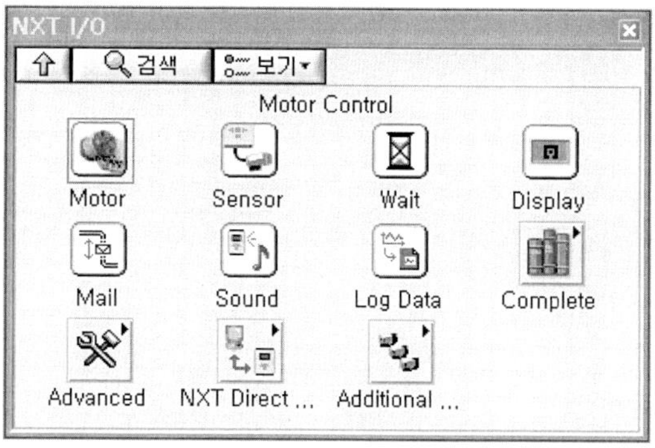

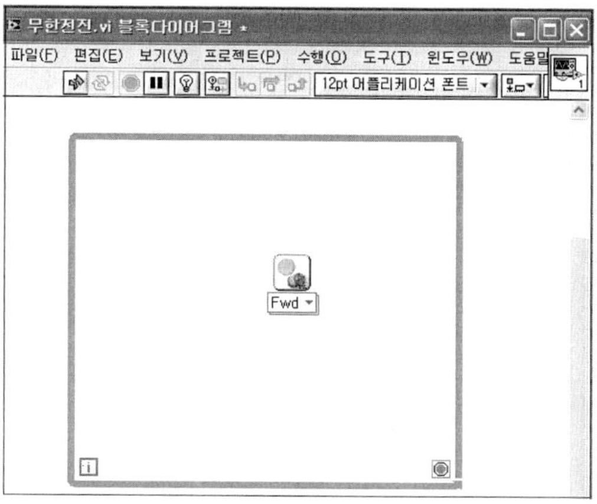

❹ Motor 에서 컨트롤 생성(Port)

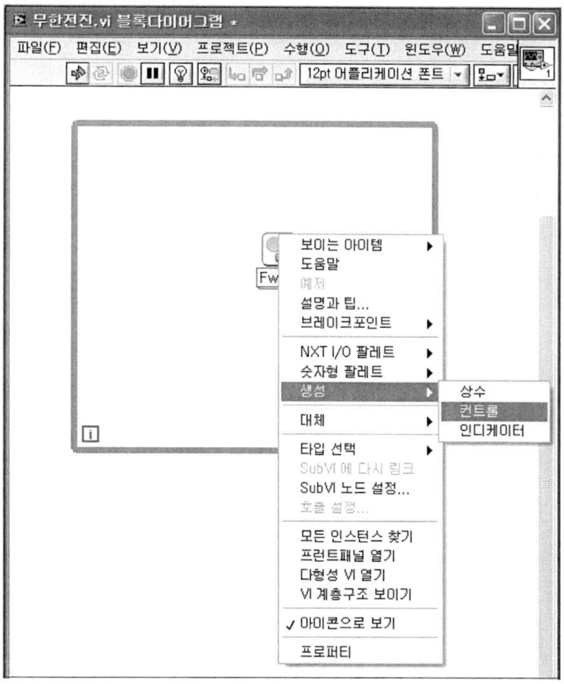

❺ Port 생성화면

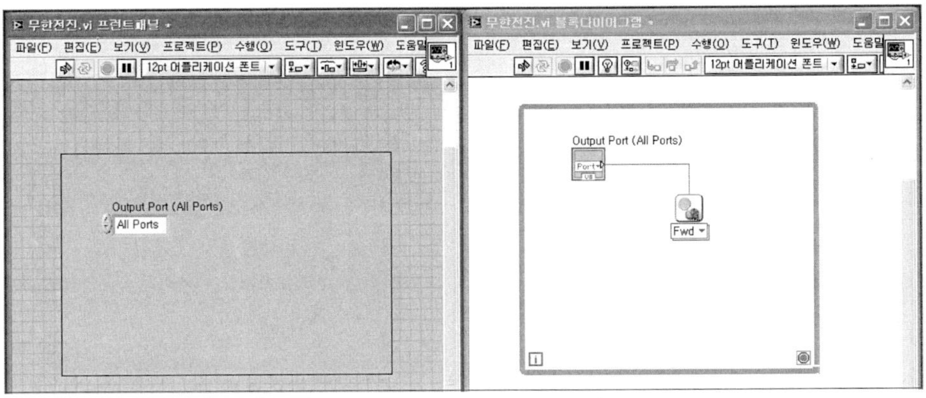

❻ Power 생성화면

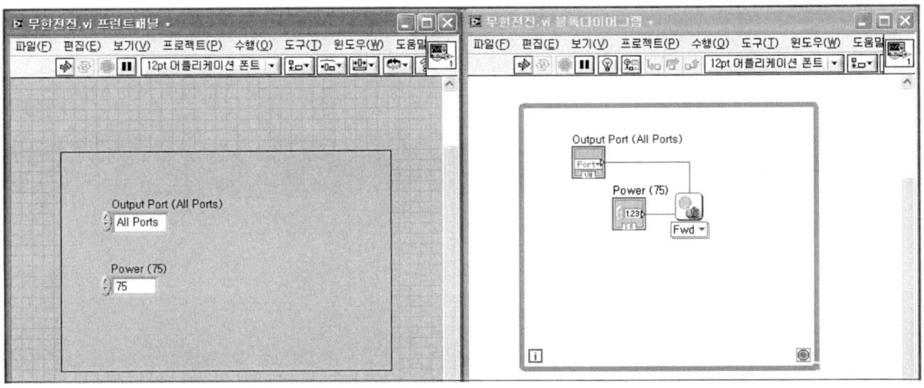

❼ 정지 생성

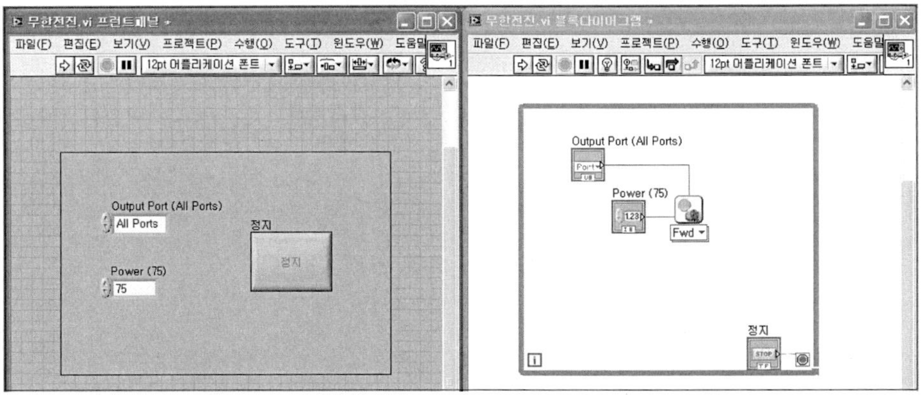

❽ 프로그램 완성

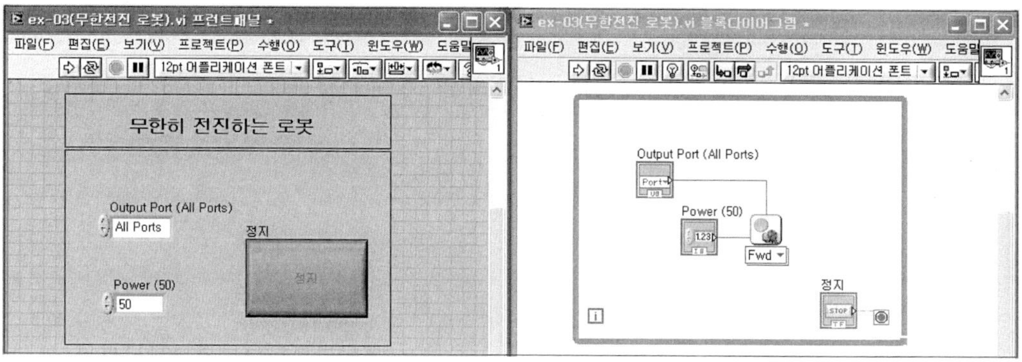

〈연습문제 8.2〉

1초 전진, 1초 후진 후 정지하는 프로그램을 작성하시오.

❶ 함수팔레트 → NXT Robotics → NXT I/O → Wait 선택

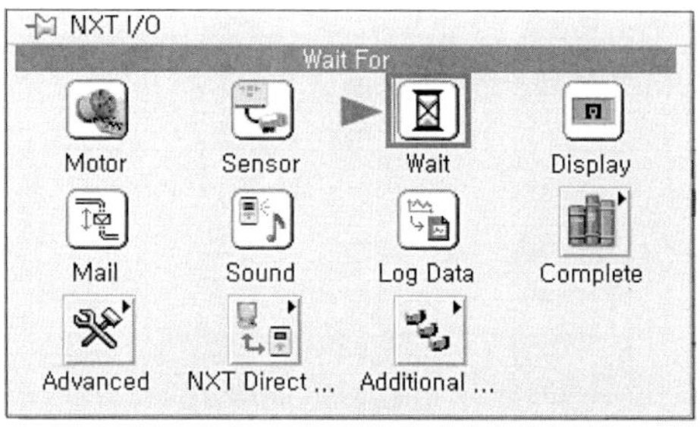

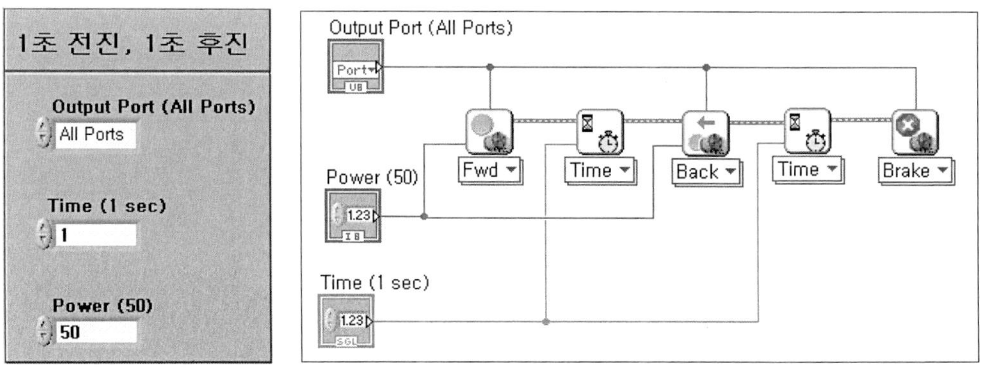

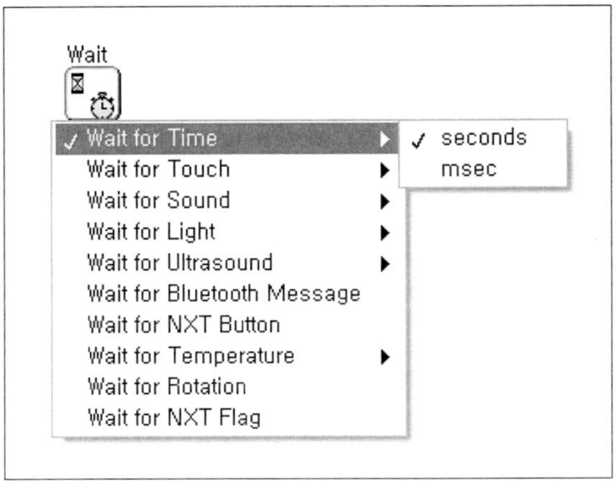

❷ Wait for Time

설정한 시간(1초, 1/1000초) 만큼 앞의 프로그램을 계속해서 실행한다.

〈연습문제 8.3〉

1초 전진, 0.5초 동안 좌회전, 정지하는 프로그램을 작성하시오.

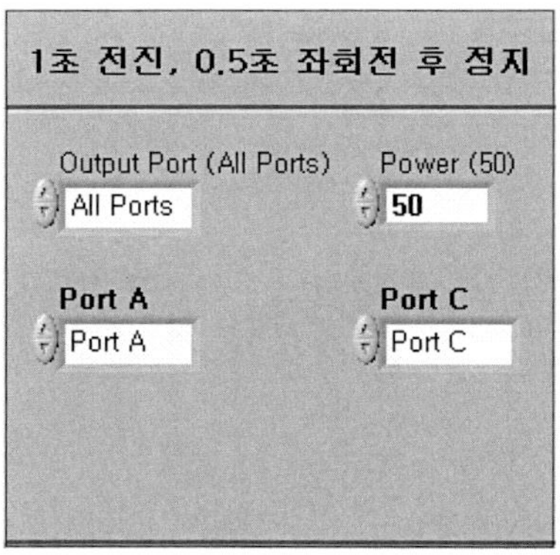

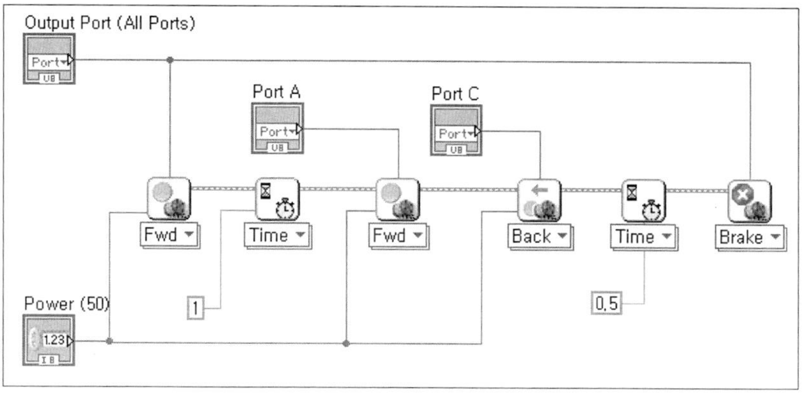

〈각 명령에 따른 회전 방식〉

- Swing Turn : 한쪽 바퀴는 정지시키고 한쪽 바퀴만을 구동한다.
- Point Turn : 두 바퀴를 반대방향으로 구동한다.
- Curve Turn : 두 바퀴의 방향은 같으나, 두 바퀴의 속도에 차이를 둔다.

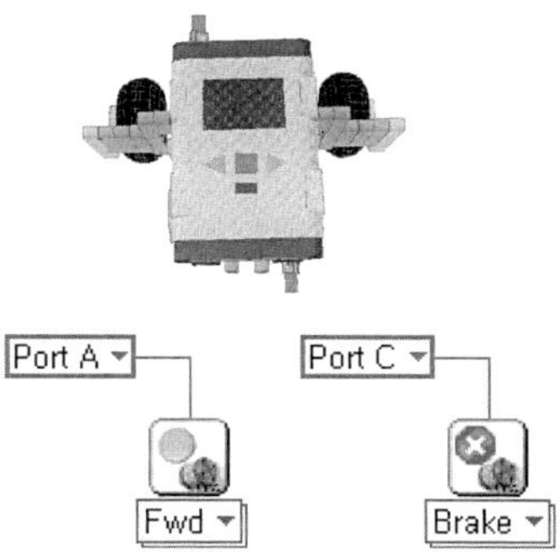

Swing Turn
(크게 회전)

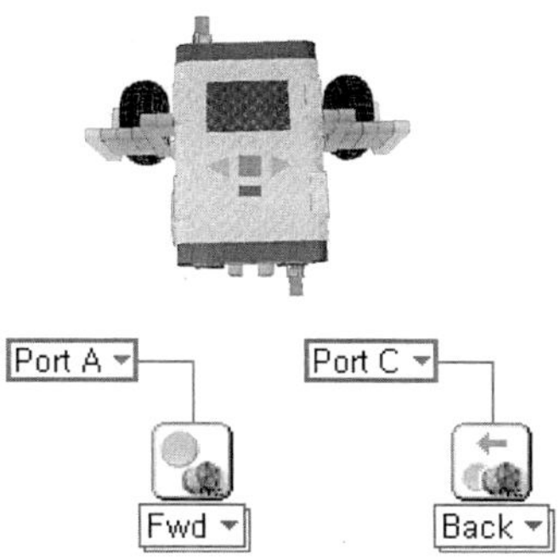

Point Turn
(최소 반경회전)

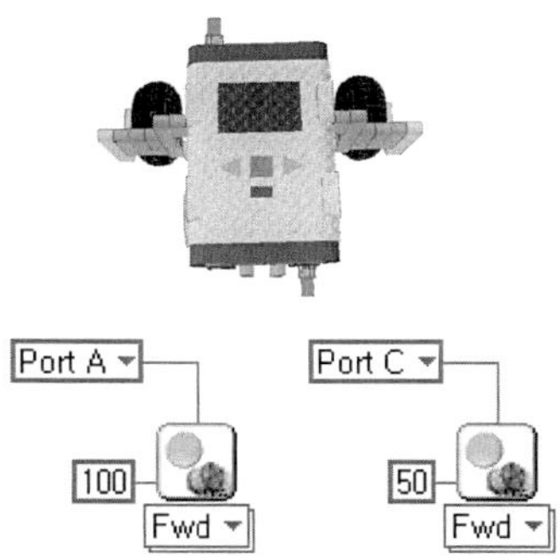

Curve Turn
(한쪽바퀴 중심회전)

〈연습문제 8.4〉

현 위치에서 90° 좌회전하는 프로그램을 작성하시오.

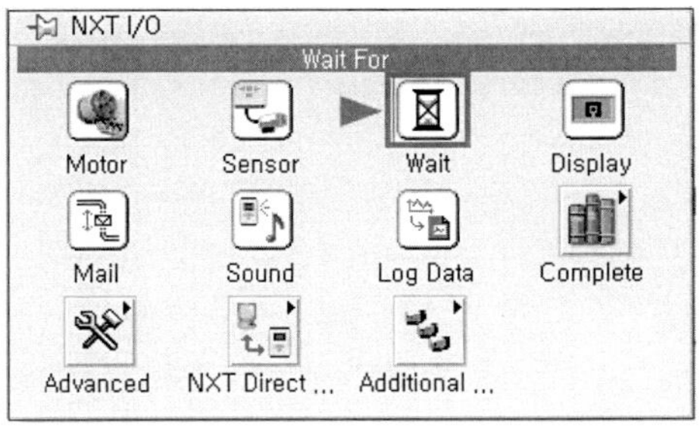

<Wait for Rotation (Spin 생성)>

설정한 각도만큼 앞의 프로그램을 계속해서 실행한다. 주로 모터 출력 VI 뒤에 위치한다.

함수팔레트 → NXT Robotics → NXT I/O → Wait

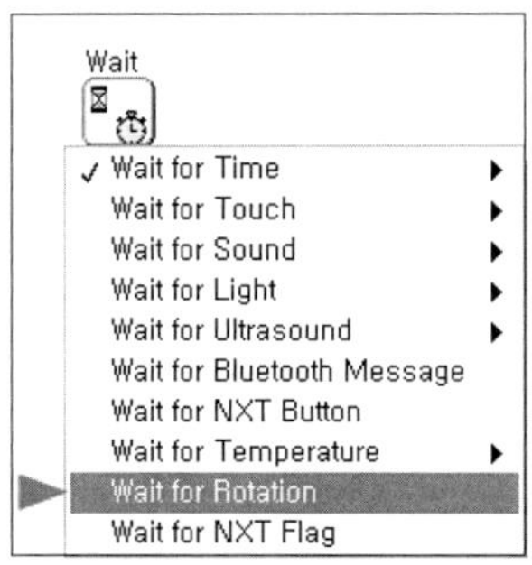

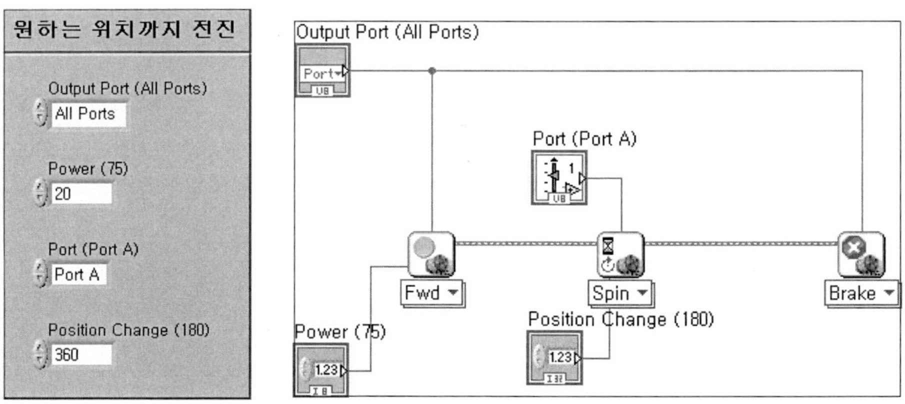

〈연습문제 8.5〉

1초 전진, 90° 회전하는 프로그램을 작성하시오.

1초 동안 전진과 90° 회전을 반복하는 로봇이 포인트 턴을 하며, 사각형을 그리며 움직인다.

함수팔레트 → NXT Robotics → NXT I/O → Sensor

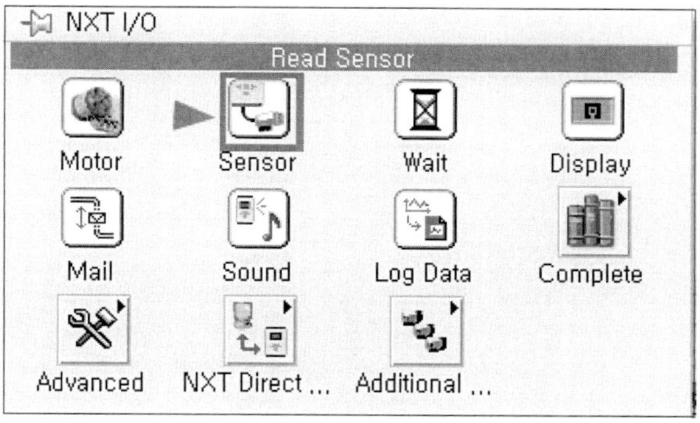

〈Reset Motors (Rotation 생성)〉

설정한 각도만큼 앞의 프로그램을 계속해서 실행한다. 주로 모터 출력 VI 뒤에 위치한다.

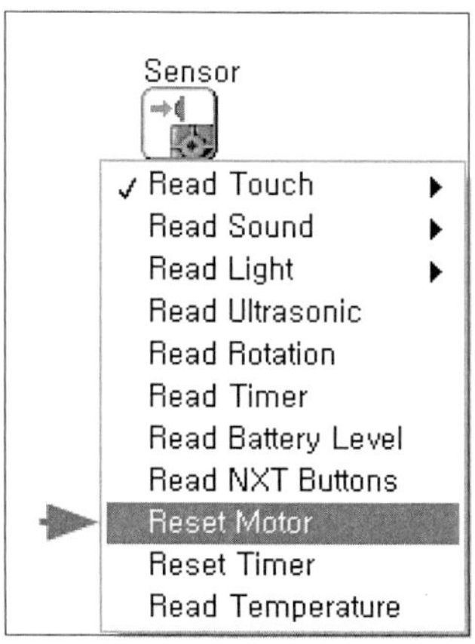

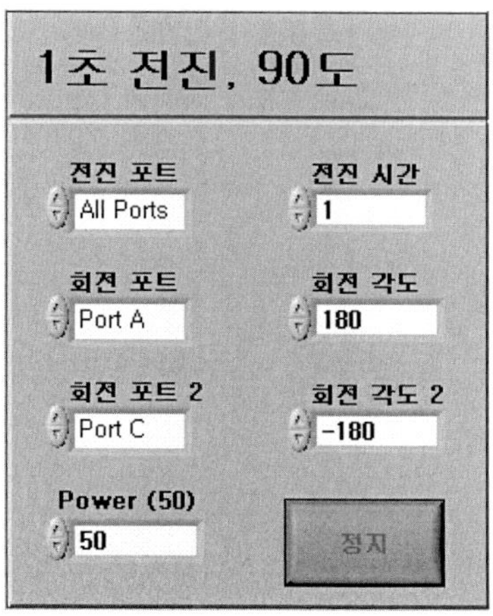

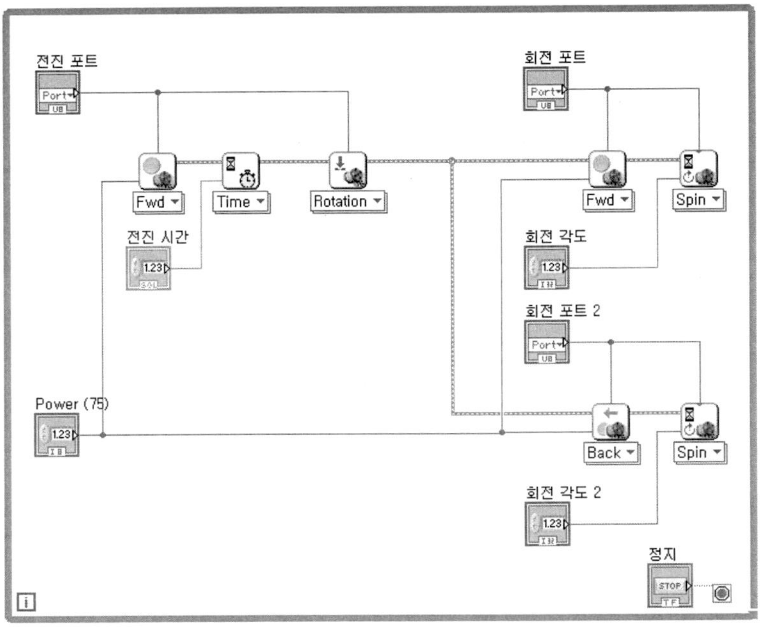

전진 포트
Port
Fwd
Time
Rotation
전진 시간
1.23
Power (75)
1.23
회전 포트
Port
Fwd
Spin
회전 각도
1.23
회전 포트 2
Port
Back
Spin
회전 각도 2
1.23
정지
STOP

9 터치 센서 (Touch Sensor)

터치센서(Touch Sensor)는 가장 기본적인 입력장치로써 버튼 스위치의 ON/OFF 역할을 수행한다.

터치센서가 눌려지면 스프링이 눌려지면서 내부의 전기회로를 연결시켜 전기가 흐르게 된다. 눌림 유무에 따라 회로가 작동된다.

키보드 키/마우스 버튼과 동일한 개념으로, 전방의 장애물에 대한 물리적 접촉을 통해서 인식된다.

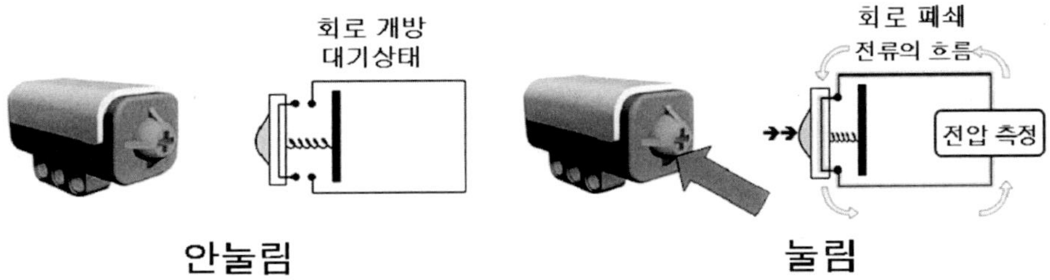

9.1 터치센서의 동작 - View

① 터치센서를 1번에 연결한다.

② NXT를 켜고 View를 선택한다. → 

③ 

→ 접촉 감지

④ 터치센서 스위치를 눌러보며 값을 확인한다.

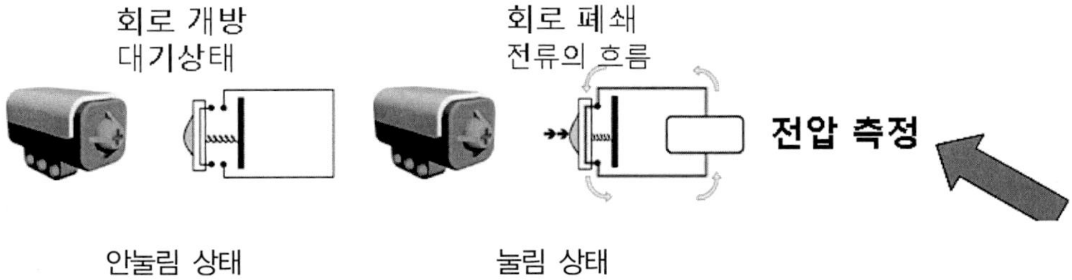

① NXT ON

② 오른쪽 버튼 3번을 누른다.

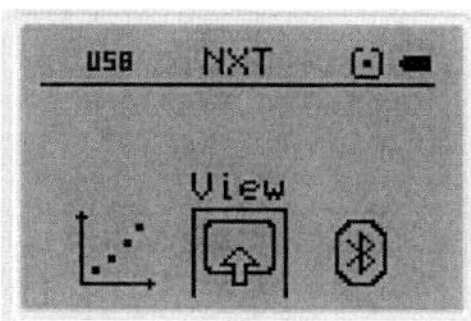

← View 선택

③ 오른쪽 버튼을 8번 누른다.

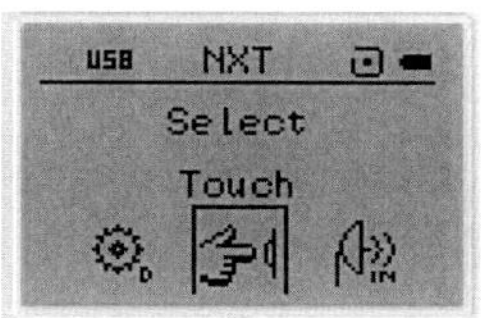

← Touch 선택

④ Select Port 1선택(Port 변경 가능)

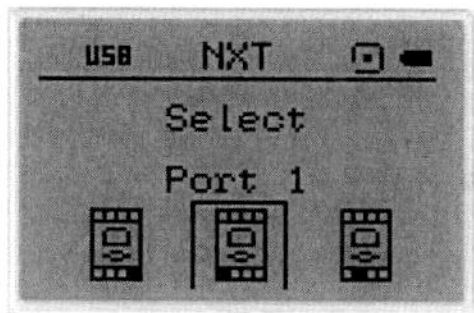

⑤ 안눌림(Released)

⑥ 눌림(Pressed)

9.2 불리언 타입

· 불리언 데이터 타입은 참과 거짓, ON과 OFF 등의 두 상태만을 갖는 데이터를 나타낸다.
· 불리언 컨트롤 및 인디케이터를 사용하여 불리언(참/거짓)값을 입력하고 표시한다.
· 불리언 객체는 스위치, 누름 버튼, LED 시뮬레이션 한다.

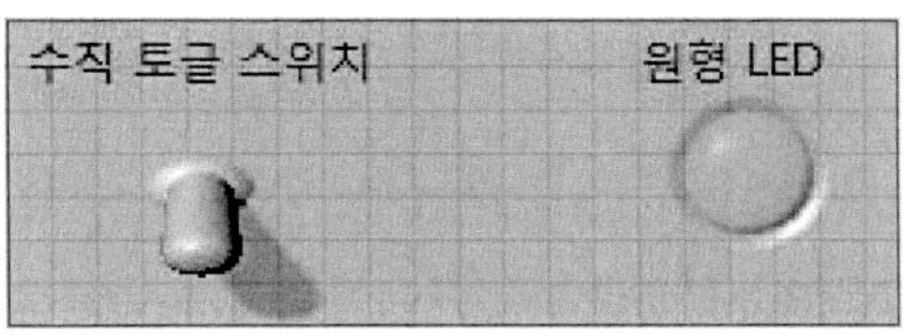

불리언 컨트롤　　　불리언 인디케이터

컨트롤 팔레트 → 일반 → 불리언 → 원형 LED

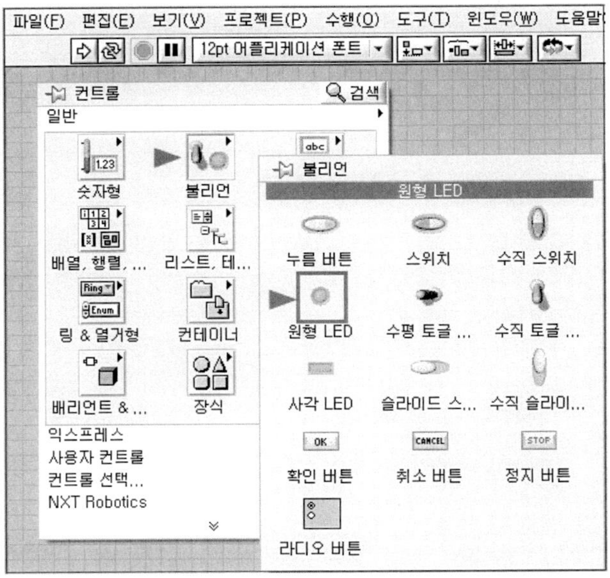

터치센서의 눌림 여부를 나타내기 위해, 불리언을 인디케이터로 사용한다.

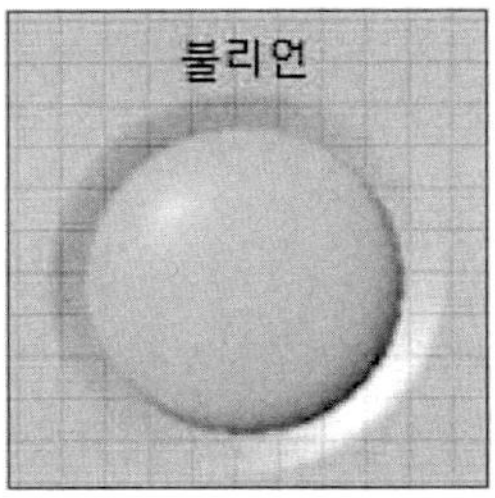

함수팔레트 → NXT Robotics → NXT I/O → Sensor

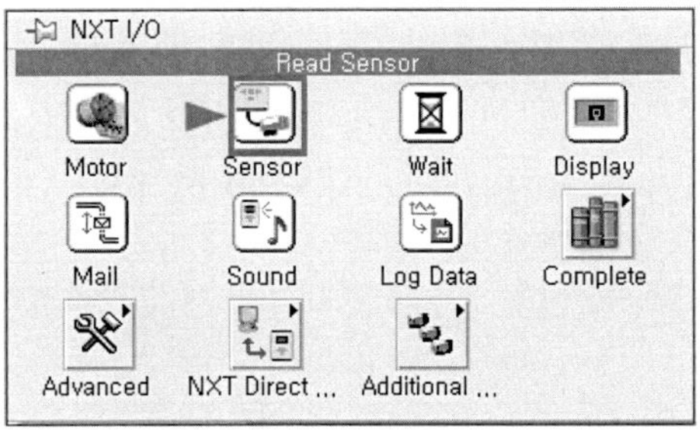

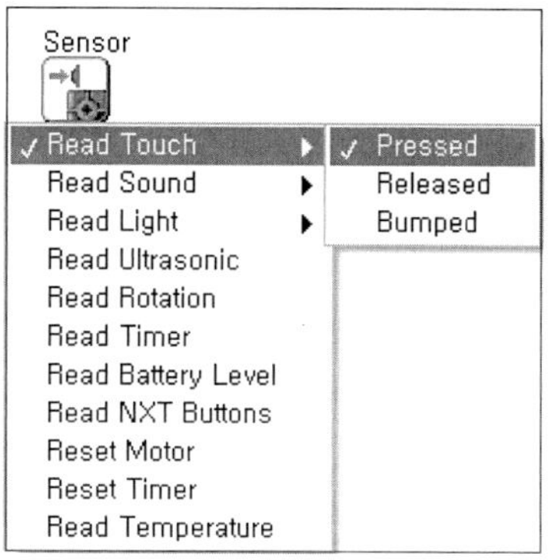

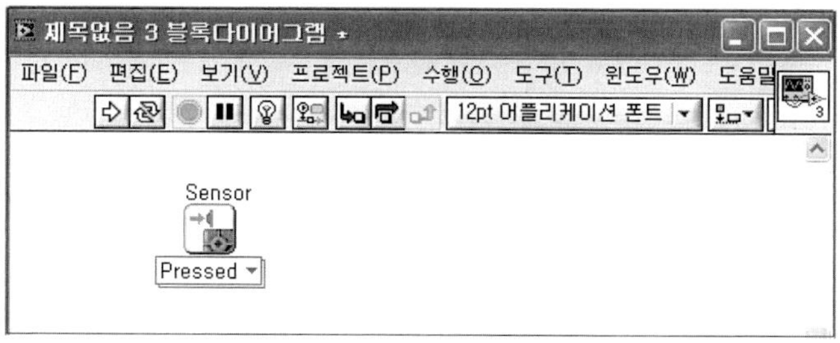

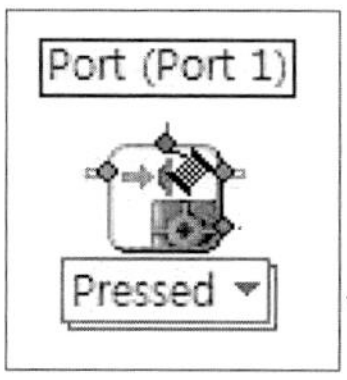

← Port에서 컨트롤을 생성한다. (default = port 1)

마우스 오른쪽 클릭

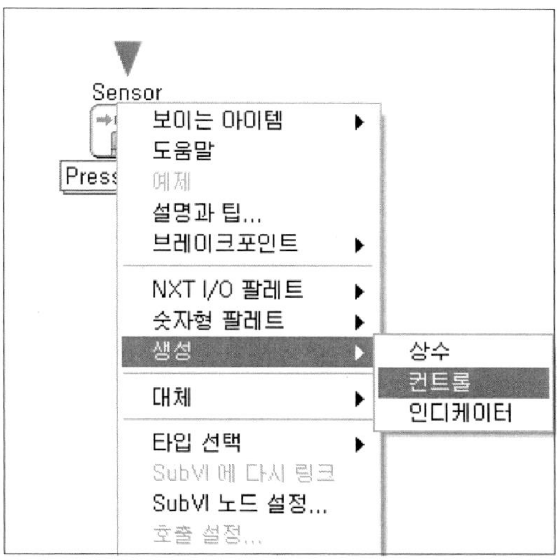

예제 9.1 터치 센서 입력 확인 프로그램을 작성하시오.

✢ 터치센서 입력(디지털 입력)

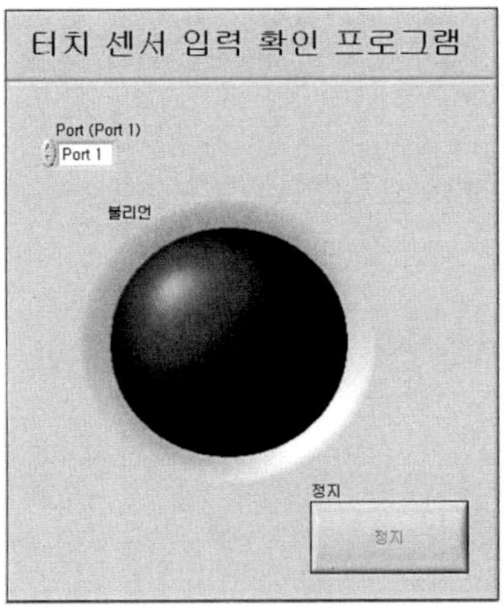

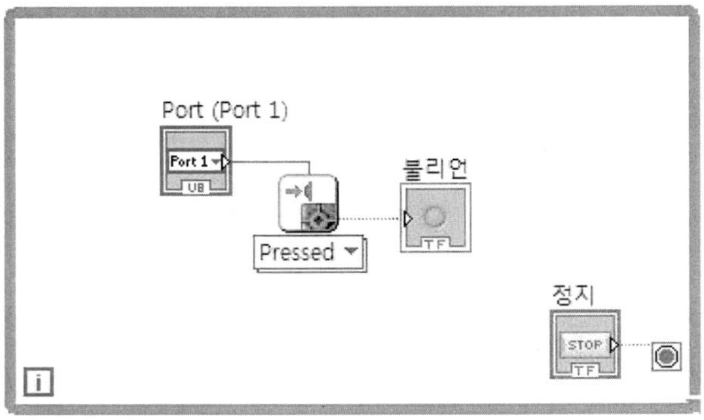

터치센서의 입력을 프런트 패널에 불리언으로 출력한다.

❶ Front Panel → NXT Robotics → NXT I/O → Decorations → 평평한 상자

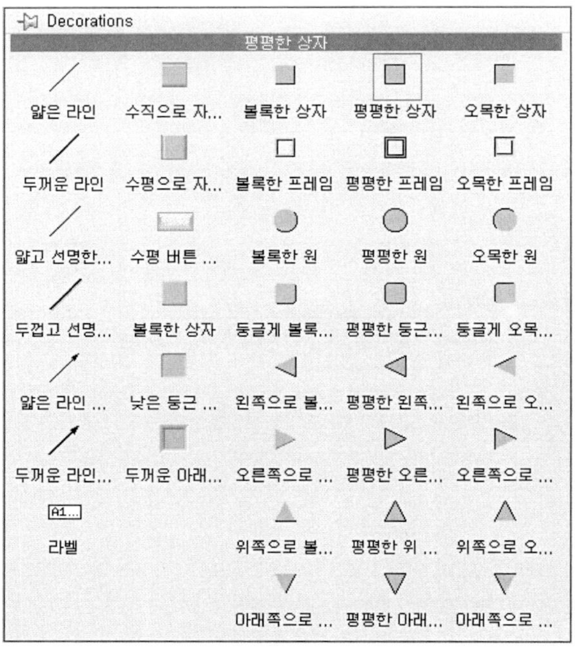

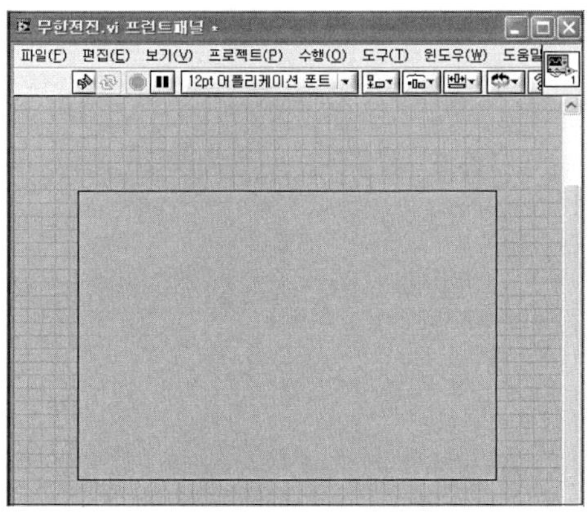

❷ Block Diagram → 프로그래밍 → 구조 → While 루프

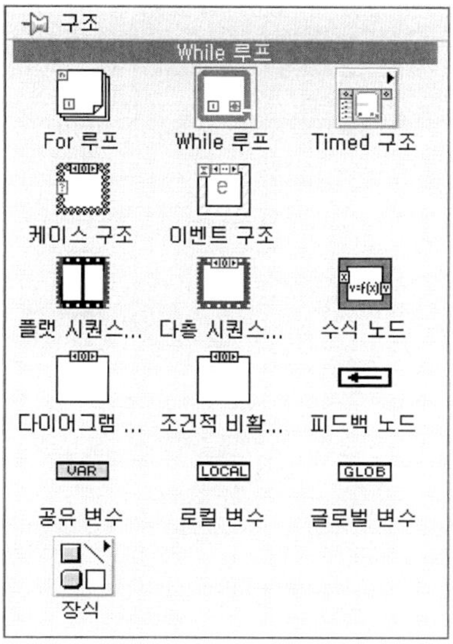

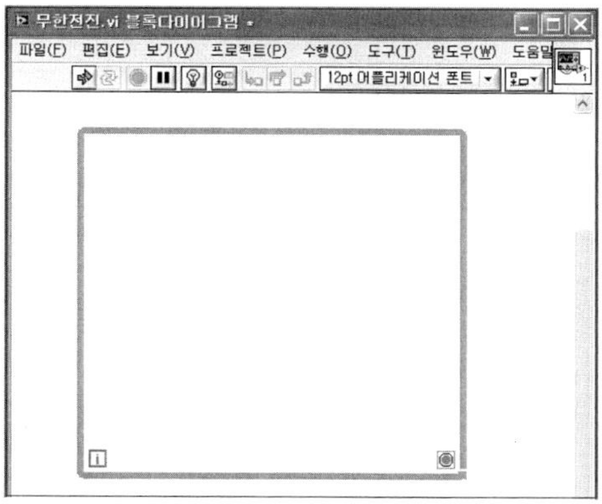

❸ Block Diagram → NXT Robotics → NXT I/O → Sensor

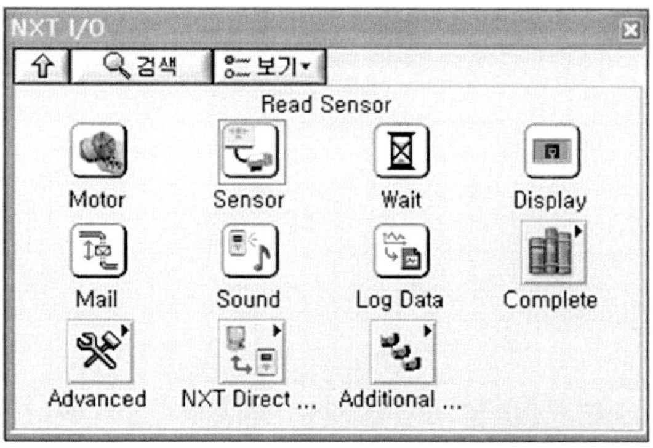

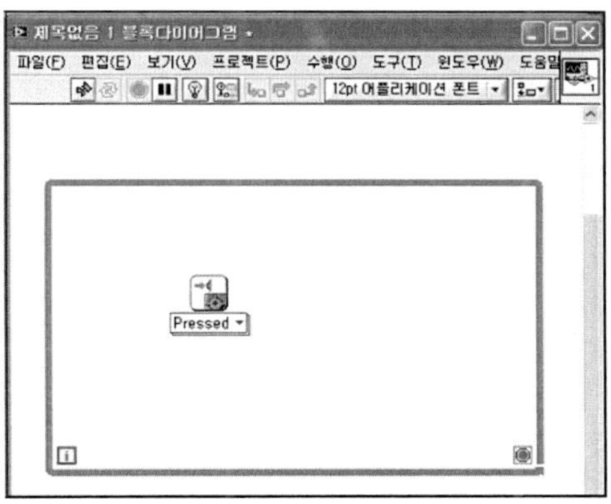

❹ Port에서 컨트롤 생성 (default = port 1)

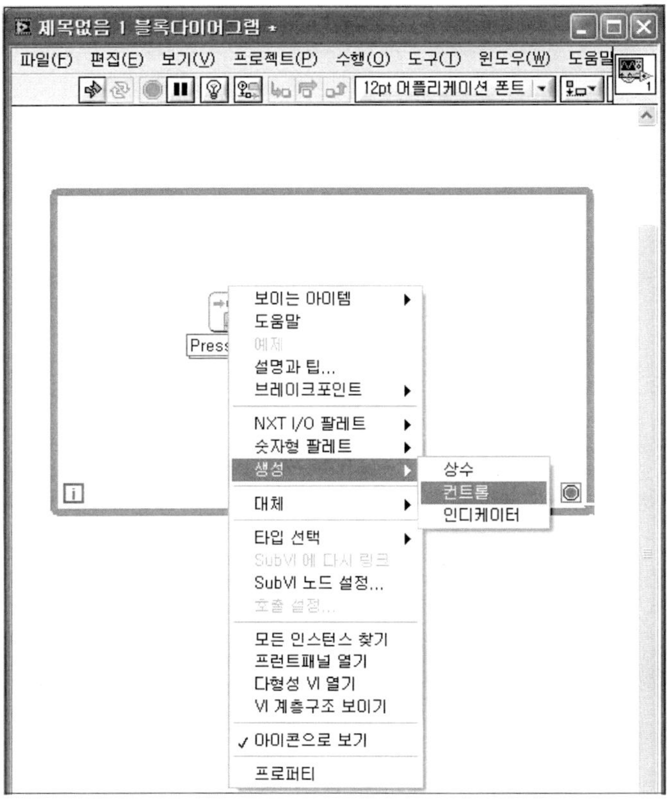

❺ Port 생성화면

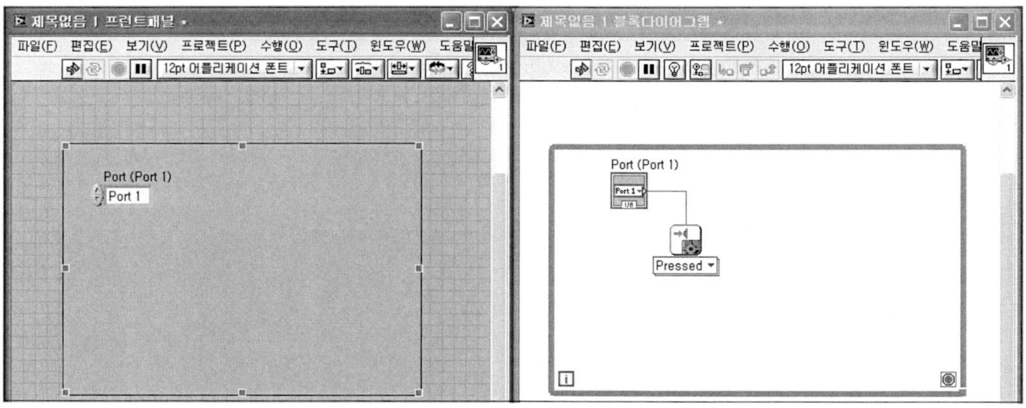

❻ Front Panel → 일반 → 불리언 → 일반 LED

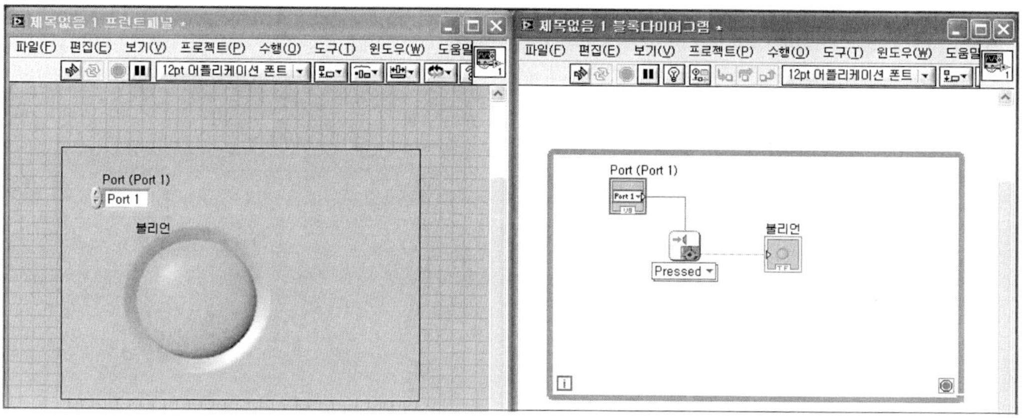

❼ 정지 생성

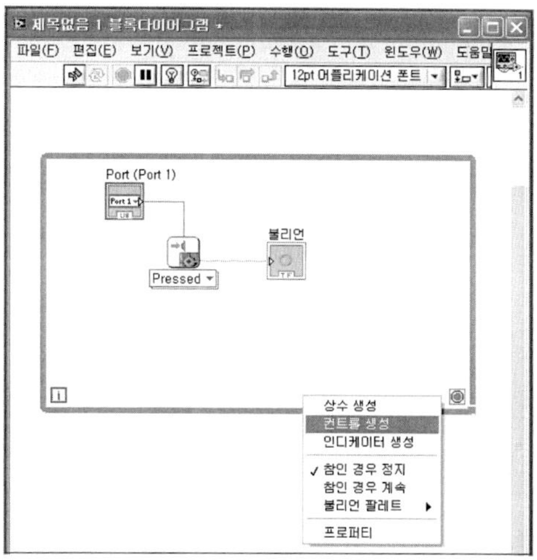

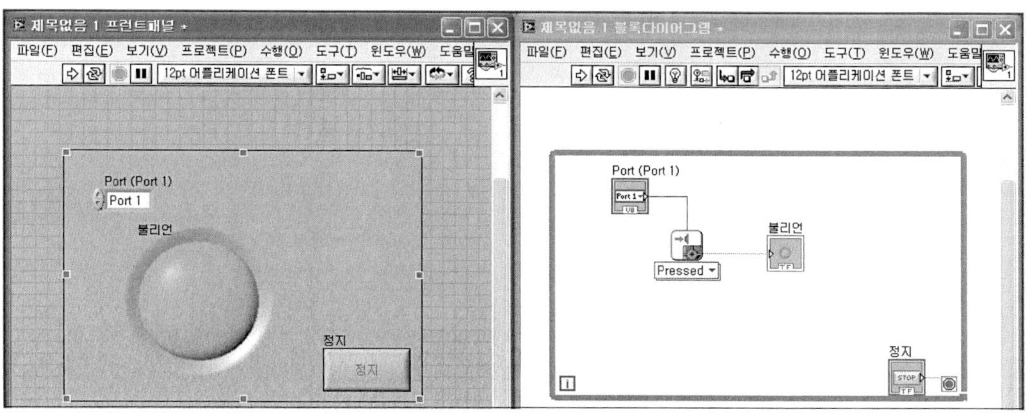

❽ 프로그램 완성

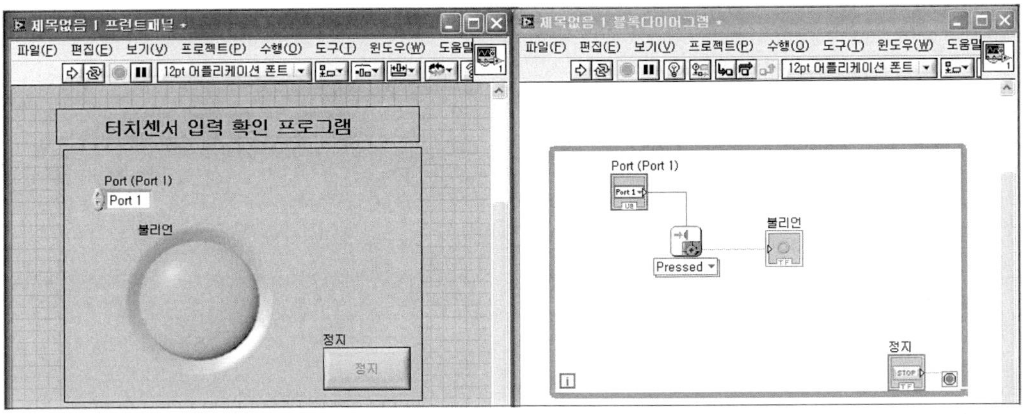

〈연습문제 9.1〉

터치 센서가 눌리면 소리가 나는 프로그램을 작성하시오.

(Touch Sensor → Sound)

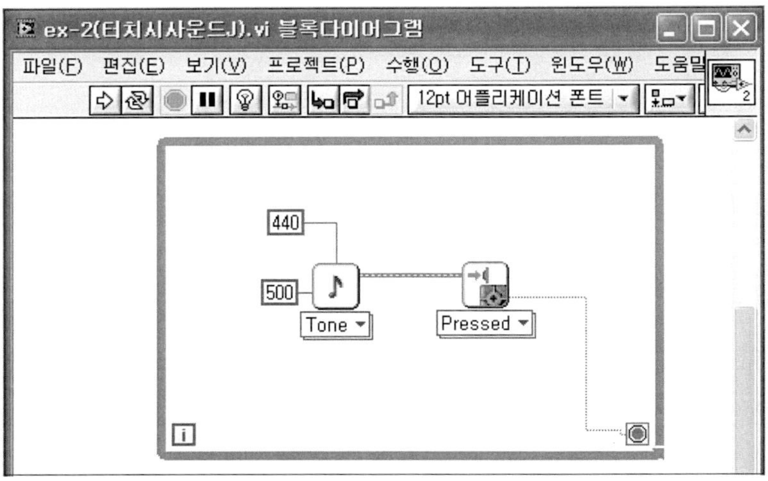

〈연습문제 9.2〉

전진하다 터치 센서가 눌리면 정지하는 프로그램을 작성하시오.

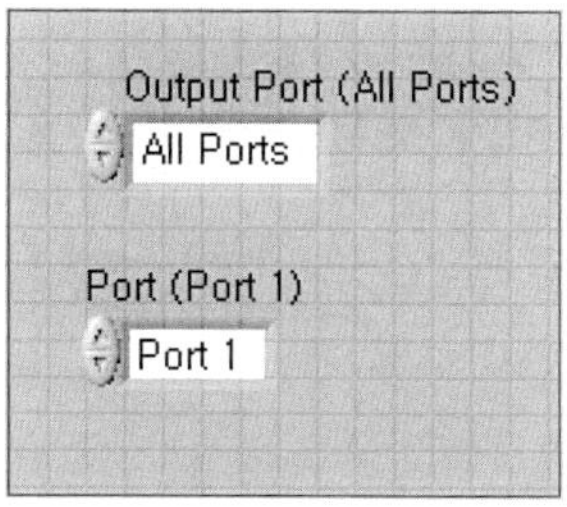

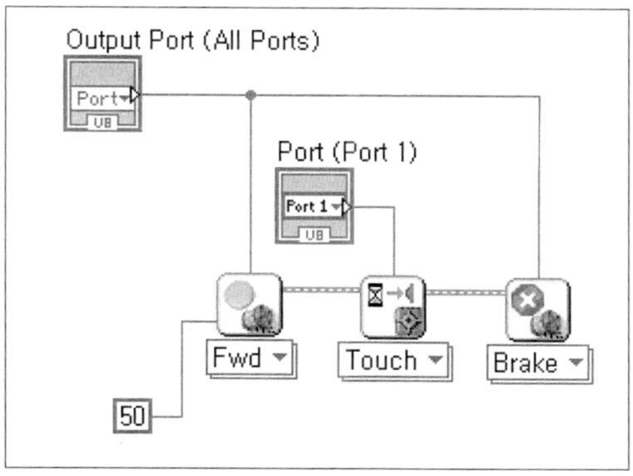

〈연습문제 9.3〉

0.5초 전진, 0.5초 후진 반복하다 터치센서가 눌리면 정지하는 프로그램을 작성하시오.

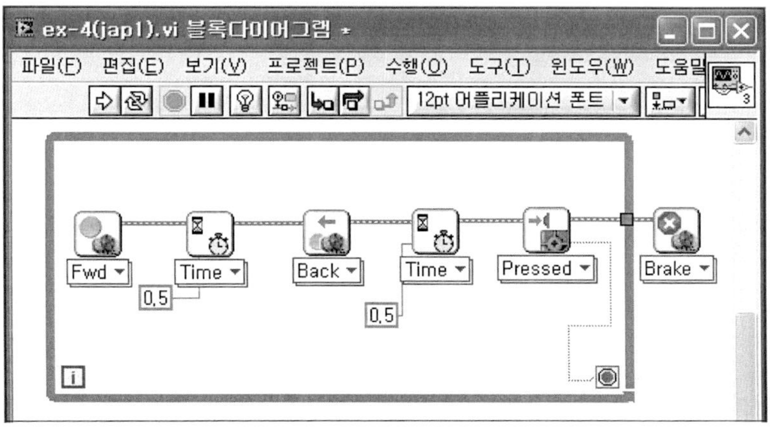

〈연습문제 9.4〉

터치 센서 입력 시 소리가 나는 로봇 프로그램을 작성하시오.

터치 센서 입력 시 NXT 스피커를 통하여 사운드가 나오며, LED가 켜지는 로봇, 소리의 크기와 길이는 노브를 통하여 변경한다.

Tone VI(Hz=음의 높낮이 50~7000까지 가능)를 사용하여 터치 센서 입력에 따라 사운드를 출력한다.

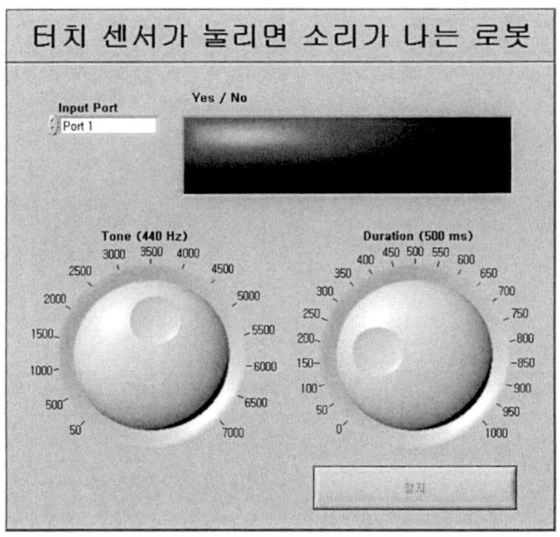

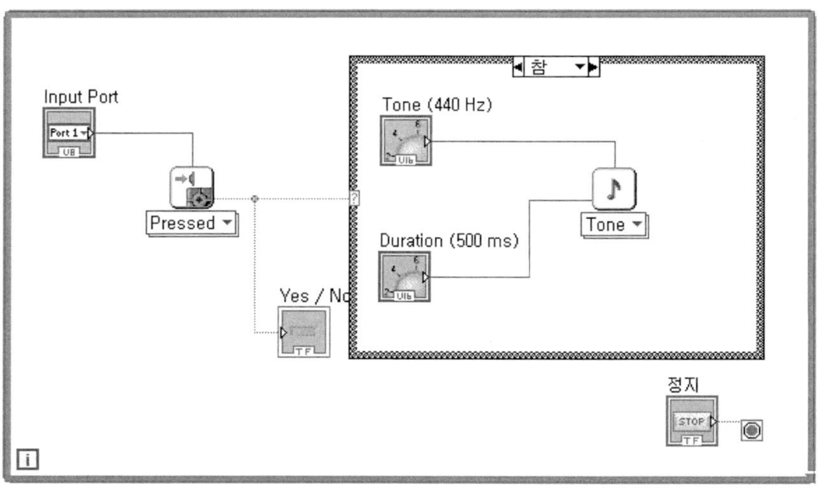

10

빛 센서 (Light Sensor)

빛 센서는 전방에 간접조명용 붉은 LED와 Photo Transistor가 내장되어 있다. 근접한 물체에 부딪혀 반사되어 오는 색의 반사량 중 명암을 측정하여 광 반사량 값을 흑백 명암으로 인식한다.

LED ON과 LED OFF로 간접조명을 켜거나 끌 수 있다.

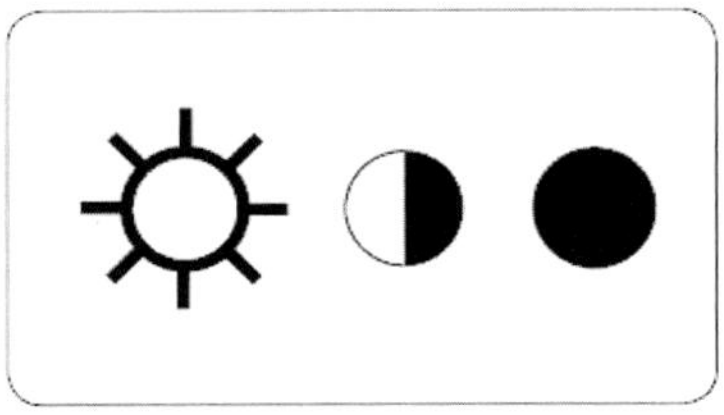

↑ 사람의 눈이 인식하는 색

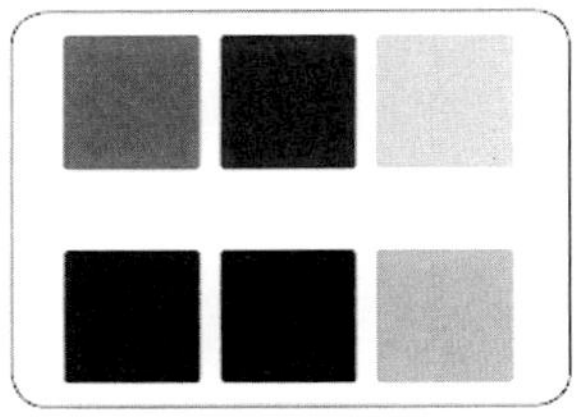

↑ 빛 센서가 인식하는 색

10.1 빛 센서 셀프 테스트

① 빛 센서를 3번에 연결한다.

② NXT를 켜고 View를 선택한다. → 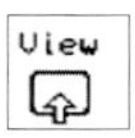

③ 반사광 측정하기(간접조명 활성화) → 반사광(Reflected light) 아이콘을 선택한다. → 포트 3을 선택한다.

④ 주변광 측정하기(간접조명 비활성화) → 주변광(Ambient light) 아이콘을 선택한다. → 포트 3을 선택한다.

〈간접조명 활성화, 반사광 측정용(Reflected light)〉

① NXT ON

② 오른쪽 버튼 3번을 누른다.

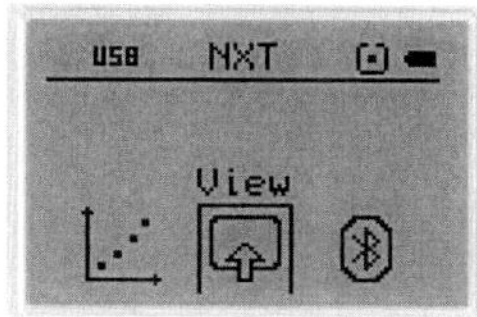

← View 선택

③ 오른쪽 버튼을 2번 누른다.

← Reflected light 선택

④ Select Port 3 선택 (Port 변경 가능)

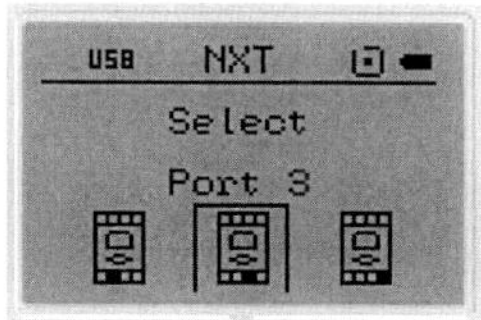

⑤ 현상태

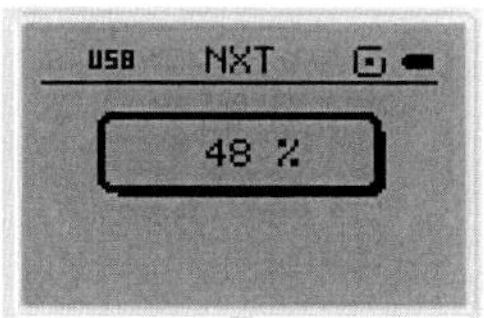

⑥ 손으로 가린 상태

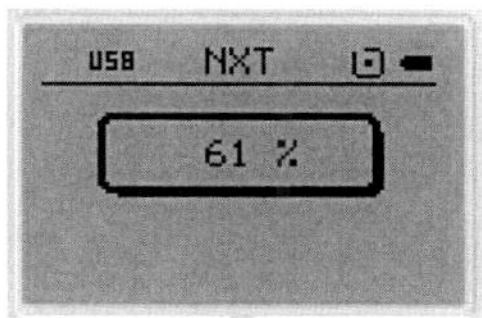

〈간접조명 비활성화, 주변광 측정용(Ambient light)〉

① NXT ON

② 오른쪽 버튼 3번을 누른다.

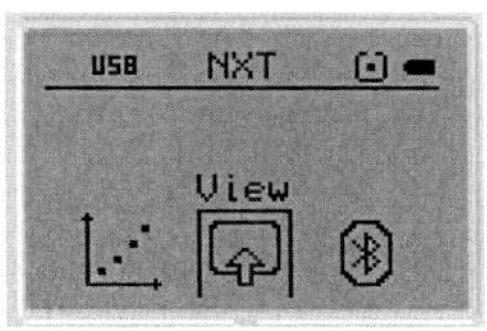

← View 선택

③ 오른쪽 버튼을 3번 누른다.

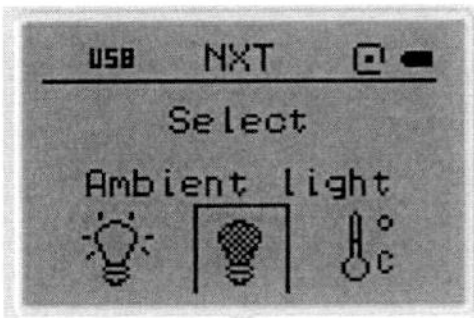

← Ambient light 선택

④ Select Port 3 선택 (Port 변경 가능)

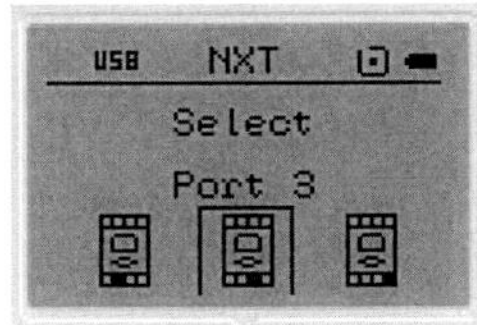

⑤ 현 상태

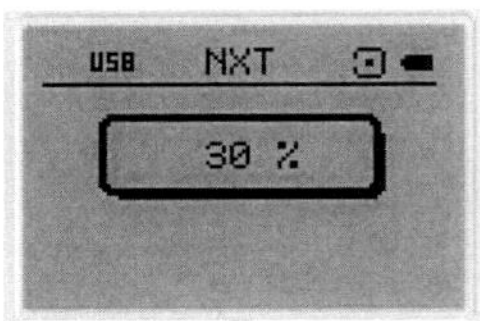

⑥ 손으로 가린 상태

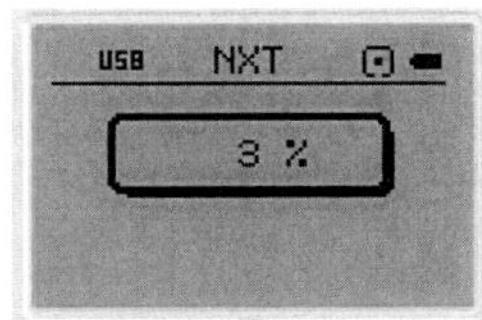

10.2 문턱값 (Threshold)

✣ 검정색과 흰색을 구분 짓는 기준값

- 어두운 영역과 밝은 영역을 어떻게 구분할 것인가?

어두운 영역　　　　밝은 영역

〈일반적인 문턱값〉

$$\text{문턱값} = \frac{(\text{흰색에서 읽어들인 값} + \text{검정색에서 읽어들인 값})}{2}$$

✣ 기본 예제 프로그램

① Block Diagram → 프로그래밍 → 구조 → While 루프

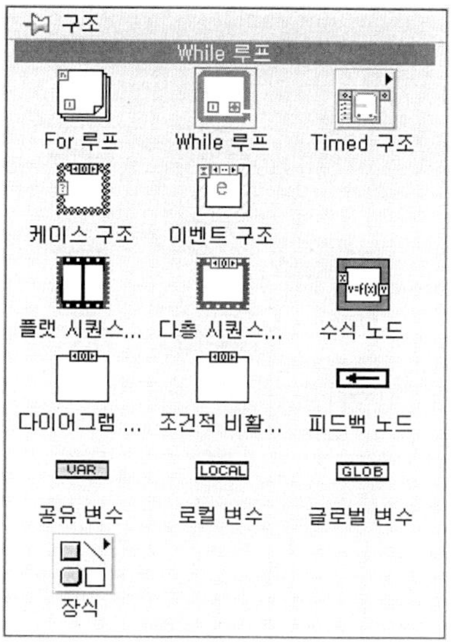

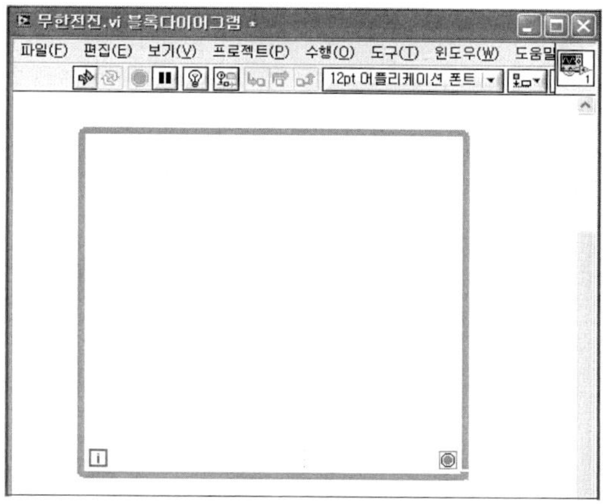

② Block Diagram → NXT Robotics → NXT I/O → Sensor

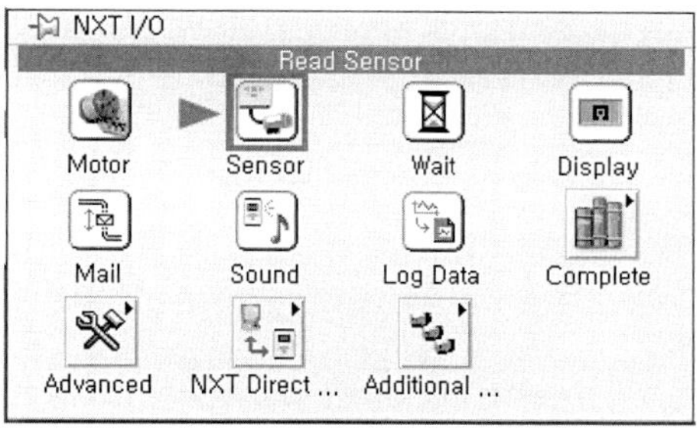

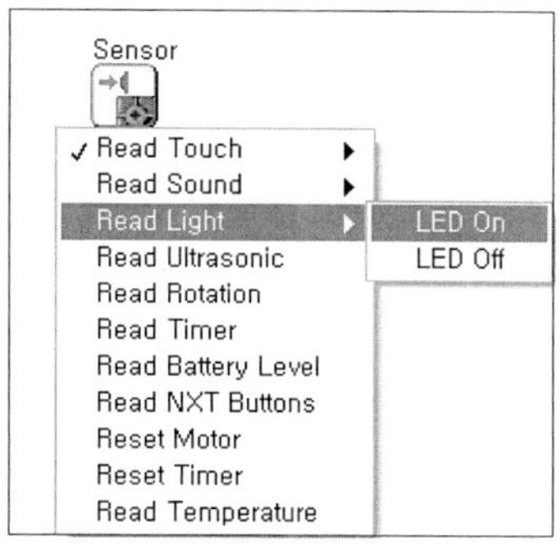

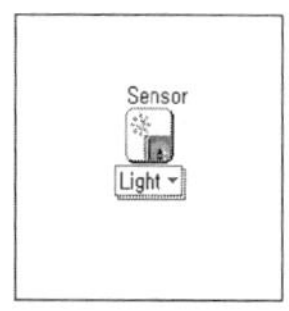

③ Block Diagram → NXT Robotics → NXT I/O → Sensor

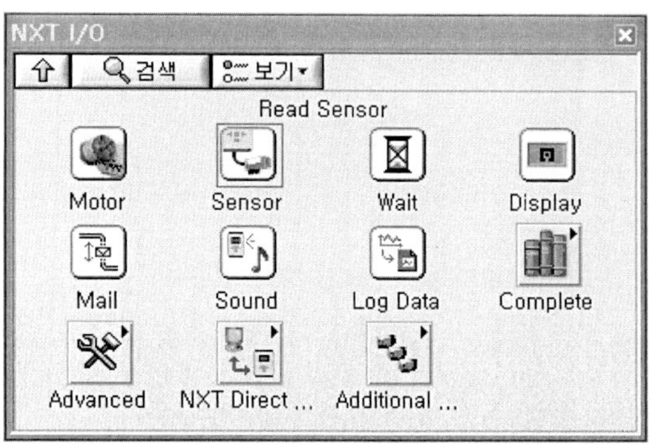

④ Port 생성

마우스 오른쪽 클릭 후 Port에서 컨트롤을 생성한다. (default = port 3)

⑤ Port 생성화면

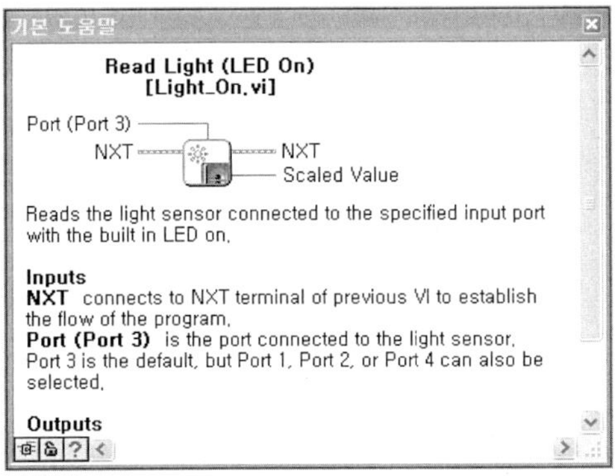

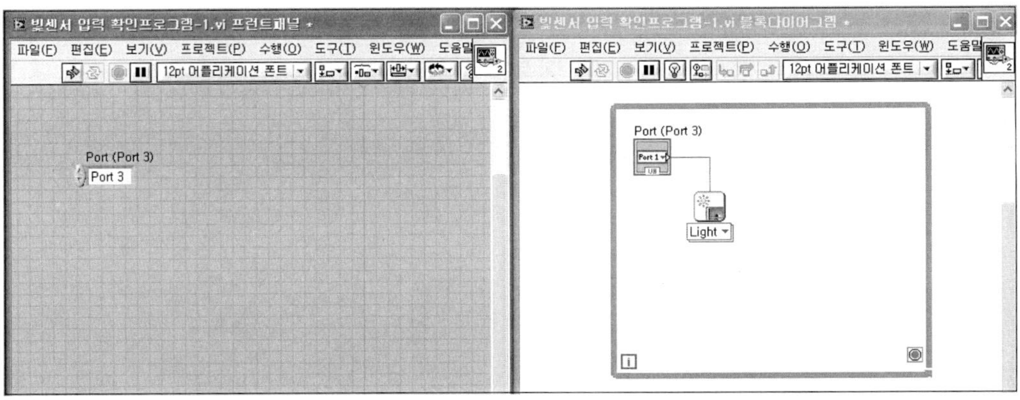

⑥ Front Panel → 숫자형 인디케이터 → 미터 생성

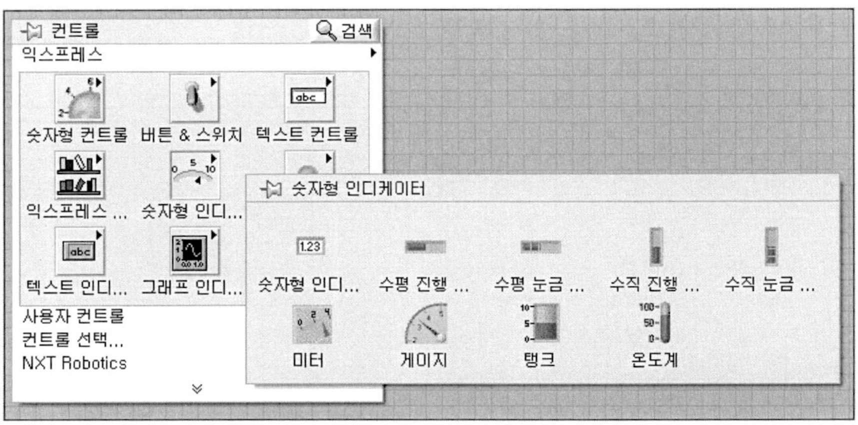

⑦ 생성 화면 - 미터 스케일을 100으로 변환.

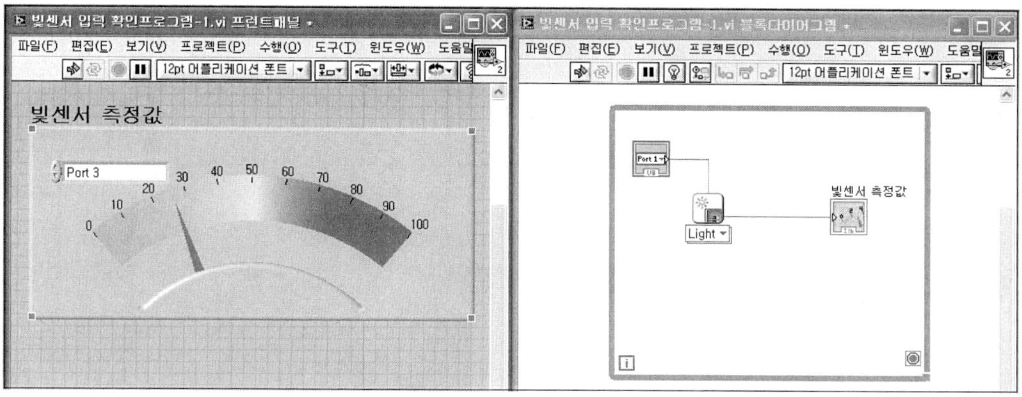

프로퍼티 → 스케일 → 최대값 100으로 변환한다.

⑧ Front Panel → 컨트롤 → 숫자형 인디케이터 생성

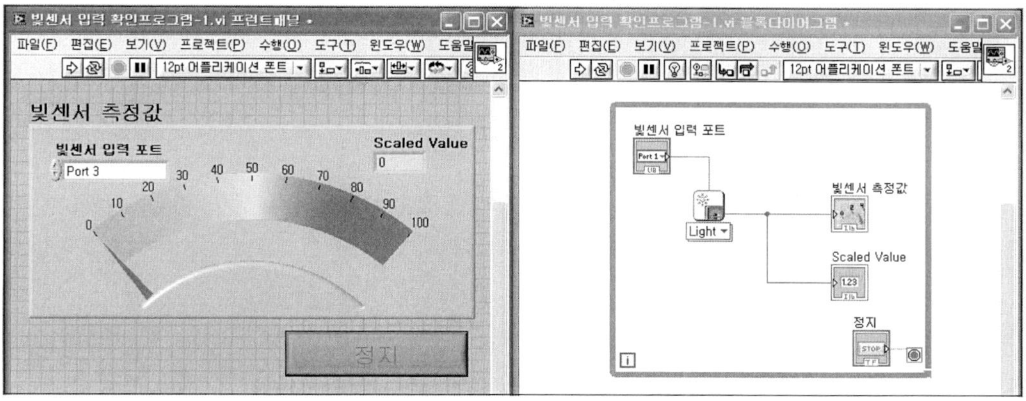

숫자형 변환 (DBL → I16)

〈연습문제 10.1〉

검정 선을 만나면 정지하는 로봇 프로그램을 작성하시오.

함수팔레트 → NXT Robotics → NXT I/O → Wait

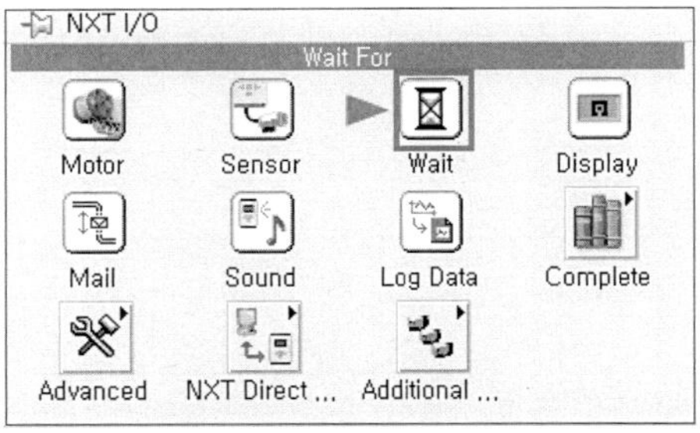

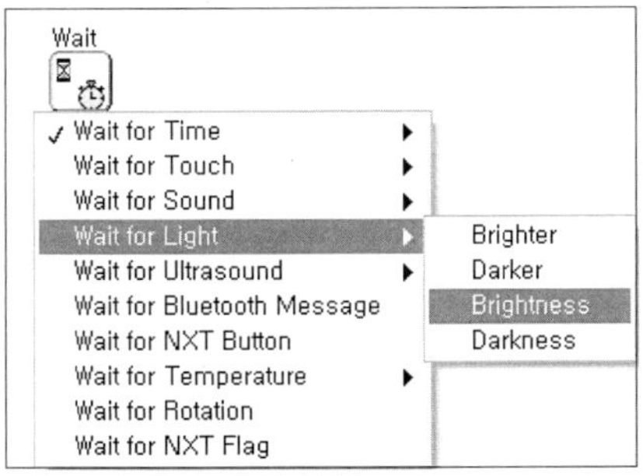

Wait for Light

빛 센서의 설정한 값보다 밝거나 어두워질 때까지 앞의 프로그램을 계속해서 실행한다.

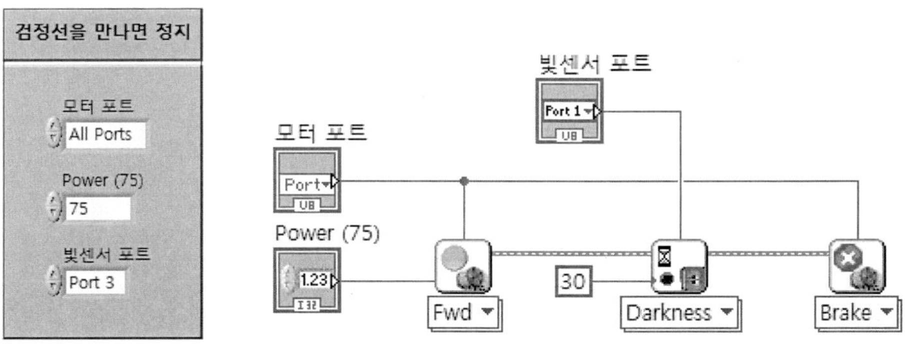

〈연습문제 10.2〉

두 번째 검정 선을 만나면 정지하는 로봇 프로그램을 작성하시오.

(➥ 첫 번째 검정선을 통과하고, 두 번째 검정선을 인식하면 정지하는 로봇.)

Wait for Light

Wait for Light에서 Brightness를 선택하고, 검정선을 지나는 시간을 계산한다.

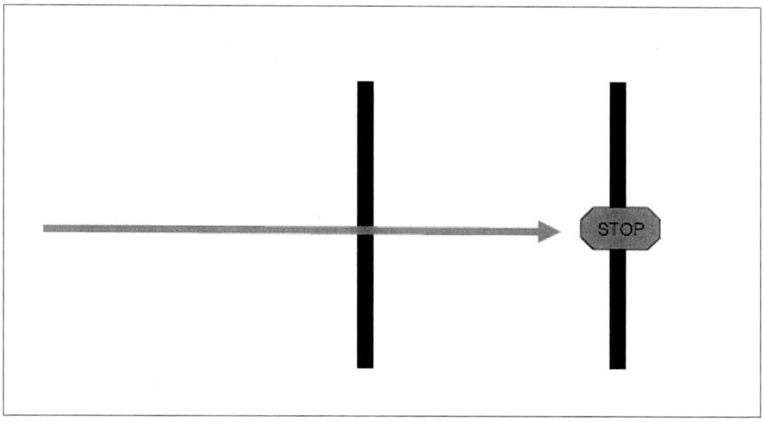

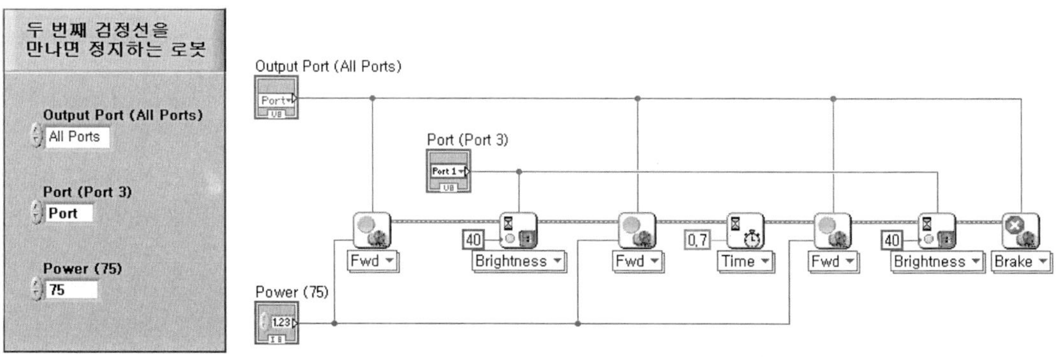

사운드 센서 (Sound Sensor)

11

사운드 센서는 주변의 소리를 인식하여 데시벨 레벨(소리의 크기 또는 강도)을 측정하는 장치로, 소리의 크기를 0~100 % 값으로 표현하는 센서이다.

NXT 사운드 센서는 소리의 크기를 최대 90 dB까지 측정이 가능하다.

측정 데이터

- dB : 모든 실제 소리를 의미하며, 인간이 듣기에 아주 높거나 낮은 소리를 포함한다.
- dBA : 사람의 귀가 실제로 들을 수 있는 소리를 의미한다.

〈음원이 센서에서 1m거리에 있다고 가정할 때〉

음향 백분율(%)	소리의 크기
4~5%	조용한 거실
5~10%	멀리서 이야기하는 소리
10~30%	대화, 잔잔한 음악
30~100%	소리를 지르거나 시끄러운 음악소리

11.1 사운드 센서의 동작 - View

① 사운드 센서를 2번에 연결한다.

② NXT를 켜고 View 를 선택한다. → 

③ 

, 

→ 소리 측정

④ 입김을 불거나 소리크기를 변형하면서 Sound 크기를 확인한다.

〈화면을 통한 사운드 센서의 동작〉

① NXT ON

← 오른쪽 버튼 3번 클릭

② View 선택

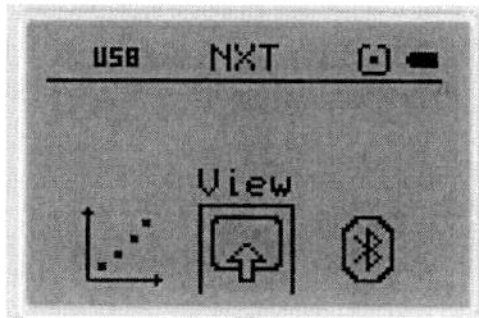

③ Sound db 선택

④ Port 2 선택

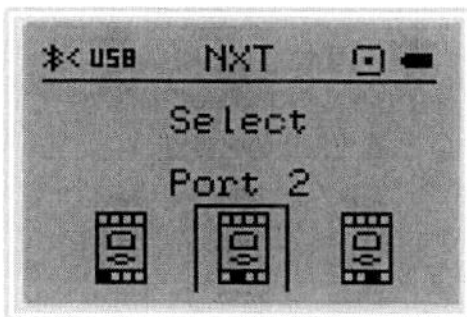

⑤ Sound 크기를 확인한다.

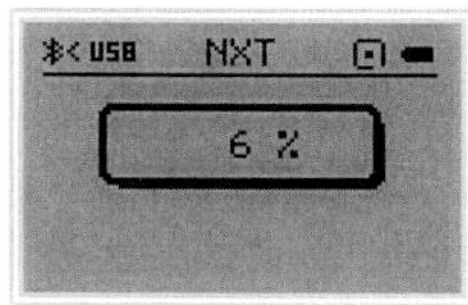

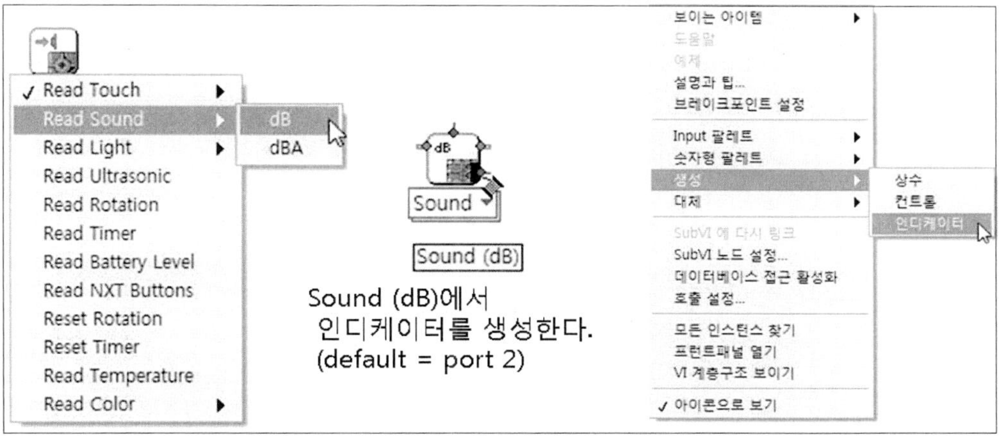

Read Sound (dB)

지정된 입력 포트에 연결 소리 센서를 읽고 데시벨(dB)의 볼륨을 출력한다.

Wait (Loudness)

지정된 포트에 연결 사운드 센서가 지정된 음의 크기의 값(dB)보다 큰 소리를 감지 할 때까지 기다린다.

11.2 웨이브폼 차트

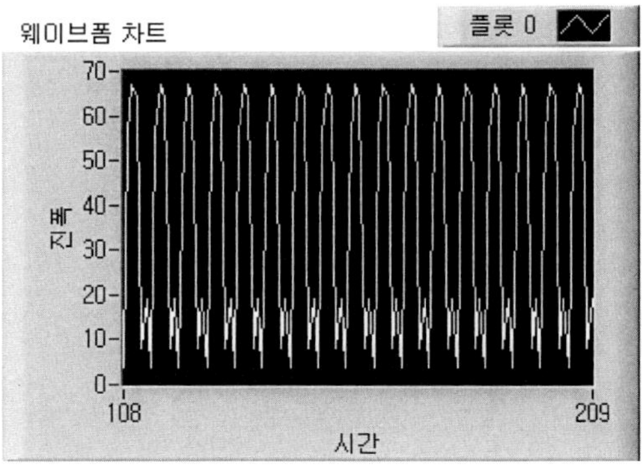

웨이브폼 차트는 주로 Loop문 내부에서 사용되며, 표시된 내용을 Scroll할 수 있고 하나 이상의 연속적인 데이터 량을 표시할 수 있도록 만들어진 특수한 수치 인디케이터(Numerical Indicator)이다.

새로운 데이터를 과거 데이터와 연속적으로 표시(현재+과거 형태)하며, Numeric/Cluster 형태의 값을 출력한다.

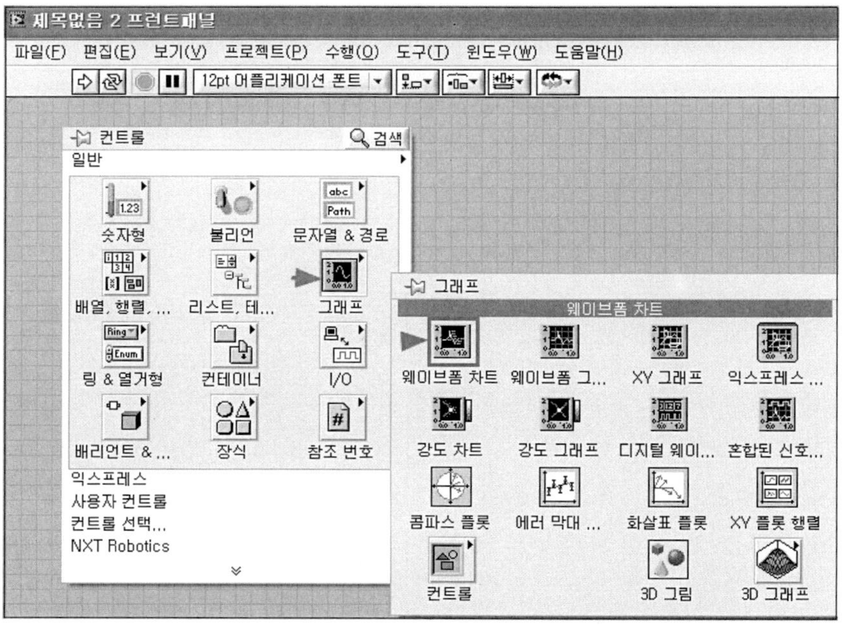

컨트롤 팔레트 → 일반 → 그래프 → 웨이브폼 차트

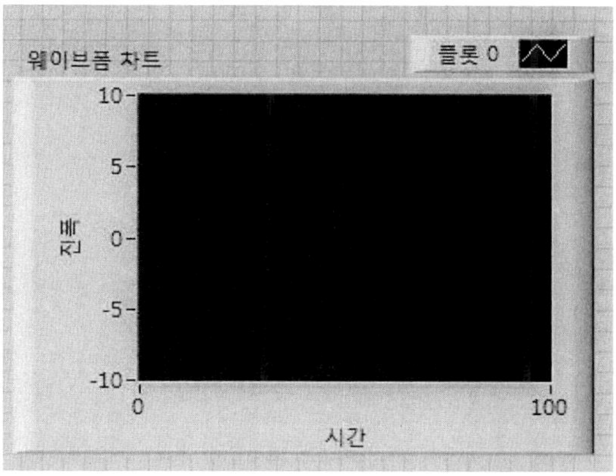

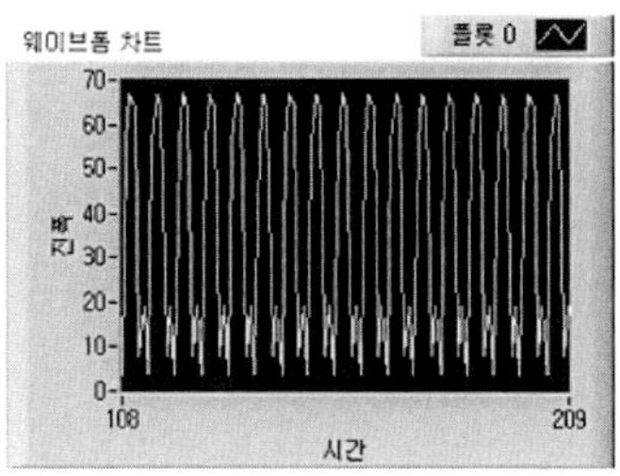

Strip Chart

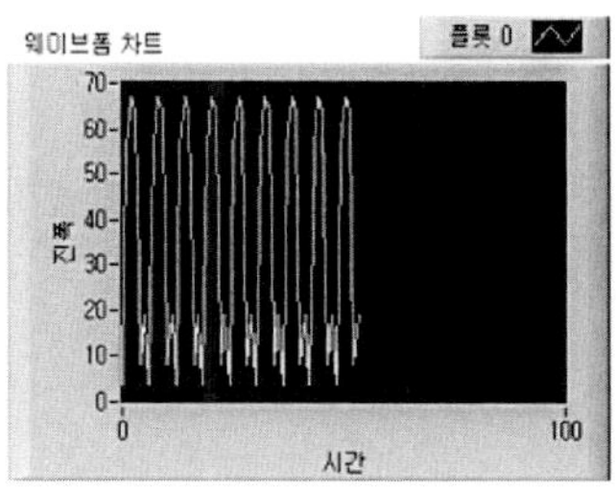

Scope Chart

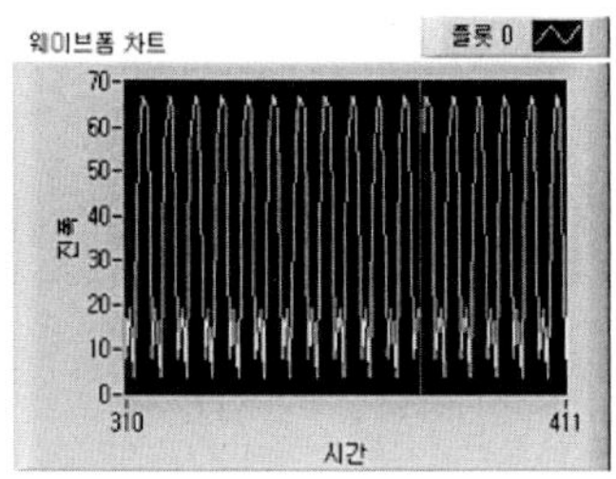

Sweep Chart

Chart의 3가지 모드 (고급 >> 업데이트 모드)

- Strip Chart (기본) : Scrolling display로 구성, 연속용지와 유사하다.
- Scope Chart : 데이터는 그래프 내용을 지우고 그래프의 좌측경계에서 다시 그린다. (오실로스코프의 작동 방식을 모사)
- Sweep Chart : 구 데이터를 지우지 않고 이동하는 수직선이 새 데이터의 시작을 표시하며 새로운 데이터가 추가 될 때마다 우측화면 영역으로 이동한다.

예제 11.1 사운드 센서 입력 확인 프로그램을 작성하시오.

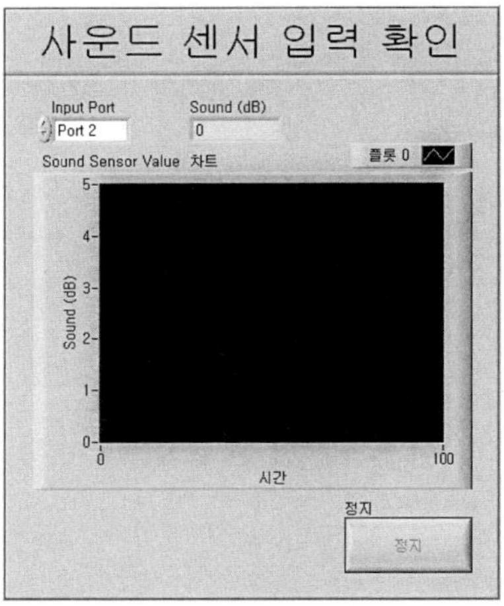

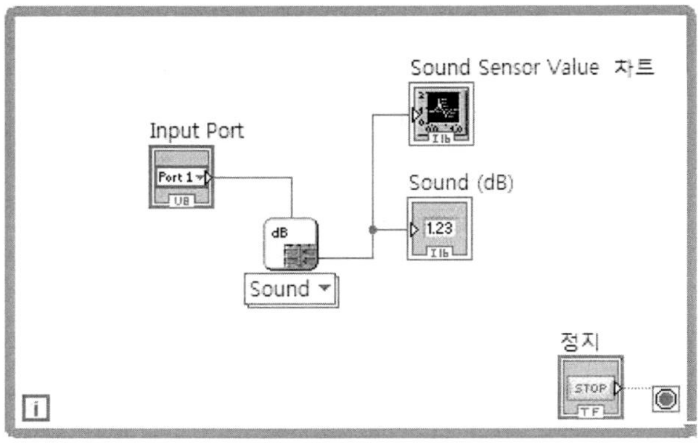

사운드 센서 입력(아날로그 입력)과 사운드 센서의 입력을 프런트 패널의 웨이브폼 챠트를 사용하여 보여준다.

〈연습문제 11.1〉

큰소리에만 작동하는 로봇 프로그램을 작성하시오.

사운드 센서 입력이 50이상 일 때만 전진하는 로봇 프로그램을 작성한다. 사운드 센서 입력은 웨이브폼 챠트로 표현 한다.

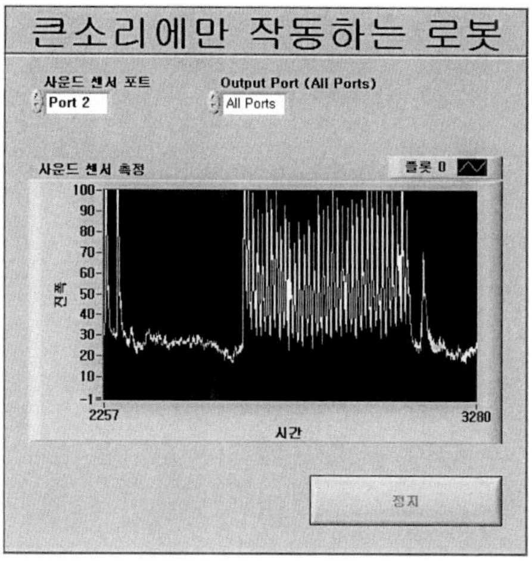
큰소리에만 작동하는 로봇
사운드 센서 포트
Port 2
Output Port (All Ports)
All Ports
사운드 센서 측정
플롯 0
진폭
시간
2257
3280
정지

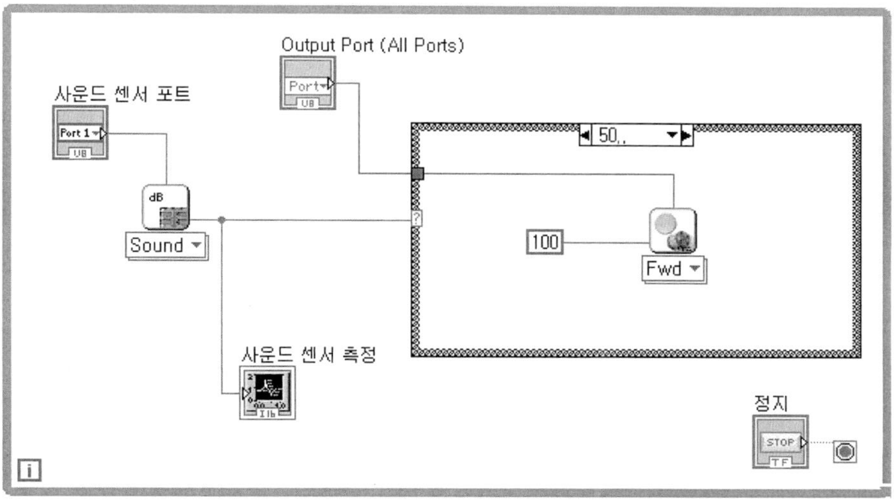
Output Port (All Ports)
사운드 센서 포트
Port 1
Sound
50,,
100
Fwd
사운드 센서 측정
정지
STOP

12

초음파 센서 (Ultra Sensor)

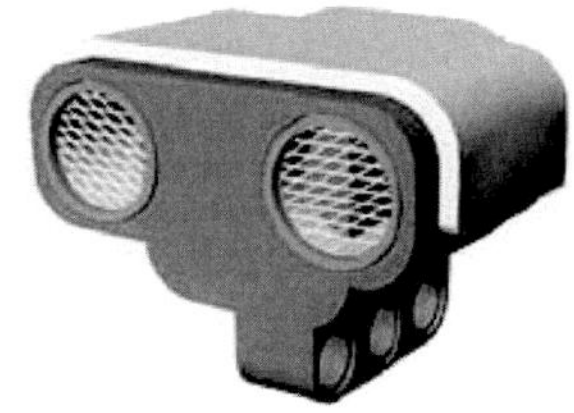

초음파 센서는 물체를 감지하여 거리를 측정하고, 움직임을 측정하는데 사용한다.

사람이 들을 수 있는 음파의 주파수는 통상 16 Hz~20 Hz 범위이다. 주파수가 20Hz를 넘는 음파를 초음파라고 정의한다.

초음파 센서는 박쥐들이 사용하는 것과 같은 과학적 원리를 기반으로, 음파가 어떠한 물체에 부딪쳐서 되돌아오는 시간을 환산하여 거리를 계산한다.

또한, Cm 와 Inch 단위로 값을 측정한다.

- 측정 가능 범위 : 0~250 cm,
- 오차범위 : ± 3 cm

크고 표면이 단단한 물체는 정확히 측정되나, 부드러운 천이나 공처럼 표면이 굽은 물체는 센서가 감지하기 어렵다.

초음파를 이용하기 때문에 센서의 측정 범위는 다음과 같은 Corn 형태가 된다. 옆 또는 위, 아래에 있는 장애물도 인식하기 때문에 사용하기에 까다롭다.

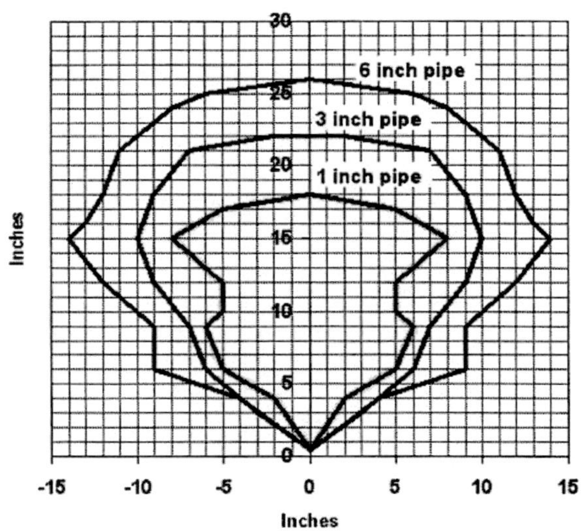

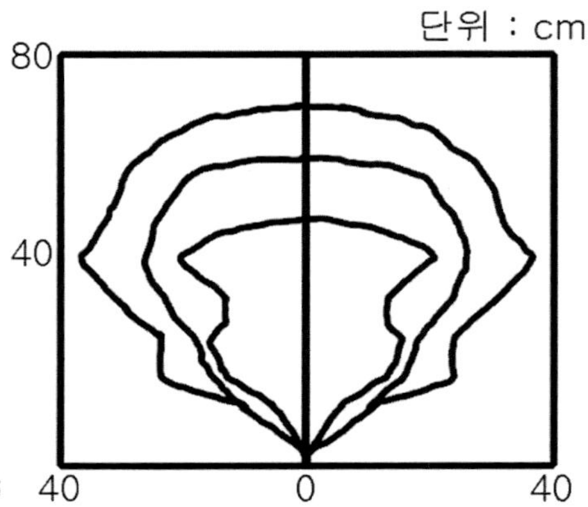

12.1 초음파 센서의 동작 - View

① 초음파 센서를 4번에 연결한다.

② NXT를 켜고 View를 선택한다. → 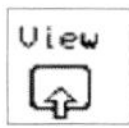

③ · 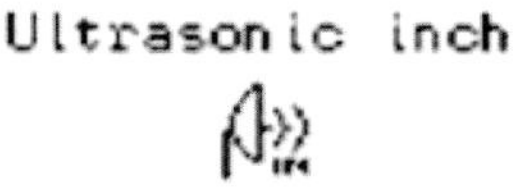

: 인치 단위 거리 측정

· 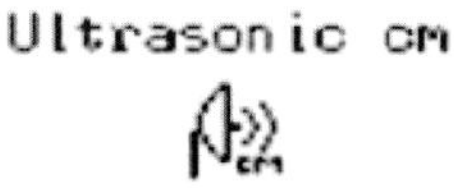

: 센티미터 단위 거리 측정

④ 터치센서 스위치를 눌러보며 값을 확인한다.

① NXT ON

② 오른쪽 버튼 3번을 누른다.

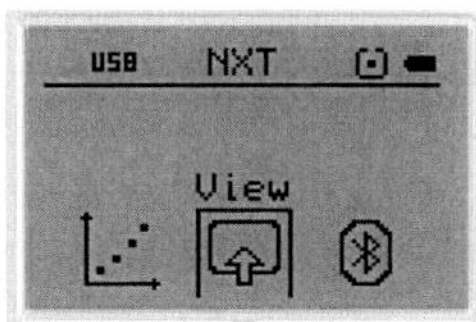

← View 선택

③ 오른쪽 버튼을 10번 누른다.

← Ultrasonic cm 선택

④ Select Port 4 선택 (Port 변경 가능)

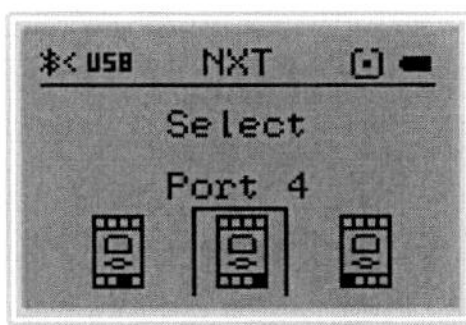

⑤ 물체의 거리를 변형하면서 물체와 초음파 센서의 거리를 확인한다.

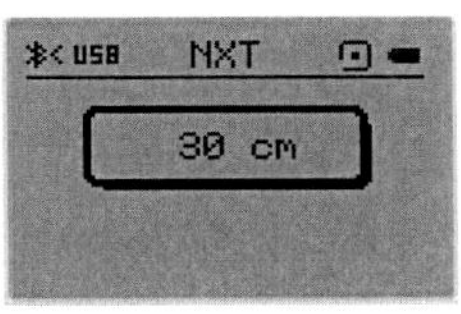

예제 12.1

함수팔레트 → NXTRobotics → NXT I/O → Sensor

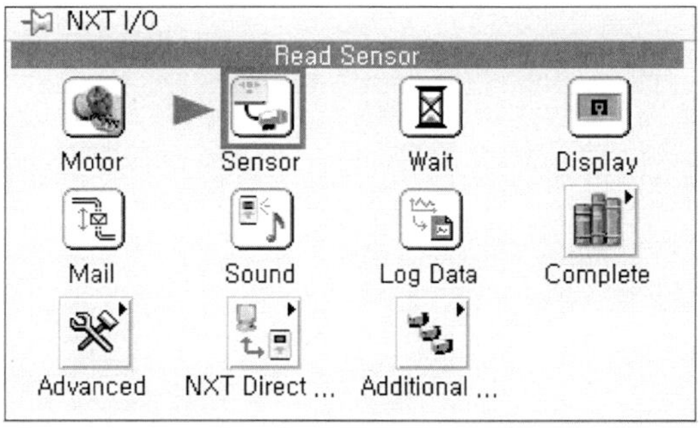

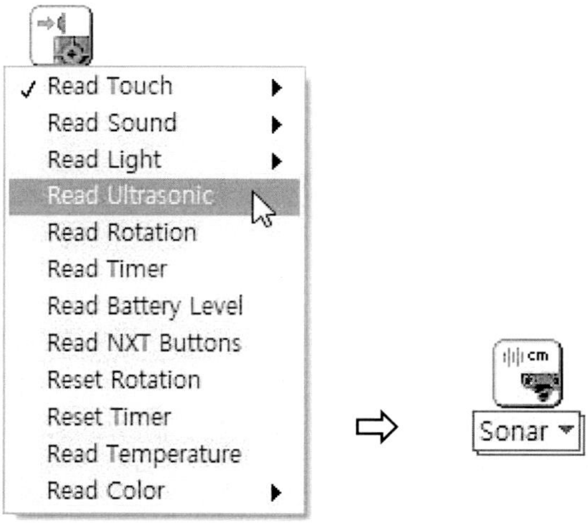

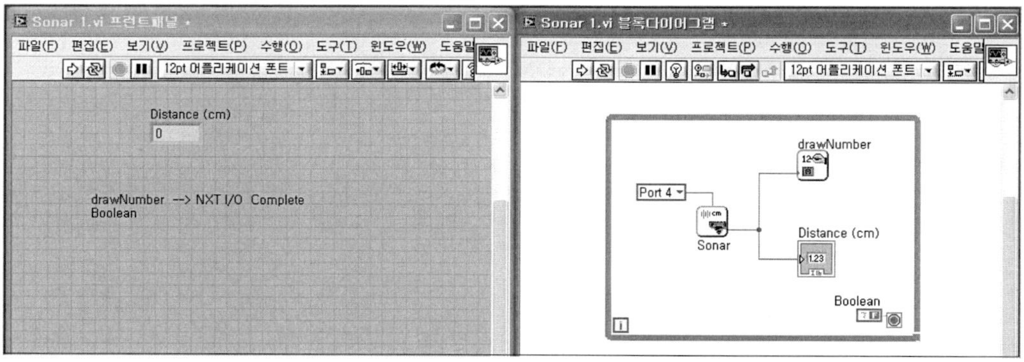

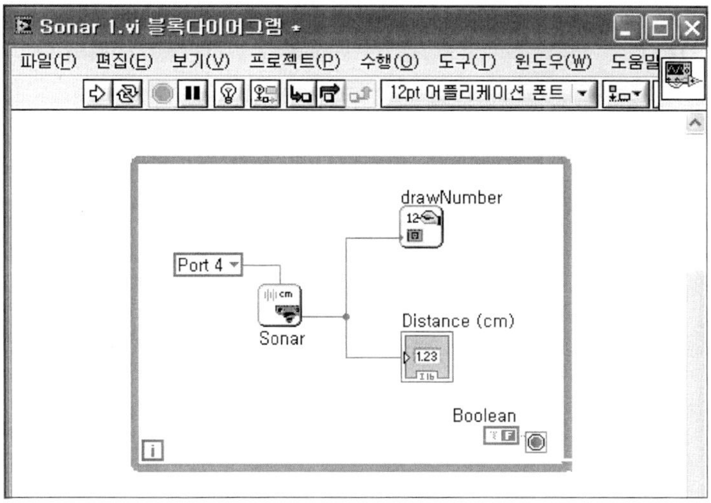

〈연습문제 12.1〉

거리 측정에 따른 사운드 출력 프로그램을 작성하시오.

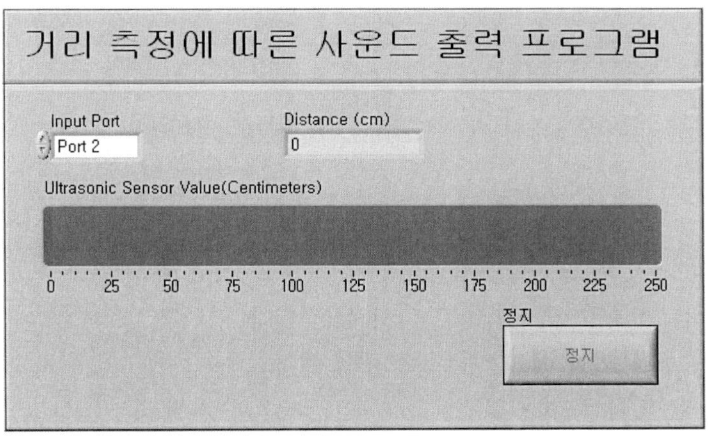

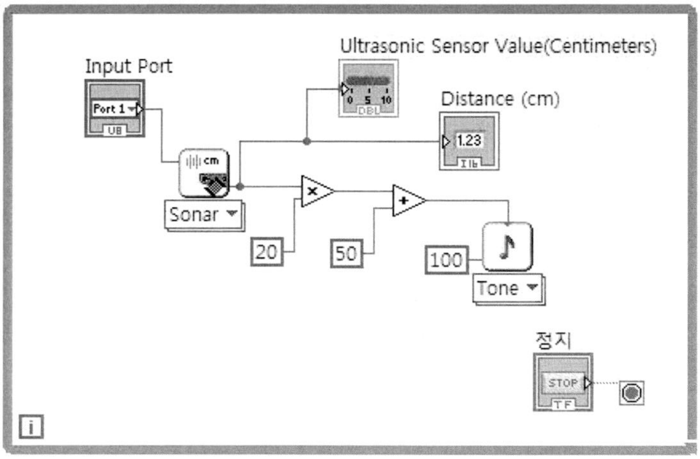

· 초음파 센서 입력(아날로그 입력)
초음파 센서의 입력을 프런트 패널의 슬라이드를 사용하여 보여준다.

Tone VI(Hz=음의 높낮이 50~7000까지 가능)를 사용하여 장애물의 거리에 따라 높낮이가 다른 음을 출력한다.

〈연습문제 12.2〉

물체를 만나면 회피하는 로봇 프로그램을 작성하시오.

· 직진 중 물체를 만나면 우회전 하고 다시 직진 한다.
· 우 회전 시 각도 제어가 아닌 시간으로 제어 한다.
· 무한 반복 동작 한다.

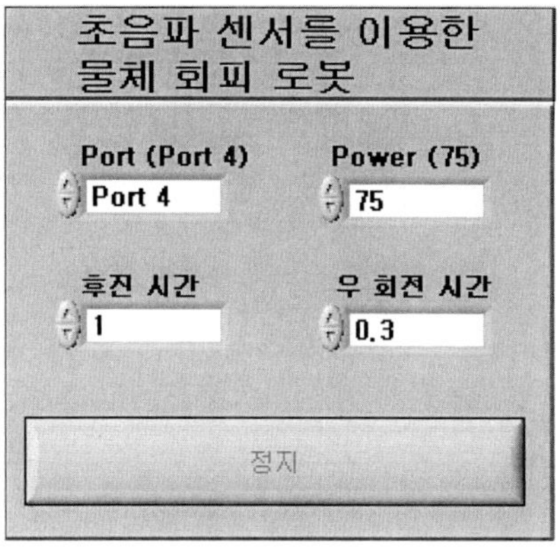
초음파 센서를 이용한
물체 회피 로봇
Port (Port 4)
Port 4
Power (75)
75
후진 시간
1
우 회전 시간
0.3
정지

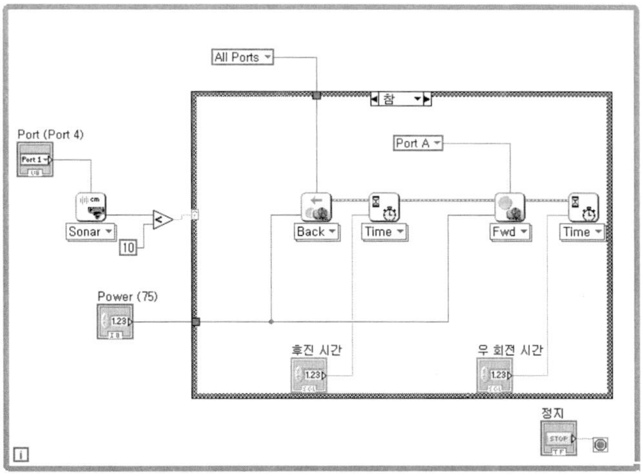
All Ports
참
Port (Port 4)
Port A
Sonar
10
Back
Time
Fwd
Time
Power (75)
후진 시간
우 회전 시간
정지

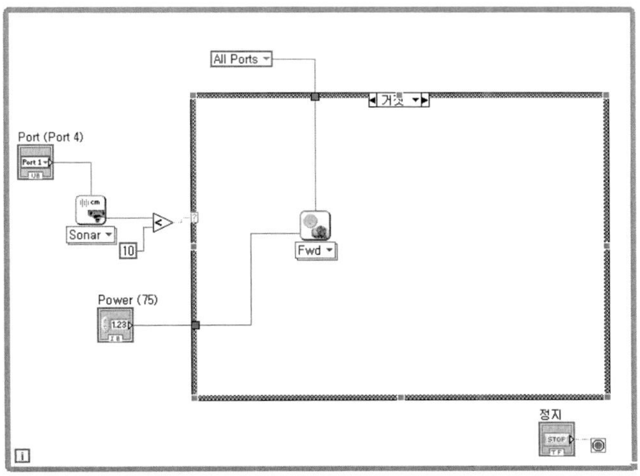
All Ports
거짓
Port (Port 4)
Sonar
10
Fwd
Power (75)
정지

〈연습문제 12.3

일정 거리를 계속해서 유지하는 로봇 프로그램을 작성하시오.

· 측정 물체와의 정해 놓은 일정 거리를 유지하기 위하여 멀어지면 전진하고 가까워지면 후진한다.

· 측정 물체의 거리는 컨트롤로 조절 가능하도록 한다.

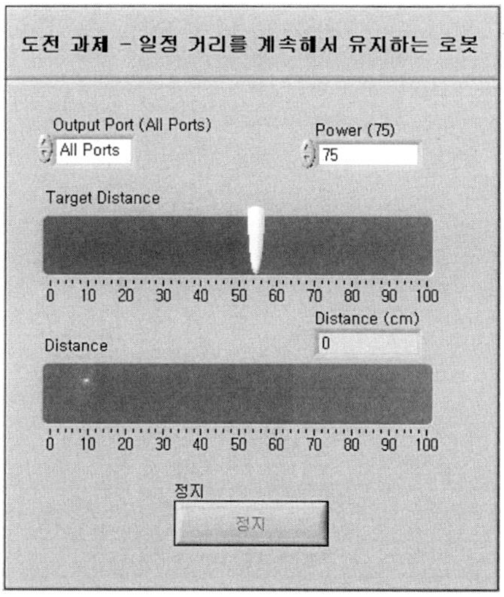

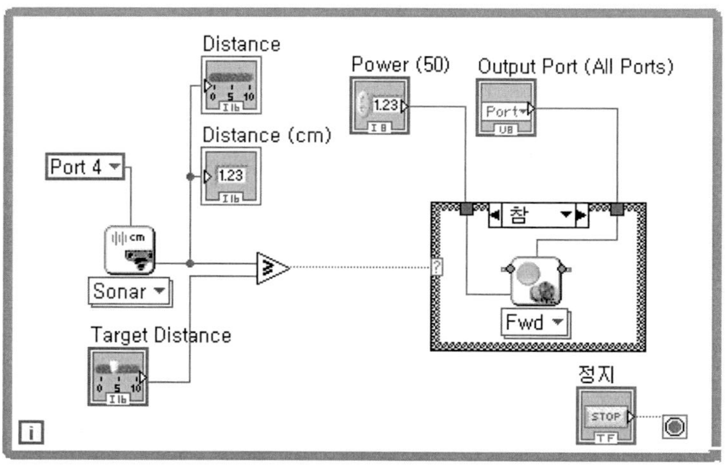

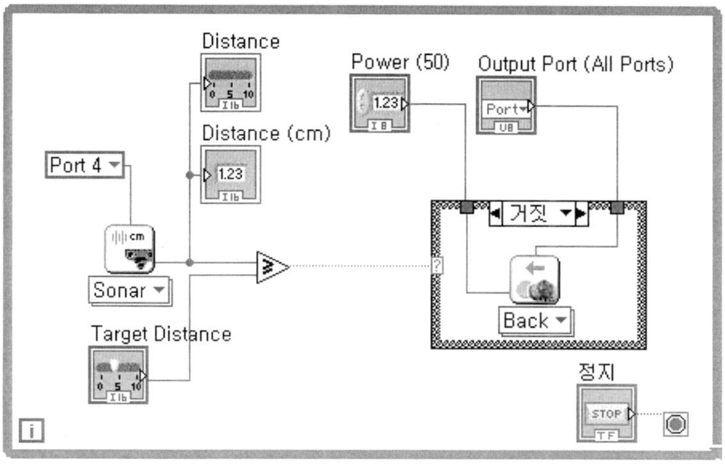

〈연습문제 12.4

초음파 센서의 데이터를 배열에 저장하고, NXT가 1초 전진 후 정지하는 과정을 10번 반복하는 프로그램을 작성하시오.

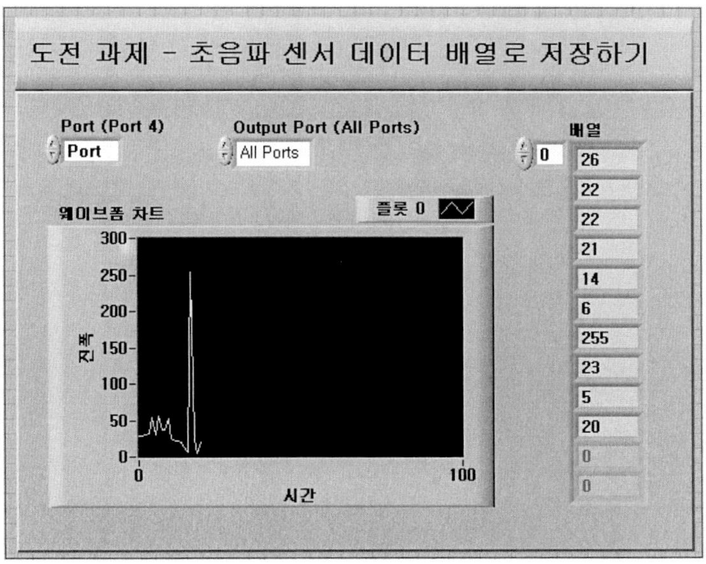

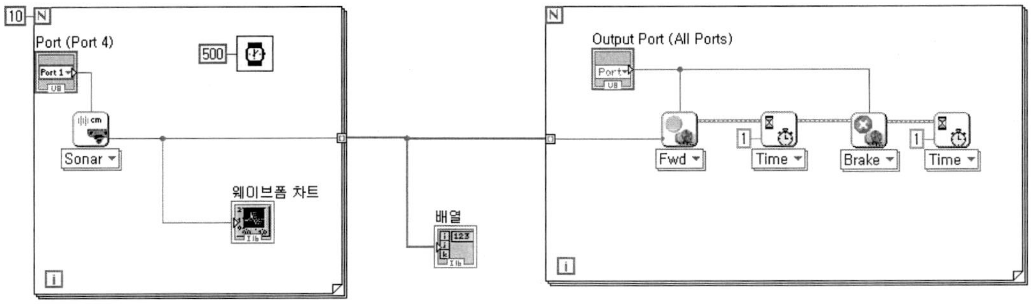
10
N
Port (Port 4)
Port 1
500
Sonar
웨이브폼 차트
배열
Output Port (All Ports)
Port
Fwd
1
Time
Brake
1
Time

참고도서

[1] "예제로 LABVIEW 마스터하기" 강상욱, 한성대학교출판부, 2009년

[2] "공학도가 알아야 할 LABVIEW 입문" 성기안, 신화, 2010년 11월 05일

[3] "따라하면서 배우는 공학도를 위한 LABVIEW" 김창수외 2명, 이지테크 2008년

[4] "따라하면서 배우는 LABVIEW 기초" 홍승범외 1명, 도서출판 과학기술, 2010년

[5] "LABVIEW 2009(한글판)(컴퓨터 기반의 제어와 계측)" 곽두영, OHM사, 2009년

[6] "LABVIEW 8(한글판) 그래픽컬 프로그래밍" 박홍복, 정익사, 2008년

[7] "LabVIEW의 정석: 기본편" 손혜영, 인피니티북스, 2009년

[8] "LABVIEWで學ぶ〈最新〉LEGO MINDSTORMS NXT入門" 三島健太／著, 技術評論社, 2011년

[9] "LabVIEW for Everyone Graphical Programming Made Easy and Fun" Kring, Jim, Prentice Hall PTR, 2006년

[10] "LabVIEW 2009, Student Edition National Instruments(Firm)" Staff, Prentice Hall, 2009년

[11] "LabVIEW를 이용한 MINDSTORMS NXT프로그래밍" 이지테크, 2010년 12월

[12] "ROBOLAB으로 즐기는 LEGO MINDSTORMS NXT" 이지테크. 2009년 9월

[13] "NI, NI, LabVIEW Basics I Introduction – 필수기본과정" 2003년 6월

[14] "NI, LabVIEW Basics II,"

[15] "NI, LabVIEW 기본 매뉴얼 버전 8.2" 2006년 10월

[16] "LEGO로 즐기는 로봇공학" 김창화외 2명, 동방문화사, 2004년 8월

[17] "로봇제어 실습" 공민식, 이지테크, 2009년 8월 10일.

참고사이트

http://ni.com/korea/
http://www.mylv.net/
http://www.ezlab.com
http://cafe.naver.com/labviewkorea
http://mindstorms.lego.com/en-us/support/files/Driver.aspx
http://k12lab.com/lesson-plans/filter/robotics
http://www.niedu.co.kr/main/index.asp
http://blog.naver.com/vikaly
http://www.philohome.com/motors/motorcomp.htm
http://www.nxtclub.com/
http://www.techno-stuff.com/NXT.htm
http://www.mindsensors.com/
http://www.esnips.com/displayimage.php?pid=1972949

LabVIEW LEGO NXT 入門

1판 2쇄 2018년 8월 25일

저 자 이영돈
발행인 송광헌
발행처 복두출판사
주 소 서울특별시 영등포구 경인로82길 3-4
센터플러스 807호 (우) 07371
전 화 (02) 2164-2580
FAX (02) 2164-2584
등 록 1993. 11. 22. 제 10-902 호

정가 : **13,000**원
ISBN : 978-89-8000-848-3 93560

한국과학기술출판협회 회원사